Maria Angela Cernigliaro
Antonio Damascelli

Nuov...

Livello B2

CELI

Test di preparazione

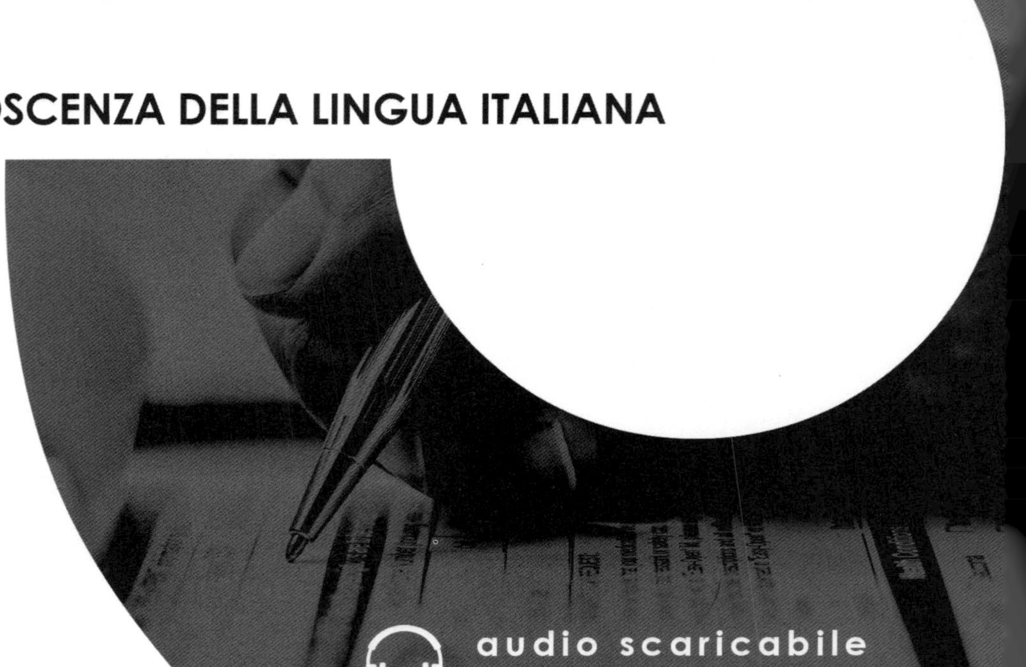

CERTIFICATO DI CONOSCENZA DELLA LINGUA ITALIANA

audio scaricabile
www.ornimieditions.com

Maria Angela Cernigliaro è nata a Napoli dove si è laureata in Lettere Classiche e in Storia e Filosofia. È in possesso di master in Didattica dell'italiano e ha conseguito il dottorato in Letteratura italiana. Oggi vive ad Atene dove insegna lingua e cultura italiana presso l'Istituto italiano e presso il Centro linguistico dell'Università Capodistriaca. È autrice di manuali per l'insegnamento / apprendimento dell'italiano a stranieri e di saggi letterari. Ha, infine, esperienza pluriennale come esaminatrice Celi.

Antonio Damascelli, insegnante di madrelingua italiana, ha conseguito la Laurea in Lettere e Filosofia. Oltre alla pubblicazione di diverse opere nel campo dell'apprendimento della Lingua italiana come L2, è anche traduttore di opere letterarie pubblicate in Italia. Si occupa da anni di didattica e glottodidattica e specialmente dell'insegnamento dell'italiano come L2. È esaminatore per il conseguimento della certificazione della conoscenza della Lingua italiana, rilasciata dal Ministero della Pubblica Istruzione KPG.

Redazione: Maria Claudia Pierini, Michele Mantouvalos, Gennaro Falcone
Impaginazione e progetto grafico: ORNIMI editions

© 2019 ORNIMI editions
3a ristampa: marzo 2024
ISBN: 978-618-84586-4-2

ORNIMI editions
Lontou 8
10681 Atene
Tel. +30 210 3300073
www.ornimieditions.com

"non fotocopiando un libro aiutiamo tutti coloro che lo creano"

Tutti i diritti di traduzione, memorizzazione elettronica, riproduzione e di adattamento parziale o totale tramite qualsiasi mezzo (digitale o supporti di qualsiasi tipo) di quest'opera sono riservati dalla casa editrice ORNIMI editions in Italia e all'estero.

CELI 3

INDICE

Introduzione ... 5

1° Test (Maria Angela Cernigliaro)
Prova di comprensione della lettura ... 11
Prova di produzione di testi scritti ... 19
Prova di competenza linguistica ... 21
Prova di comprensione dell'ascolto ... 25
Prova di produzione orale ... 29

2° Test (Maria Angela Cernigliaro)
Prova di comprensione della lettura ... 33
Prova di produzione di testi scritti ... 41
Prova di competenza linguistica ... 43
Prova di comprensione dell'ascolto ... 47
Prova di produzione orale ... 51

3° Test (Maria Angela Cernigliaro)
Prova di comprensione della lettura ... 55
Prova di produzione di testi scritti ... 63
Prova di competenza linguistica ... 65
Prova di comprensione dell'ascolto ... 69
Prova di produzione orale ... 73

4° Test (Maria Angela Cernigliaro)
Prova di comprensione della lettura ... 77
Prova di produzione di testi scritti ... 85
Prova di competenza linguistica ... 87
Prova di comprensione dell'ascolto ... 91
Prova di produzione orale ... 95

5° Test (Maria Angela Cernigliaro)
Prova di comprensione della lettura ... 99
Prova di produzione di testi scritti ... 107
Prova di competenza linguistica ... 109
Prova di comprensione dell'ascolto ... 113
Prova di produzione orale ... 117

CELI 3

6° Test (Maria Angela Cernigliaro)

Prova di comprensione della lettura 121
Prova di produzione di testi scritti 129
Prova di competenza linguistica 131
Prova di comprensione dell'ascolto 135
Prova di produzione orale 139

7° Test (Antonio Damascelli)

Prova di comprensione della lettura 143
Prova di produzione di testi scritti 151
Prova di competenza linguistica 153
Prova di comprensione dell'ascolto 157
Prova di produzione orale 161

8° Test (Antonio Damascelli)

Prova di comprensione della lettura 165
Prova di produzione di testi scritti 173
Prova di competenza linguistica 175
Prova di comprensione dell'ascolto 179
Prova di produzione orale 183

9° Test (Antonio Damascelli)

Prova di comprensione della lettura 187
Prova di produzione di testi scritti 195
Prova di competenza linguistica 197
Prova di comprensione dell'ascolto 201
Prova di produzione orale 205

10° Test (Antonio Damascelli)

Prova di comprensione della lettura 209
Prova di produzione di testi scritti 217
Prova di competenza linguistica 219
Prova di comprensione dell'ascolto 223
Prova di produzione orale 227

Trascrizione dei testi registrati per la prova di comprensione dell'ascolto 231

Chiavi 251

INTRODUZIONE

STRUTTURA DEL LIBRO

Questo libro è composto di 10 test, del tutto simili, nella tipologia delle prove, a quelli effettivamente proposti per il conseguimento del CELI 3 (Certificato che attesta la conoscenza della lingua italiana a livello B2), rilasciato dall'Univesità per Stranieri di Perugia. I test sono ordinati secondo un criterio di difficoltà graduale in modo che lo studente si possa approcciare alle prove dei test senza particolari inconvenienti.

Ogni test, perciò, prevede:

Prova scritta

Parte A. Prova di comprensione della lettura
Parte B. Prova di produzione di testi scritti
Parte C. Prova di competenza linguistica
Parte D. Prova di comprensione dell'ascolto

Prova orale

Parte E. Prova di produzione orale

DESCRIZIONE DELLE PROVE

Prova scritta

1º fascicolo (Parte A e B)

Per la **PROVA DI COMPRENSIONE DELLA LETTURA** sono previsti:
- A.1 due testi con esercizi a <u>scelta multipla</u> a quattro opzioni (per un totale di 9 item)
- A.2 due testi di argomento simile <u>a confronto</u> (per un totale di 10 item a scelta binaria)
- A.3 un testo con <u>domande aperte</u> (per un totale di quattro domande)

CELI 3

Per la **PROVA DI PRODUZIONE DI TESTI SCRITTI** sono previste:
B.1 la stesura di una composizione a scelta tra due input (per un massimo di 180 parole)
B.2 la stesura di una lettera a scelta tra tre input (per un massimo di 100 parole)

Il tempo complessivo assegnato per la soluzione delle suddette prove, contenute nel primo fascicolo, è di 2 ore e 15 minuti.

2° fascicolo (Parte C)

Per la **PROVA DI COMPETENZA LINGUISTICA** sono previsti:
C.1 due testi da completare con una sola parola (per un totale di 23 completamenti)
C.2 sette frasi da ricostruire usando gli opportuni collegamenti
C.3 cinque frasi da completare con una sola parola derivata da quella data

Il tempo complessivo assegnato per la soluzione delle suddette prove, contenute nel secondo fascicolo, è di 45 minuti.

3° fascicolo (Parte D)

Per la **PROVA DI COMPRENSIONE DELL'ASCOLTO** sono previsti:
D.1 l'ascolto di due testi con esercizi a scelta multipla a quattro opzioni (per un totale di 10 item)
D.2 l'ascolto di un testo con frasi da completare con un massimo di quattro parole (per un totale di 10 item)

Il tempo complessivo assegnato per la soluzione delle suddette prove, contenute nel terzo fascicolo, è di 25 minuti.

Prova orale

Per la **PROVA DI PRODUZIONE ORALE** (della durata di circa 15 minuti) si prevedono:

- una foto da descrivere, utilizzata come spunto di conversazione
- un testo da riassumere, utilizzato come spunto di conversazione
- un compito comunicativo da svolgere con la partecipazione dell'insegnante

Attenzione:
il materiale viene consegnato al candidato circa 15 minuti prima dell'inizio della prova.

PUNTEGGI DELLE PROVE

Prova scritta

1° fascicolo
A. Prova di comprensione della lettura

Il punteggio ottenuto è riportato su un punteggio complessivo di **40 punti**	Rilevanza della prova: **20%** (su un totale di 140 punti)

A.1	3 **punti per** ogni risposta corretta 0 **punti per** l'astensione o per ogni risposta errata
A.2	1 **punto per** ogni risposta corretta 0 **punti per** l'astensione o per ogni risposta errata
A.3	3 **punti per** ogni risposta corretta e ben espressa 2 **punti per** ogni risposta corretta, ma mal espressa 1 **punto per** ogni risposta incompleta 0 **punti per** l'astensione o per ogni risposta errata

B. Prova di produzione scritta

| Il punteggio ottenuto è riportato su un punteggio complessivo di **40 punti** | Rilevanza della prova: **20%** (su un totale di 140 punti) |

B.1	Da **0 a 20 punti**, secondo le scale di competenze: • Competenza lessicale (scala da 1 a 5) • Competenza morfologica-sintattica (scala da 1 a 5) • Competenza socio-culturale (scala da 1 a 5) • Coerenza (scala da 1 a 5)
B.2	Da **0 a 20 punti**, secondo le scale di competenze: • Competenza lessicale (scala da 1 a 5) • Competenza morfologica-sintattica (scala da 1 a 5) • Competenza socio-culturale (scala da 1 a 5) • Coerenza (scala da 1 a 5)

2° fascicolo
C. Prova di competenza linguistica

| Il punteggio ottenuto è riportato su un punteggio complessivo di **20 punti** | Rilevanza della prova: **10%** (su un totale di 140 punti) |

C.1	1 **punto** per ogni completamento corretto 0 **punti** per l'astensione o per ogni completamento errato
C.2	2 **punti** per ogni testo corretto 1 **punto** per ogni testo incompleto o mal costruito 0 **punti** per l'astensione o per ogni testo errato
C.3	1 **punto** per ogni completamento corretto 0 **punti** per l'astensione o per ogni completamento errato

3º fascicolo
C. Prova di comprensione dell'ascolto

| Il punteggio ottenuto è riportato su un punteggio complessivo di **40 punti** | Rilevanza della prova: **20%** (su un totale di 140 punti) |

D.1	3 **punti** per ogni risposta corretta 0 **punti** per l'astensione o per ogni risposta errata
D.2	1 **punto** per ogni completamento corretto 0 **punti** per l'astensione o per ogni completamento errato

Prova orale

| Il punteggio ottenuto viene moltiplicato per 3. Il punteggio complessivo è di 60 punti | Rilevanza della prova: 30% (su un totale di 60 punti) |

Da **0 a 20 punti**, secondo scale di competenze:
- Competenza lessicale (scala da 1 a 5)
- Competenza morfologica-sintattica (scala da 1 a 5)
- Competenza socio-culturale (scala da 1 a 5)
- Pronuncia e intonazione (scala da 1 a 5)

PUNTEGGIO MASSIMO E MINIMO

Punteggio massimo complessivo: 200 punti
[140 punti per la prova scritta e 60 punti per la prova orale]

Punteggio minimo*:
a. **84 punti** per la prova scritta
b. **33 punti** per la prova orale

* **Attenzione:** per superare l'esame del CELI 3 è necessario ottenere il minimo indicato, in <u>ambedue</u> le Prove, 84 per quella scritta e 33 per quella orale. Altrimenti è possibile capitalizzare (vedere successivamente).

IL RISULTATO FINALE

Si ottiene sommando il punteggio della <u>Prova scritta</u> e della <u>Prova orale</u> e viene espresso secondo una scala che prevede 5 gradi: A, B, C, D, E.
Gli ultimi due, D ed E, esprimono un punteggio (rispettivamente insufficiente e gravemente insufficiente) negativo.
Le lettere dell'alfabeto servono ad indicare il punteggio complessivo ottenuto:

A = ottimo [punteggio compreso tra 173 e 200 punti]
B = buono [punteggio compreso tra 144 e 172 punti]
C = sufficiente [punteggio compreso tra 117 e 143 punti]
D = insufficiente [punteggio compreso tra 69 e 116 punti]
E = gravemente insufficiente [punteggio compreso tra 68 e 0 punti]

LA CAPITALIZZAZIONE

I candidati che non abbiano ottenuto il punteggio minimo indicato per la Prova scritta e che abbiano, invece, superato la Prova orale o viceversa possono **capitalizzare**, cioè mantenere il risultato della parte superata, per **un anno**, durante il quale potranno ripetere la prova il cui risultato era insufficiente.

Non resta che augurare ai candidati un cordiale IN BOCCA AL LUPO!

Gli Autori

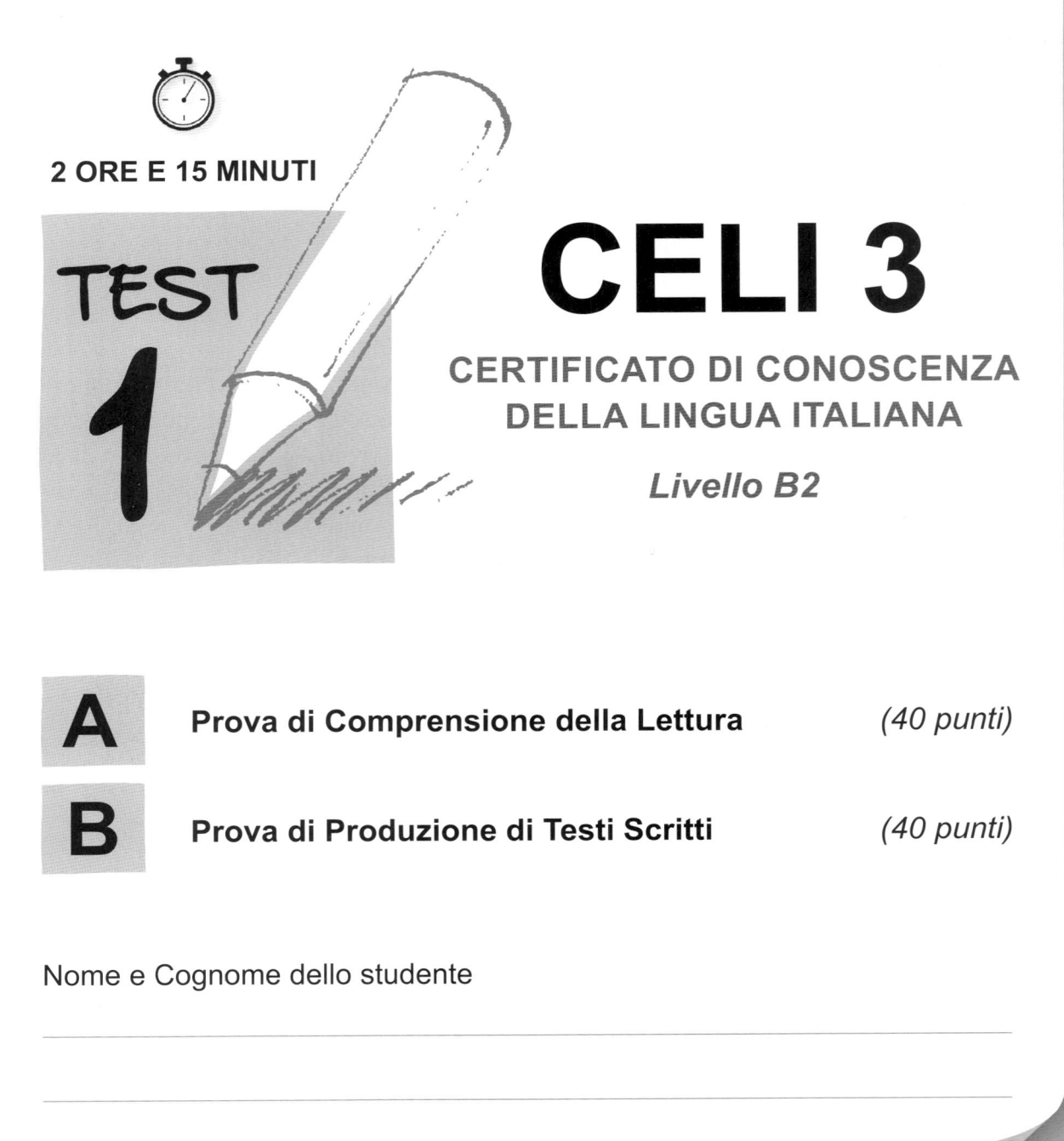

A. PROVA DI COMPRENSIONE DELLA LETTURA

A.1 Legga i seguenti brani. Metta una X vicino alla lettera a.b.c.d. che corrisponde all'affermazione precisa tra le quattro che le vengono proposte.

1° TESTO

Elogio dell'amicizia (e del volersi bene)

«Pronto Giancarlo, come stai? E i ragazzi? Volete venire a cena da noi sabato sera?». Sono quattro mesi che quasi ogni giorno vengo raggiunto da telefonate come questa. Sono amici che mi sono vicini, che mi vogliono bene, che tengono a me, che vogliono accertarsi che io non soffra, che i miei figli siano felici e che non abbiano problemi. Sono telefonate che mi riempiono il cuore, mi danno un piacere enorme e mi fanno sentire parte di una comunità di sentimenti e relazioni di valore. I miei amici non li ho scoperti adesso. Alcuni li conosco da trent'anni: con loro ho passato momenti molto intensi, situazioni difficili, esperienze straordinarie. Altri li avevo persi di vista da tempo, poi sono ricomparsi come d'incanto. Altri ancora li conosco solo da poco, ma con loro condivido importanti esperienze di lavoro con risvolti emotivi molto forti.

Il grande affetto con il quale tutti mi circondano da mesi mi ha dato la forza di superare un momento difficilissimo della mia vita e di quella dei miei figli. Senza il loro conforto non so quanto avrei retto. Non smetterò mai di ringraziarli. Ma non solo i miei amici hanno dimostrato di volermi bene. Anche semplici conoscenti, persone con le quali ho solo rapporti di lavoro, vicini di casa, mi hanno circondato di attenzioni e di tenerezze infinite. Una magnifica sorpresa che mi ha colpito in profondità. Tutto questo ha provocato in me una reazione inaspettata (un'altra cosa di cui continuerò a essere grato): l'accendersi di una sensibilità verso gli altri che non avevo mai provato prima.

Oggi sono ben attento ai problemi di salute, di vita, di relazione delle persone che mi circondano. Un effetto valanga che mi fa scoprire aspetti del mio carattere che non pensavo di possedere. Forse rischio di essere un po' troppo melenso ma, scusatemi, proprio non riesco a non confessare questo mio stato d'animo. Una testimonianza del fatto che la gente è meglio di quanto ci si aspetti. Una banalità? Non per quanto mi riguarda.

1° TEST
Prova di Comprensione della Lettura

1. «Elogio dell'amicizia» significa che l'autore vuole parlare dell'amicizia per
   a. esaltare questo sentimento.
   b. esprimere il suo disappunto per le quotidiane telefonate degli amici.
   c. sottolineare il suo rammarico per la perdita di significato di questa parola.
   d. dare un suggerimento a chi vuole trovare degli amici.

2. L'autore dice che
   a. nei nuovi amici non ha fiducia perché li conosce poco.
   b. ha molti amici di vecchia data.
   c. occorre fare una distinzione tra amici e conoscenti.
   d. i conoscenti sono troppo fastidiosi e ficcanaso.

3. Con loro
   a. ha condiviso indimenticabili esperienze di viaggio.
   b. è riuscito a superare un momento difficile per lui e la sua prole.
   c. ha vissuto momenti noiosi e insopportabili.
   d. ha coabitato.

4. La conseguenza di tutto ciò era
   a. una reazione di rifiuto naturale e istintiva.
   b. la nascita di una sorta di sensibilità verso la sua famiglia.
   c. una nuova disposizione a sentire un vivo interesse per il prossimo.
   d. una grande commozione e agitazione.

5. Così lui
   a. ha rischiato di essere troppo ingenuo.
   b. ha pensato che l'amicizia è un sentimento estremamente banale.
   c. ha riscoperto un lato di sé che non conosceva.
   d. ha capito che la gente è da evitare e scansare.

2° TESTO

Voleva comprare l'esame: agli arresti

Lo hanno arrestato ieri mattina, alla fine dell'esame, appena fuori dall'aula universitaria in cui era stato bocciato per l'ennesima volta e si era così finalmente reso conto senza ombra di dubbio che gli euro pagati all'insegnante non erano serviti proprio a nulla. Anzi, sono serviti a farlo finire in carcere con l'accusa di corruzione.

Il protagonista della vicenda è un giovane del Trentino bene, Giovanni Savarese, 29 anni, di Riva del Garda, iscritto alla facoltà di giurisprudenza a Trento, fuori corso e figlio di Gianfranco, gioielliere. Per lo studente quello di ieri mattina doveva essere l'ultimo esame della sua interminabile carriera universitaria. L'ultimo ostacolo prima della tesi di laurea era, infatti, l'esame di diritto processuale civile. Un "mattone" per il giovane Savarese, una sorta di incubo da cui uscire per poter ottenere finalmente il desiderato titolo di dottore.

L'esame di diritto processuale civile si era rivelato una trappola. Così il giovane Savarese aveva pensato bene di ricorrere al sistema che gli pareva più sicuro: la bustarella. Alla docente di procedura civile, la milanese Elena Russo, nel dicembre scorso, con un approccio morbido ma inequivoco, attraverso una lettera non firmata, Savarese aveva fatto sapere di essere pronto a mettere mano al portafoglio per un "regalino", se fosse riuscito finalmente a liberarsi dell'ingombrante materia. Magari con un bel voto, ma sarebbe andato bene anche un misero diciotto, pur di uscire da quell'incubo e chiudere la carriera universitaria. Ma la professoressa ha solo finto di prestarsi all'iniziativa dello studente e ha subito avvertito la Squadra Mobile di Trento di quanto stava accadendo. Così, attorno a Giovanni Savarese, si è sempre più stretta una rete che alla fine lo ha chiuso in trappola. Uno dei momenti più delicati è stato la scorsa settimana, alla vigilia della sessione d'esami, quando il giovane ha versato denaro sul conto corrente della professoressa. L'ultimo atto è arrivato ieri mattina. Lo studente si è presentato in aula visibilmente nervoso. Quando è arrivato il suo turno si è accomodato al banco d'esame con davanti la professoressa Russo e i suoi assistenti. Le domande sono iniziate, ma le risposte non sono arrivate o sono state decisamente insufficienti. Incredulo, lo studente non riusciva più a capire quello che gli stava accadendo quando ha sentito un inequivocabile: «È stato bocciato, torni un'altra volta». Allora si è alzato, ancora sbigottito, ed è uscito dall'aula. Lì gli si sono fatti attorno gli agenti della Squadra mobile con la commissaria Tiziana O. che avevano seguito tutto, mescolati tra gli studenti. Lo hanno arrestato e poi il pubblico ministero gli ha concesso gli arresti domiciliari. Chissà se Giovanni Savarese tornerà un'altra volta a far l'esame di procedura civile.

1° TEST
Prova di Comprensione della Lettura

6. **Giovanni Savarese doveva superare un esame**
   a. per non finire fuori corso.
   b. per iscriversi alla facoltà di Giurisprudenza.
   c. per poter dare la tesi di laurea.
   d. per prendere il titolo di dottore.

7. **Pur di superare l'ultimo esame, Giovanni**
   a. era disposto a studiare giorno e notte.
   b. ha chiesto gli appunti ai suoi colleghi che avevano seguito le lezioni.
   c. ha pensato di corrompere la docente, dandole di nascosto del denaro.
   d. era disposto a chiedere alla docente di impartirgli lezioni private.

8. **Quando lo studente si è presentato agli esami, la professoressa**
   a. si è arrabbiata.
   b. è rimasta incredula.
   c. ha accettato il regalino.
   d. ha respinto lo studente.

9. **Quando lo studente è uscito dall'aula**
   a. ha capito di aver superato l'ultimo esame della sua carriera universitaria.
   b. è stato ammanettato.
   c. ha dato denaro ad una docente.
   d. era molto nervoso.

CELI 3

A.2 Legga i due brani indicati rispettivamente con la lettera A e B. Abbini successivamente le frasi sottoelencate segnando A quando la frase si riferisce al brano A, segnando B quando la frase si riferisce al brano B.

Nate per vendere

TESTO A	TESTO B
Sono sempre stata un tipo attivissimo. Con una gran passione per il contatto umano. Non ho scelto io di smettere: me l'ha chiesto mio marito. E per un po' di anni è andata bene così. Due figli piccoli da accudire non lasciano neanche uno spiraglio di libertà. Ma ho sempre sentito dentro una gran voglia di uscire. E di lavorare. Poi, per fortuna, i figli sono cresciuti. E mi sono messa a cercare. In passato avevo lavorato come venditrice in una delle palestre Conti. Ho ripreso i contatti, ho sparso un po' in giro la voce. Infine, sono riuscita a sapere che Versace cercava una venditrice per la linea Versus. Mi sono proposta e ho fatto centro. La ragione? Credo di essermi saputa "vendere" bene. Ho puntato tutto sulle mie precedenti esperienze di vendita, anche se maturate in settori lontani da quello della moda. Ho ricordato anche alcune "prove" giovanili come aiuto in uno show *room*. Ripercussioni familiari? Il mio ritrovato equilibrio mi ha reso migliore. Sia in casa, sia fuori.	Dopo una pausa di dieci anni, sono tornata al lavoro mettendo a frutto il mio hobby di sempre: l'amore per la botanica. All'origine avrei dovuto fare l'insegnante. Poi mi sono sposata e ho perso il posto. Questa era l'usanza in Svizzera 25 anni fa: una donna, appena sposata, veniva estromessa da ogni impiego pubblico. Comunque, me ne sono fatta una ragione e mi sono dedicata al mio bambino. Anche dopo essere tornata in Italia. Non mi è pesato ma, intanto, non dimenticavo i miei interessi. Mi sono mantenuta aggiornata, ho partecipato a corsi e seminari. Senza pensare di poterli usare per dare una svolta imprenditoriale alla mia esistenza. E invece così è stato. Ho deciso quando mi sono resa conto che mio figlio era diventato grande. Ho seguito un seminario di sei mesi su "Essere donna e fare impresa", organizzato da *Formaper*, azienda speciale della Camera di Commercio di Milano, dove ho imparato i segreti per avviare il mio progetto. Poi ho ottenuto il diploma di erborista. E, a questo punto, ho aperto un centro di erboristeria.

1° TEST
Prova di Comprensione della Lettura

10. Ho seguito un seminario molto interessante.
    A   B

11. Perché non valutare l'idea di mettersi in proprio?
    A   B

12. Sono piena di energia.
    A   B

13. Ho ottenuto il diploma per occuparmi di piante e fiori.
    A   B

14. Amo moltissimo stare in mezzo agli altri.
    A   B

15. Mi sono dedicata a mio figlio.
    A   B

16. Ho sfruttato le mie precedenti esperienze di vendita.
    A   B

17. Quando i figli sono cresciuti, mi sono cercata un impiego.
    A   B

18. Mio marito mi ha chiesto di lasciare il lavoro.
    A   B

19. Ho "staccato" per dieci anni.
    A   B

A.3 Legga il seguente testo e poi risponda alle domande poste.

Pensionato trova schedina vincente del Superenalotto e la restituisce

CAGLIARI — Una dimostrazione esemplare di onestà. Un pensionato sardo settantenne ha trovato una schedina del Superenalotto vincente e l'ha restituita al suo proprietario, un operaio di 36 anni. È accaduto a Sinnai, un grosso centro a pochi chilometri da Cagliari. L'anziano, Paolo Spina, stava facendo una passeggiata - come ha riportato il quotidiano *L'Unione Sarda* - quando ha trovato il portafogli con all'interno la schedina, le immagini di Padre Pio, di Santa Rita, della Madonna, e la ricevuta di una ricarica telefonica. Grazie a questa, dove era riportato il numero di telefono, è riuscito a individuare il suo proprietario. Una telefonata ed un appuntamento in un bar per la riconsegna. Felicità dell'operaio, ma anche del pensionato che, fra l'altro, ha detto: «Non era mia, la dovevo restituire», anche se l'avrebbe potuta tenere ed incassare, essendo anonima.

20. Perché Paolo Spina è un esempio di onestà?

(15-20 parole)

21. In che modo il pensionato è entrato in possesso della schedina?

(15-20 parole)

22. Come è riuscito a rintracciare il proprietario della schedina?

(15-20 parole)

23. Per quale motivo il proprietario della schedina e il pensionato hanno provato una sorta di felicità quando si sono incontrati?

(15-20 parole)

B. PROVA DI PRODUZIONE DI TESTI SCRITTI

B.1 Svolga una delle composizioni, scegliendola tra le due proposte:

1. Anoressia e bulimia sono due facce della stessa medaglia: l'uso scorretto dell'alimentazione. Lei come potrebbe spiegare il diffondersi di tale fenomeno tra i giovani d'oggi?

   (Da un minimo di 120 a un massimo di 180 parole)

2. Ognuno di noi conserva una fotografia o un oggetto che gli è caro, perché gli ricorda un momento particolare della sua vita. Esprima alcune considerazioni e racconti una Sua personale esperienza.

   (Da un minimo di 120 a un massimo di 180 parole)

CELI 3

B.2 Svolga uno dei compiti proposti, scegliendolo tra i seguenti:

1. **Avendo letto su un giornale un articolo sulla "vita da single", scrive una breve lettera al direttore in cui:**

   - fa riferimento all'articolo, indicandone brevemente il contenuto;
   - esprime la sua opinione sulla "vita da single";
   - dà brevi notizie del Suo stato civile attuale.

   (Da un minimo di 80 a un massimo di 100 parole)

2. **Lei vuole compiere degli studi in Italia per perfezionare la lingua. Scriva una breve lettera alla segreteria dell'Università della città dove intende recarsi per chiedere:**

   - che tipo di corsi è possibile seguire al Suo livello di conoscenza della lingua;
   - se alla fine del corso Le verrà rilasciato un certificato di frequenza o un diploma;
   - informazioni sulla durata dei corsi, il prezzo, soluzioni d'alloggio e altre proposte.

   (Da un minimo di 80 a un massimo di 100 parole)

3. **Un Suo amico italiano Le ha scritto per invitarLa ad andare a caccia con lui. Gli scriva una lettera in cui:**

   - lo ringrazia del suo invito che, però, gentilmente rifiuta;
   - lo rimprovera bonariamente per questo tipo di sport;
   - cerca di convincerlo a smetterla con questo hobby.

   (Da un minimo di 80 a un massimo di 100 parole)

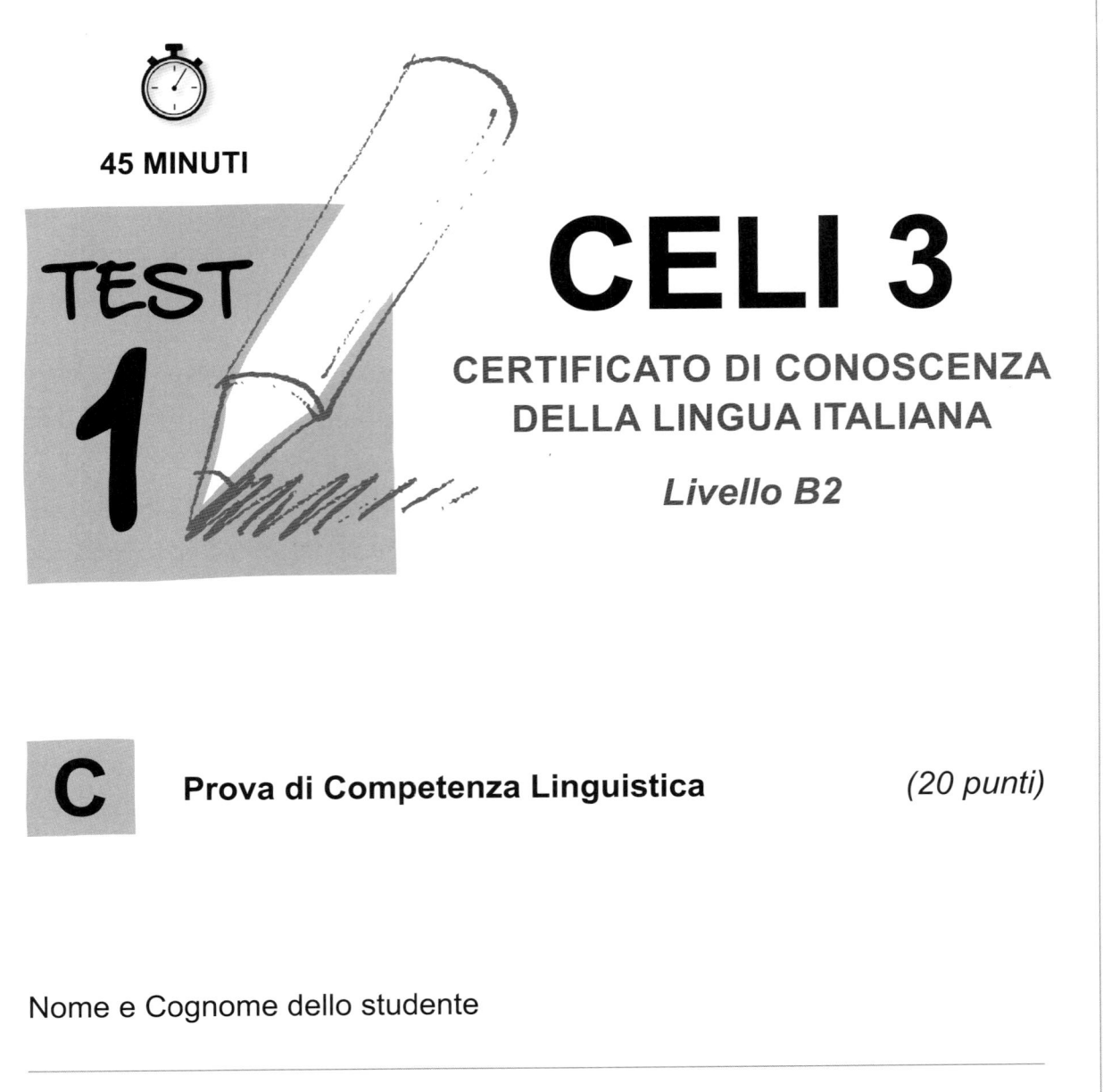

45 MINUTI

TEST 1

CELI 3
CERTIFICATO DI CONOSCENZA DELLA LINGUA ITALIANA
Livello B2

C   **Prova di Competenza Linguistica**   *(20 punti)*

Nome e Cognome dello studente

Data

C.1 Completi i testi, inserendo una sola parola.

1. Artisti di strada

È sempre una magia quella che (1) _____ compie nel cerchio formato dai passanti. (2) _____ il cerchio c'è l'acrobata, il giocoliere, il funambolo, la contorsionista o il mangiafuoco: artisti di strada che non rinunciano (3) _____ qualche ornamento bizzarro.
Davanti al gioco dell'artista, c'è lo stupore dei bambini e anche degli (4) _____ . Si improvvisano le scene. Lo spettacolo rianima le piazzette, che da sempre costituiscono (5) _____ scenario per i mille destini di chi le ha abitate e vissute: i commercianti che per anni e anni hanno aperto e chiuso le loro (6) _____, gli ambulanti, i carrettieri, i gendarmi, gli spazzini, le coppie di innamorati: tutti scomparsi come artisti di passaggio.
Mentre la scena si svuota, dopo (7) _____ applausi e le monete raccolte dal cappello, restano le (8) _____ dei bambini: era vero? Era (9) _____? E dove vanno domani (10) _____ artisti con le loro valigie piene di straccetti? Dove trovano la magia (11) _____ rende meravigliose quelle piccole cose?

2. Allacciatevi le cinture

La cintura di sicurezza? Non rientra nelle abitudini degli italiani. L'ultima ricerca (12) _____ dalla Sabelt (produttore di accessori per auto) rivela (13) _____ nel nostro Paese solo un automobilista (14) _____ quattro la indossa, mentre la media europea sfiora (15) _____ 90 per cento. «Eppure allacciarla non è solo un obbligo», spiega Mario Magnanelli, segretario della commissione tecnica dell'Aci. «È (16) _____ un elementare strumento di sicurezza. Se tutti (17) _____ le cinture, dicono le statistiche, (18) _____ anno sulle strade ci sarebbero 1.500, 2.000 morti in meno. La usano in pochi anche perché (19) _____ i controlli» continua Magnanelli. Vigili e polizia stradale considerano la cintura slacciata come un peccato veniale. Ma più che leggi e multe servirebbero (20) _____ di informazione. Molti, (21) _____ esempio, allacciano la cintura solo quando viaggiano fuori città. Ma (22) _____ non sanno che offre la protezione migliore specialmente nel (23) _____ urbano.

1° TEST
Prova di competenza linguistica

C.2 Colleghi le frasi in modo da ottenere un unico periodo con le forme di collegamento adatte. In caso di necessità, elimini o sostituisca alcune parole (trasformi, dove lo riterrà necessario, i verbi nella forma, nel modo e nel tempo opportuni).

24.
    - Non sono andato da Carlo.
    - Io avevo un impegno.
    - Non potevo trascurare questo impegno.

25.
    - Paola ieri è restata a casa.
    - Paola era raffreddata.
    - Paola ha guardato la tv.

26.
    - Gli attori non sono bravi.
    - Hanno interpretato molti ruoli difficili.

27.
    - Due persone si sposano.
    - Loro credono una cosa.
    - La cosa è che si ameranno per tutta la vita.

28.
    - Forse domani comincerò una dieta.
    - La dieta è a base di cereali, frutta e verdura.
    - Il dottore mi ha consigliato questa dieta.

29.
    - Pietro è un ragazzo simpatico.
    - Io ti ho parlato di Pietro.
    - Ci vediamo spesso con Pietro.

30.
    - Giorgio e Maria sono infelici.
    - Giorgio e Maria litigano sempre.
    - Il motivo del litigio di Giorgio e Maria è uno.
    - Giorgio e Maria non si capiscono.

C.3 Completi le frasi con la parola opportuna (verbo, sostantivo, aggettivo, avverbio), formandola da quella data, scritta a lettere maiuscole.

31. In questa strada le macchine non possono fermarsi: c'è il _____ di sosta.
    VIETARE

32. Questo esame è _____ per conseguire la laurea.
    DECISIONE

33. A volte bisogna affrontare _____ la realtà.
    CORAGGIO

34. La Gioconda di Leonardo da Vinci ha un _____ davvero enigmatico.
    SORRIDERE

35. Il tuo ragazzo è insopportabile! È troppo _____.
    GELOSIA

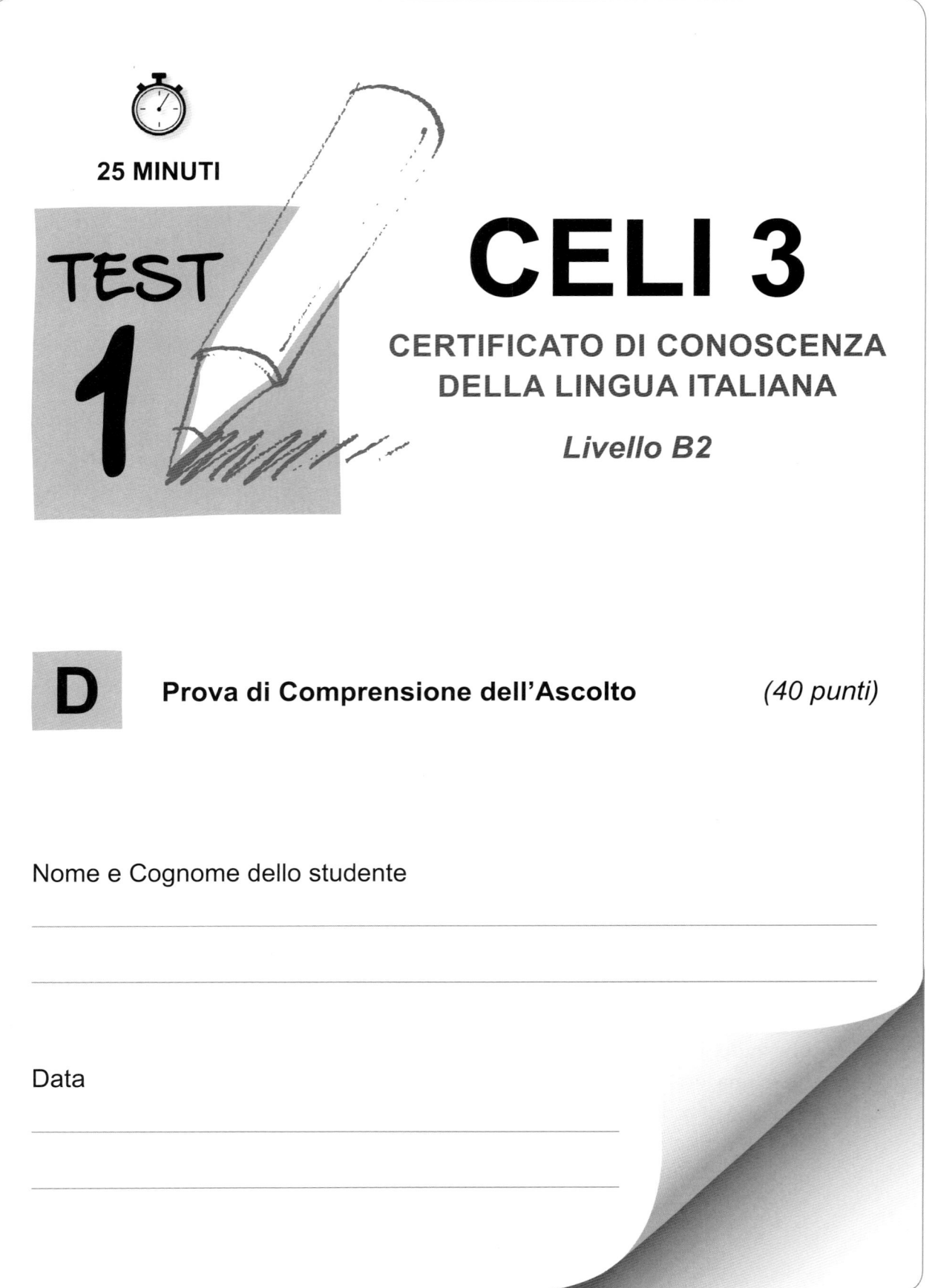

CELI 3

Traccia 1

D.1 Dopo aver ascoltato il testo, segni con una X la lettera a.b.c.d. che corrisponde all'affermazione precisa tra le quattro che Le vengono proposte (il testo verrà ascoltato due volte).

1° testo

1. Natale è una ricorrenza che riveste un interesse particolare per
   a. gli adulti.
   b. i fratelli.
   c. la famiglia.
   d. i bambini.

2. In quanto ai doni
   a. gli adulti fanno regali per il piacere di donare.
   b. i familiari si sentono obbligati a comprare regali per tutti.
   c. i bambini sono felici di ricevere il regalo desiderato.
   d. i fratelli si scambiano regali per spendere tutta la tredicesima.

3. Giuliana De Sio ricorda un Natale, particolare per lei, perché in quel giorno
   a. capì che Babbo Natale non esisteva.
   b. compiva cinque anni.
   c. nessuno le regalò niente.
   d. cadde dalla bicicletta.

4. Anche Lorella Cuccarini ricorda un Natale della sua
   a. adolescenza.
   b. infanzia.
   c. maturità.
   d. giovinezza.

5. In quel giorno lei
   a. ebbe in dono un libro di poesie dalla sua insegnante.
   b. scrisse una letterina.
   c. fece il suo primo spettacolo televisivo.
   d. provò una grande emozione.

26

1° TEST
Prova di Comprensione dell'Ascolto

2° testo

Traccia 2

6. Siccome entrerà in vigore l'ora solare, stanotte i dormiglioni
   a. potranno dormire dalle due alle tre ore in più.
   b. finalmente recupereranno un'ora di sonno.
   c. riavranno indietro il loro orologio.
   d. salteranno giù dal letto nelle prime ore del mattino.

7. Per superare la sindrome da *jet-lag*, gli esperti consigliano di
   a. restare svegli e non chiudere occhio per tutta la notte.
   b. spostare le lancette dell'orologio alle 12 di notte.
   c. non attendere l'alba per cambiare l'orario degli orologi.
   d. posticipare il risveglio.

8. L'ora legale
   a. esiste solo in alcune regioni d'Italia.
   b. è in vigore per tutto l'anno.
   c. ci permette di risparmiare energia.
   d. ci costringe ad uno spreco di luce artificiale.

9. Le sue origini
   a. sono ignote.
   b. risalgono agli anni sessanta.
   c. sono note.
   d. risalgono alla seconda guerra mondiale.

10. Oggi l'ora legale è in vigore
    a. in tutto il mondo occidentale.
    b. in quasi tutti i paesi del mondo industrializzato.
    c. in Giappone, Asia e Africa.
    d. nei paesi dove esiste una crisi economica.

CELI 3

Traccia 3

D.2 Dopo aver ascoltato il testo, completi le informazioni con un massimo di quattro parole (il testo verrà ascoltato due volte).

11. Un manuale che spiega ai genitori come gestire le _____

12. L'alimentazione ha un _____

13. Lo studente deve assimilare _____

14. Non bisogna mai saltarla o limitarsi a _____

15. Va benissimo il tradizionale caffè e latte con biscotti o con _____

16. Non devono sentirsi _____

17. Ci sono poi altre "astuzie" che _____

18. I bambini intorno ai sei anni di età dovrebbero _____

19. Infine, il problema del peso eccessivo delle cartelle e della crociata in_____

20. Venti-trenta chili di libri sulle spalle possono danneggiare _____

15 MINUTI

CELI 3

CERTIFICATO DI CONOSCENZA DELLA LINGUA ITALIANA

Livello B2

Prova di Produzione Orale *(60 punti)*

Lo studente esaminerà il materiale sul quale si svilupperà un'intervista / conversazione con gli esaminatori o la commissione d'esame

Il materiale consiste in:
- **A** una foto o un'illustrazione
- **B** un testo
- **C** un compito comunicativo

Nome e Cognome dello studente

_____

_____

Data

_____

_____

CELI 3

A Lo studente dovrà **descrivere la foto** e rispondere alle eventuali domande che gli verranno poste.

Domande guida

- Descriva quello che è rappresentato nella foto.
- Pinocchio diceva spesso bugie. E lei?
- Una volta le fiabe erano raccontate a voce, adesso, invece, diventano film o video da guardare su uno schermo. A suo avviso, quali sono i vantaggi e gli svantaggi di questa trasformazione?

1° TEST
Prova di Produzione Orale

B Lo studente, dopo aver letto il testo, deve riassumerlo e rispondere alle domande che eventualmente gli verranno poste.

Telefonini, scatta il divieto totale

MILANO — Come va coi cellulari a scuola? «Da noi sempre uguale, li teniamo accesi e silenziati e i prof fanno finta di non vedere». «Da noi c'è stata una circolare», «Con certi insegnanti li teniamo spenti, con altri ce ne freghiamo», «Noi li usiamo per gli scherzi in classe, ma mica è bullismo». Questo alle superiori. Alle medie le risposte sono altre. Che succede? «Dobbiamo tenerli spenti, altrimenti ce li sequestrano».Oppure: «Quest'anno non possiamo portarli, se li trovano, ci sospendono, potremmo lasciarli al bidello, ma all'uscita perderemmo tempo».

I ragazzini si rassegnano, i genitori soffrono. Negli ultimi anni, il cellulare è diventato d'importanza cruciale per la soffocante, ma rassicurante, coesione delle famiglie italiane. Spesso ambedue i genitori lavorano, spesso gli undici-tredicenni sono in giro tutto il giorno tra amici e attività extrascolastiche. I loro telefonini, alla fine delle lezioni, servono a comunicare spostamenti, cambi di programma, questioni pratiche, momenti di crisi, emergenze. Servono alle mamme ancor più che ai figli. La maggioranza di loro chiama continuamente per informarsi, non stare in pensiero, rompere le scatole. I preadolescenti, telefonicamente isolati, le mettono in ansia. Anche perché, grazie al cellulare, i preadolescenti di cui sopra si spostano con disinvoltura; e telefoni pubblici non ce ne sono più ormai.

Comunque, bisogna ammettere che chi tiene il cellulare spento imparerà di più. Ma la maggior parte di noi è ormai incapace di spegnerlo. Auguri a chi deve insegnare a farlo, in pochi posti al mondo è un lavoro così difficile.

Domande Guida

- Riassuma il testo.
- Che cosa ne pensa del divieto totale di portare i cellulari in classe?
- Anche nel suo paese i genitori vogliono che i loro figli abbiano un cellulare?

CELI 3

C **Lo studente deve essere in grado di svolgere il compito assegnato, nella seguente situazione.**

Nel suo condominio, l'appartamento del piano superiore è stato affittato da una studentessa amante della musica. Ogni giorno lei suona il piano per ore e non Le permette di concentrarsi o di stare in tranquillità. Lei decide di protestare e bussa alla porta di questa studentessa ...

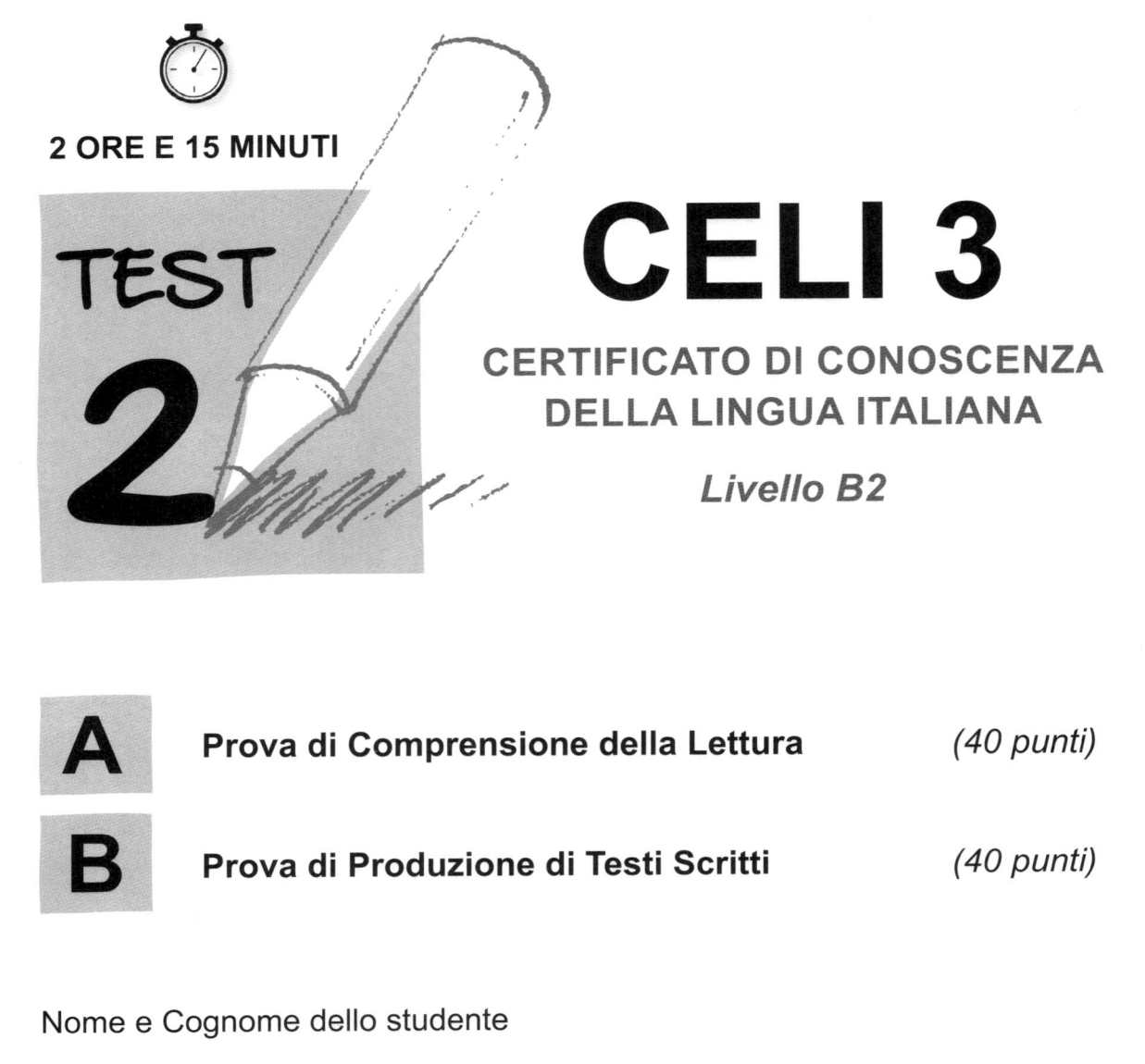

2 ORE E 15 MINUTI

TEST 2

CELI 3

CERTIFICATO DI CONOSCENZA DELLA LINGUA ITALIANA

Livello B2

A   **Prova di Comprensione della Lettura**   *(40 punti)*

B   **Prova di Produzione di Testi Scritti**   *(40 punti)*

Nome e Cognome dello studente

_____

_____

Data

_____

_____

A. PROVA DI COMPRENSIONE DELLA LETTURA

A.1 Legga i seguenti brani. Metta una X vicino alla lettera a.b.c.d. che corrisponde all'affermazione precisa tra le quattro che le vengono proposte.

1° TESTO

Incidente col papà: paura per «Mimmo», famoso bimbo televisivo

ROMA – Quando ieri a Roma si è sparsa la notizia che Federico Russo, il *Mimmo* della serie televisiva *I Cesaroni*, era stato coinvolto in un incidente automobilistico e trasportato con l'eliambulanza al pronto soccorso, il centralino dell'ospedale Gemelli è stato bersagliato di telefonate. Centinaia di fan della nota serie tv volevano avere notizie del giovanissimo attore, 8 anni, voce narrante del film. Fortunatamente le condizioni del bambino si sono rivelate meno preoccupanti di quanto fossero sembrate in un primo momento, quando era stato deciso il suo trasferimento in elicottero per un forte trauma cranico, dopo che la Fiat Marea, sulla quale viaggiava con il papà Emiliano e le due sorelline Eleonora e Veronica era finita fuori strada.

L'incidente è avvenuto ieri mattina al chilometro 36 della via Aurelia. Forse a causa di un guasto, l'auto della famiglia Russo, che viaggiava a velocità moderata, ha cominciato a sbandare a destra, a circa 500 metri dall'uscita per Ladispoli, andandosi ad incastrare sotto un ponticello di cemento. Nello scontro Federico ha sbattuto la testa e ai primi soccorritori le sue condizioni sono sembrate preoccupanti. Così è stato deciso di trasferirlo al Policlinico Gemelli, anche se era vigile e cosciente. Il padre e le sorelline sono stati, invece, ricoverati all'ospedale di Civitavecchia per ferite lievi. Gli accertamenti su *Mimmo* hanno dato esito negativo. Ma i medici, dopo avergli suturato una ferita sulla fronte, hanno deciso di tenerlo un giorno in osservazione.

«Non ha nulla di rotto –spiega Massimiliano, zio del piccolo attore– e sta abbastanza bene. L'hanno portato al Gemelli con l'elisoccorso perché aveva sbattuto la testa e c'era bisogno di fare accertamenti. Gli esami sono andati tutti bene e al momento è solo un po' spaventato. È un bambino forte. La prima cosa che mi ha detto quando è sceso dall'elicottero è che stava bene e poi si è preoccupato di come stavano le sorelline più piccole. È da questa mattina» –continua il familiare– «che il telefono continua a squillare. Ci chiamano da tutta Italia, amici, parenti e conoscenti, anche perché Federico è un bambino conosciuto e noi stiamo cercando di tranquillizzare tutti. Quando ci hanno avvisato che lo stavano portando in elicottero al Gemelli, ci è preso un colpo, uno spavento come pochi. Però fortunatamente non era niente di grave».

2° TEST
Prova di Comprensione della Lettura

1. **Federico ieri**
   a. è rimasto vittima di un incidente domestico.
   b. è stato sottoposto ad un intervento chirurgico.
   c. è finito in ospedale.
   d. è stato bersagliato di telefonate dai suoi fan.

2. **Dopo l'incidente le condizioni del bambino erano**
   a. gravissime e preoccupanti.
   b. più gravi di quanto si credesse.
   c. ottime e non destavano preoccupazioni.
   d. migliori di quanto fossero parse inizialmente.

3. **L'incidente è avvenuto**
   a. a causa della scarsa visibilità.
   b. perché la macchina è andata a sbattere contro un palo della luce.
   c. a causa di un improvviso colpo di sonno.
   d. perché la macchina è uscita di strada.

4. **Federico era in macchina**
   a. da solo.
   b. insieme ai suoi genitori.
   c. con altre tre persone.
   d. con sua madre e le sue sorelline.

5. **Suo zio, Massimo, dice che Federico è finito in ospedale perché**
   a. aveva una ferita sul braccio.
   b. occorreva sottoporlo a dei controlli.
   c. aveva una forte emicrania.
   d. era molto spaventato.

CELI 3

2° TESTO

È notte, nessun dorma

Anche a letto gli italiani fanno gli americani. Ovvero dormono proprio male. Poco e male. Un quarto di noi soffre di insonnia: anzi il rapporto fra dormienti e insonni è da uno a quattro fra gli uomini e scende addirittura da uno a tre fra le donne.

Perché l'insonnia è femmina? «Mistero, uno dei tanti» – allarga le braccia il professor Elio Lugaresi, direttore della Clinica neurologica dell'Università di Bologna, presidente dell'Associazione italiana di medicina del sonno, il più esperto italico del dormire e del non dormire. È stato lui ad organizzare a Bologna un convegno sull'insonnia: quattro giorni di incontri con studiosi italiani e stranieri.

Al centro dell'iniziativa, c'è una malattia rarissima, "l'insonnia familiare fatale", di cui si sa molto poco e che porta, nel giro di breve tempo, alla morte. Ne sono stati registrati nel mondo quattro casi: due in Italia, in Toscana e nel Veneto.

Se in questo caso siamo di fronte a una malformazione congenita, rarissima e letale, per quel che riguarda l'insonnia, il problema e la sua diffusione hanno invece, nella maggioranza dei casi, ragioni "sociali". «Non si dorme perché si vogliono copiare gli americani» – è arrivato a raccontare il professor William Dement, dell'Università californiana di Palo Alto, presidente della Commissione nazionale Usa sui disturbi del sonno. «Da noi» –ha detto– «fra tempi di lavoro e di svago, che per noi significa soprattutto Tv, la luce nelle case rimane accesa fino a molto tardi. La stessa cosa sta ormai succedendo da voi».

«Perché bisogna distinguere» –spiega Lugaresi– «fra l'insonnia che è una malattia e il non dormire che è una scelta». E, a far paura al professore, è soprattutto quest'ultima: la volontà diffusa fra gli italiani di "tirar tardi". «Con l'insonnia» –ha aggiunto– «si può vivere benissimo, prendendone atto; mentre la privazione del sonno è pericolosa». Se sull'insonnia esiste tutta una letteratura, la voglia di non dormire è invece recente. È figlia della società moderna.

A preoccupare i medici non è tanto il non dormire quanto i rischi del colpo di sonno che poi, inevitabilmente, arriva all'improvviso. «Nei college Usa» –dice Lugaresi– «hanno accertato che gli studenti dormono una-due ore di meno ogni notte dei loro coetanei di inizio secolo. Perché, a differenza di loro, sono soggetti, durante il giorno, a vari colpi di sonno: fenomeno che scompare una volta che abbiano ricostruito la loro quota di sonno notturno». Uno studioso è addirittura arrivato in Italia con delle statistiche: negli Usa sono 10 mila i camionisti vittime di incidenti stradali causati da un colpo di sonno. Il danno economico, oltre che umano, è iperbolico: miliardi di dollari all'anno. Lui ha detto: «Non capiamo che nella società tecnologica a causare i guai, nonostante le chiacchiere, sono sempre di più gli uomini che le macchine. Perché si considerano senza limiti ed invece ne sono circondati. Ed uno dei compiti penosi da violare è la quantità di sonno necessaria».

2° TEST
Prova di Comprensione della Lettura

6. **In un convegno tenuto a Bologna è stato rivelato che**
   a. due donne su quattro non riescono a riposare bene.
   b. gli americani non dormono.
   c. gli italiani non vogliono somigliare agli americani.
   d. l'insonnia è un problema specialmente femminile.

7. **Gli italiani sono stati vinti dalla smania di**
   a. dormire di più.
   b. curare i disturbi dell'insonnia.
   c. guardare film in Tv fino a tarda notte.
   d. fare le ore piccole.

8. **I medici si preoccupano molto**
   a. se uno non dorme perché soffre di insonnia.
   b. se uno per addormentarsi prende sonniferi.
   c. quando uno soffre della "febbre del sabato sera".
   d. perché la mancanza di sonno provoca degli incidenti.

9. **Nella società tecnologica i guai sono provocati**
   a. dalle macchine.
   b. dalle chiacchiere.
   c. dalla esistenza di limiti e condizionamenti.
   d. dagli esseri umani.

CELI 3

A.2 Legga i due brani indicati rispettivamente con la lettera A e B. Abbini successivamente le frasi sottoelencate segnando A quando la frase si riferisce al brano A, segnando B quando la frase si riferisce al brano B.

Timore d'amare

TESTO A	TESTO B
Ho 30 anni, mio marito 36, la nostra bambina 4. Durante il fidanzamento l'ho lasciato tre volte, perché mi dedicava poche attenzioni e tra noi non c'era dialogo. Ora la situazione si è fatta davvero difficile. Lavoriamo entrambi fuori, stiamo insieme raramente e lui si è dato all'alcool. È sempre più sgarbato e violento e io sto perdendo ogni stima. La nostra vita è diventata un inferno. Litighiamo continuamente per i motivi più futili, come per esempio chi deve preparare da mangiare, chi deve fare la spesa. Se, poi, quando ritorna dal lavoro, tutta la casa non è in ordine, comincia ad urlare e ad accusarmi di essere una cattiva moglie e madre. Naturalmente queste scenate avvengono davanti alla nostra bambina che, essendo ancora molto piccola, ci guarda smarrita e non sa come reagire in questa triste situazione; di solito abbraccia il suo orsacchiotto e corre a chiudersi nella sua cameretta. Ora io non ce la faccio più. Ho cercato anche di trovare una soluzione. Perciò gli ho proposto di andare insieme da uno psicologo, ma non ne vuole sapere. La prego, mi dia un consiglio: cosa devo fare per riconquistare la serenità familiare ed essere felice?	Ho 25 anni e dall'età di 16 sono stata con un ragazzo che mi sembrava meraviglioso. Capiva tutte le mie necessità, mi aiutava nei compiti, mi portava spesso al cinema che a me piace tanto. Insomma un vero principe azzurro, uno di quelli che si incontrano solo nelle favole a lieto fine. Poi il rapporto ha cominciato a sgretolarsi e ho scoperto che si drogava e mi tradiva. Può immaginare quanto mi sia costato riprendermi da quella batosta. Ma ci sono riuscita e avevo anche trovato un nuovo amore, almeno così mi sembrava. Purtroppo non era vero, e la storia è durata solo due anni. Ora un vecchio amico mi ha confessato di essersi innamorato di me. Mi sembra una persona rassicurante, gentile, premurosa. Ogni giorno mi telefona e spesso mi manda dei fiori con un biglietto dove c'è scritta una bellissima frase d'amore. Essendo più grande di me e con una buona posizione economica, dovrebbe essere l'uomo adatto, ma ho paura di una nuova delusione. Che mi consiglia?

2° TEST
Prova di Comprensione della Lettura

10. Ha dovuto superare un grande dolore.
   A   B

11. Il coniuge è un alcolista.
   A   B

12. Ha perso fiducia in lui a causa del suo comportamento scorbutico.
   A   B

13. L'opinione che aveva del suo partner è cambiata nel tempo.
   A   B

14. Ha paura di affrontare quello che offre la vita.
   A   B

15. Litigano spesso.
   A   B

16. Ha le idee confuse ed è molto insicura di sé.
   A   B

17. Fa il possibile per poter salvare la relazione e portarla avanti.
   A   B

18. La bambina assiste a frequenti scenate.
   A   B

19. Non sopporta più questa situazione.
   A   B

CELI 3

A.3 Legga il seguente testo e poi risponda alle domande poste.

Il signor Pallavicini ha scoperto di essere stato adottato

È sereno Massimo Pallavicini se volge lo sguardo indietro. Tanto sereno da affermare che, appena ne avrà i mezzi, un bambino lo adotterà subito. «Anche la mia fidanzata è d'accordo» annuncia. Suo padre, Giorgio Pallavicini, di quell'esperienza ha fatto una ragione di vita, tanto da fondare a Torino l'*Anfaa*, l'Associazione nazionale famiglie adottive e affidatarie.

«Io non posso parlare di ricordi, perché avevo soltanto otto mesi quando mi hanno portato via dall'istituto. Ho scoperto di essere stato adottato in modo un po' casuale. Avevo l'abitudine di andare a frugare in alcuni cassetti, dove c'erano un sacco di carte e di cose che mi piacevano. Ho visto quei fogli, dove c'era scritto il mio nome, e ho chiesto a mia madre di spiegarmi che cosa fossero. Sì, forse mi sono sentito un po' turbato, ma non lo ricordo come un dolore forte. L'unica cosa che forse mi impensieriva era l'ipotesi che mia madre, quella vera, potesse tornare indietro. Infatti un bel giorno ho chiesto ai miei genitori, a tutti e due, che cosa avrei dovuto fare in quel caso. Ricordo le parole di mia madre, Giovanna: «Se mai si presentasse questa eventualità, tu potrai andare con chi vuoi».

Sì, sono stato fortunato. Perché avevo solo otto mesi, perché sono capitato nella famiglia giusta. Ma, con qualche problema in più, sarebbe stato lo stesso, anche se fossi stato un po' più grande. Non so, non mi sono mai vergognato di essere un bambino adottato. Anzi, lo raccontavo a tutti. Mi sono sentito amato. Una montagna d'affetto. Non c'era bisogno di altro».

20. In che modo il signor M. Pallavicini ha scoperto di essere stato adottato?

(Da un minimo di 20 a un massimo di 30 parole)

21. Qual era l'unica preoccupazione che aveva quando ha scoperto la verità?

(Da un minimo di 15 a un massimo di 25 parole)

22. Che cosa gli ha detto sua madre Giovanna per rassicurarlo?

(Da un minimo di 15 a un massimo di 25 parole)

23. Perché dice di non aver avuto problemi con la sua adozione?

(Da un minimo di 15 a un massimo di 25 parole)

B. PROVA DI PRODUZIONE DI TESTI SCRITTI

B.1 Svolga una delle composizioni, scegliendola tra le due proposte:

1. Arte e patrimonio artistico sono la più alta espressione della cultura di un popolo. In che modo, secondo Lei, è possibile difendere questa eredità di immenso valore?

   (Da un minimo di 120 a un massimo di 180 parole)

2. Spesso ci capita di pensare a qualcuno che ha avuto per noi un' importanza particolare. Sarà successo sicuramente anche a Lei. Parli di questa persona, spiegando il motivo che Gliela rendono tanto cara.

   (Da un minimo di 120 a un massimo di 180 parole)

CELI 3

B.2 Svolga uno dei compiti proposti, scegliendolo tra i seguenti:

1. **Lei desidera abbonarsi ad una rivista italiana che Le piace molto. Decide, allora, di scrivere una lettera ai dirigenti di questo periodico per chiedere:**

   - le modalità che deve seguire per fare l'abbonamento chi si trova all'estero;
   - a quanto ammonta un abbonamento semestrale ed uno annuale;
   - come dovrà effettuare il pagamento.

   (Da un minimo di 80 a un massimo di 100 parole)

2. **Oggi Lei ha finalmente conseguito in Italia la laurea che tanto desiderava. Scriva una lettera al professore che Le ha insegnato la lingua italiana nel Suo paese, in cui:**

   - lo ringrazia di tutto quello che ha fatto per Lei;
   - ricorda le difficoltà che Le ha permesso di superare;
   - lo invita alla Sua festa che farà non appena ritornerà nel Suo paese, pregandolo di essere assolutamente presente.

   (Da un minimo di 80 a un massimo di 100 parole)

3. **Un/una Suo/Sua amico/amica Le scrive una lettera in cui, tra le altre cose, Le comunica che una giovane coppia di italiani, che ha conosciuto durante un viaggio in Italia, andrà a cena a casa sua. Siccome ci tiene a fare bella figura, Le chiede alcuni consigli. Gli/le risponda:**

   - fornendo informazioni sui gusti alimentari degli italiani;
   - suggerendo un menù caratteristico italiano;
   - lo/la preghi, infine, di comunicarLe l'esito della cena.

   (Da un minimo di 80 a un massimo di 100 parole)

45 MINUTI

TEST 2

CELI 3
CERTIFICATO DI CONOSCENZA DELLA LINGUA ITALIANA
Livello B2

C   **Prova di Competenza Linguistica**   *(20 punti)*

Nome e Cognome dello studente
_____
_____

Data
_____
_____

CELI 3

C.1 Completi i testi, inserendo una sola parola.

1. Io lascio a casa l'auto

Per muoversi in città settantacinque europei su cento usano l'auto. Lo dice il Libro verde dell'Unione Europea che aggiunge: la macchina (1) _____ inquinamento atmosferico e acustico. Usate le bici per (2) _____ spostamenti fino a otto chilometri e andate (3) _____ piedi per quelli fino a tre. Un (4) _____ consiglio? Ecco il parere di un personaggio (5) _____. «Ma sì: lasciate l'auto in garage. Anzi, vendetela. Io l'ho fatto: a Milano (6) _____ muovo solo in bicicletta. Mi dicono: c'è troppo smog. Oppure: (7) _____ troppo freddo. Storie. Rispetto a (8) _____ anno fa, l'aria è più pulita proprio grazie a chi (9) _____ le due ruote. Contro pioggia e vento basta (10) _____. L'unico neo: le biciclette le rubano. Mi (11) _____ successo otto volte, ma ora (12) _____ ho una disegnata apposta per me, con una (13) _____ particolare e color arancio. Se me la portano via, (14) _____ devono tenere nascosta».

2. Una mappa ci guida

Perché ci si innamora di una persona invece che di un'altra? Secondo John Money, uno (15) _____ padri della sessuologia, il meccanismo più importante attraverso cui (16) _____ sceglie il partner è una specie di "mappa dell'amore" che nasce nell'infanzia: fin da bambini si è (17) _____ da determinate caratteristiche delle persone care, mentre alcuni dettagli vengono associati (18) _____ episodi sgradevoli. Ci si crea così (19) _____ schema mentale che indica cosa piace e cosa non attrae. Sulla base di questo, si forma l'immagine dell'amante (20) _____. E, quando si incontra (21) _____ che rientra in questi parametri, ci si innamora. Secondo l'antropologa Helen Fisher, (22) _____ siamo attratti da chi ci assomiglia per tratti fisici e per (23) _____ di educazione.

2° TEST
Prova di competenza linguistica

C.2 Colleghi le frasi in modo da ottenere un unico periodo con le forme di collegamento adatte. In caso di necessità, elimini o sostituisca alcune parole (trasformi, dove lo riterrà necessario, i verbi nella forma, nel modo e nel tempo opportuni).

24. - Franco era andato in vacanza.
    - Franco desiderava riposarsi un po'.
    - Franco era molto stanco.
    - La causa della stanchezza di Franco era il troppo lavoro.

25. - Studieremo tutto il pomeriggio.
    - Dopo andremo a teatro.

26. - Anna era distratta.
    - Anna faceva la spesa.
    - Un ladro ha rubato ad Anna il portafoglio.

27. - Quel pittore è molto famoso.
    - I quadri di quel pittore sono stati presentati ad una mostra.
    - La mostra è stata inaugurata a Parigi.

28. - Ho detto a Mario una cosa.
    - La cosa è che comprerò a lui un golfino per il suo compleanno.
    - Il golfino sarà di colore rosa.

29. - La redazione del giornale si riserva un diritto.
    - Il diritto è quello di ridurre la lunghezza delle lettere.
    - Alle lettere sarà data risposta entro la fine del mese.

30. - Ieri sera faceva freddo.
    - Noi siamo andati ugualmente al cinema.
    - Noi volevamo vedere un film.
    - Il film era di un regista famoso.

CELI 3

C.3 Completi le frasi con la parola opportuna (verbo, sostantivo, aggettivo, avverbio), formandola da quella data, scritta a lettere maiuscole.

31. Solo al supermercato puoi trovare i _____ che cerchi.
    PRODURRE

32. Questo attore interpreta il suo ruolo in modo _____ originale.
    SICUREZZA

33. Sono un _____ della vostra rivista che acquisto ogni settimana in edicola.
    LEGGERE

34. Non è facile _____ il problema dell'inquinamento in città.
    SOLUZIONE

35. I vostri clienti sono troppo _____.
    ESIGERE

25 MINUTI

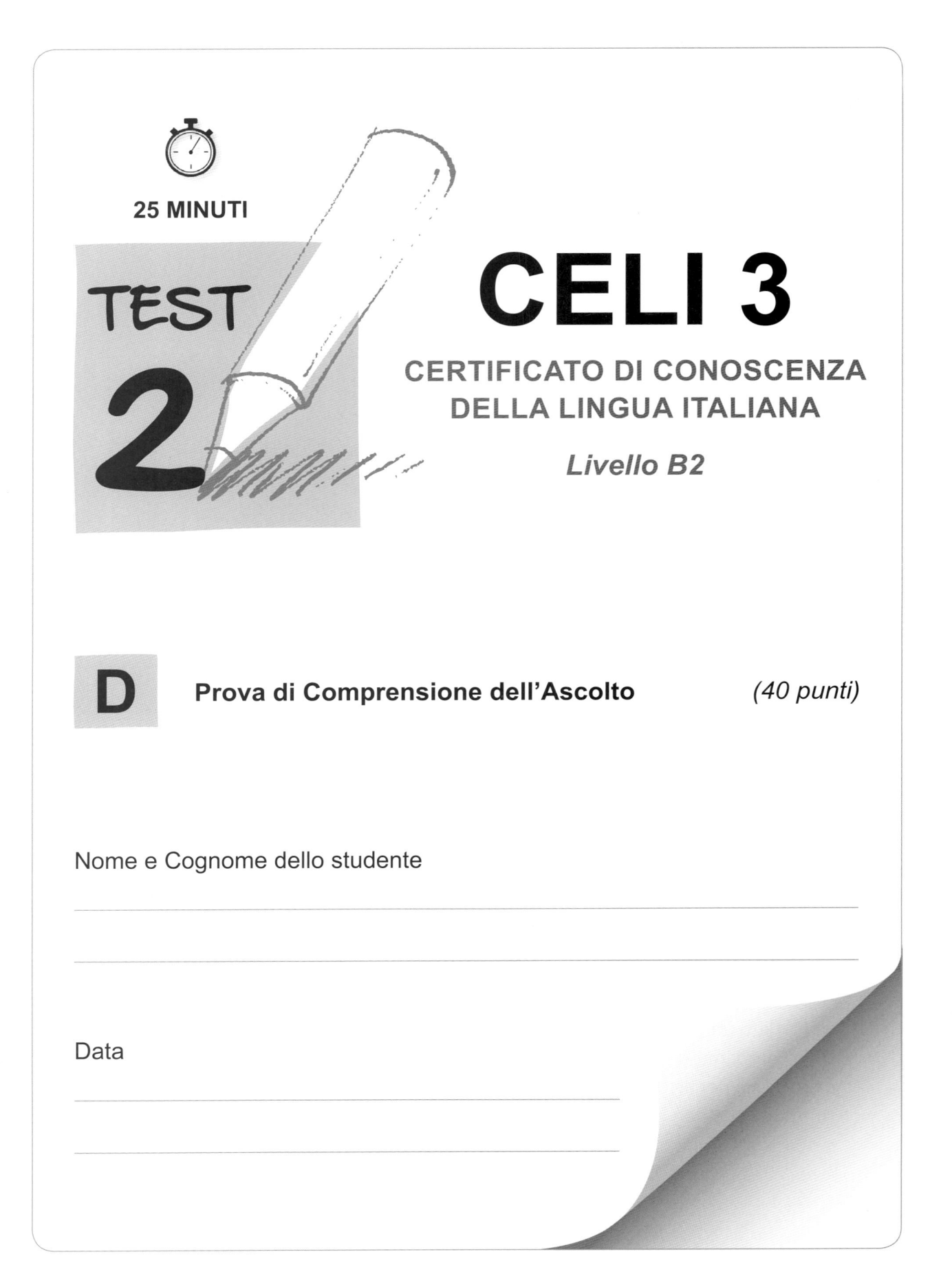

TEST 2

CELI 3

CERTIFICATO DI CONOSCENZA DELLA LINGUA ITALIANA

Livello B2

D **Prova di Comprensione dell'Ascolto** *(40 punti)*

Nome e Cognome dello studente

Data

CELI 3

D.1 Dopo aver ascoltato il testo, segni con una X la lettera a.b.c.d. che corrisponde all'affermazione precisa tra le quattro che Le vengono proposte (il testo verrà ascoltato due volte).

1° testo

1. Molti ragazzi hanno deciso di
   a. ritornare dall'Inghilterra in Italia con il treno.
   b. visitare Catania e la Sicilia.
   c. rientrare da Londra a Catania.
   d. andare a Palermo per una gita scolastica.

2. Ma l'aereo della *Sabre Airways*
   a. viaggiava con circa due ore di ritardo.
   b. aveva un guasto tecnico.
   c. non era decollato in tempo.
   d. doveva ritornare a Palermo in giornata.

3. Qualcuno ha pensato che bisognava
   a. scendere tutti a Catania.
   b. aggiungere un altro volo diretto verso la Sicilia.
   c. restare a Londra.
   d. cancellare lo scalo per Catania.

4. Ad un operatore turistico, S. Zappalà, siccome aveva protestato, è successo che
   a. lo hanno arrestato.
   b. gli hanno fatto continuare il viaggio con un aereo di linea.
   c. lo hanno lasciato a terra.
   d. gli hanno detto di attendere fino a che venisse riparato il guasto all'aereo.

5. Il console italiano a Londra
   a. ha dato una soluzione al problema.
   b. accompagnerà i passeggeri italiani in Sicilia.
   c. ospiterà per alcuni giorni tutti a Londra.
   d. ritiene che non sia necessaria un'indagine.

2° TEST
Prova di Comprensione dell'Ascolto

2° testo

6. **In Italia, il venerdì 17 dai superstiziosi è considerato un giorno**
   a. davvero molto fortunato.
   b. in cui non si deve lavorare.
   c. che porta male.
   d. obbligatoriamente da festeggiare.

7. **Per affrontare una volta per tutte la disdemonia legata al venerdì 17, alcuni scienziati hanno**
   a. iniziato a fare le corna.
   b. indetto una gara "speciale".
   c. messo alla prova i membri onorari.
   d. deciso di fondare un comitato sul paranormale.

8. **Massimo Polidoro, uno dei fondatori del Cicap, sostiene che le superstizioni**
   a. hanno origini molto antiche.
   b. ancora oggi conservano il loro significato originario.
   c. si affrontano con il sale e l'olio.
   d. sono scomparse e nessuno ci crede più.

9. **Chi si sottoporrà alla "Ruota della Sfortuna"**
   a. avrà il diritto di scegliere a quale prova vuole sottoporsi.
   b. sarà obbligato alla rottura di uno specchio.
   c. potrà portare particolari occhiali da sole.
   d. dovrà lasciare che la sfortuna scelga per lui.

10. **I coraggiosi otterranno**
    a. un diploma che confermi che è uno jettatore.
    b. un premio in denaro.
    c. un attestato con alcune spiegazioni.
    d. un ombrello che lo ripari dalla pioggia.

CELI 3

D.3 Dopo aver ascoltato il testo, completi le informazioni con un massimo di quattro parole (il testo verrà ascoltato due volte).

Traccia 6

11. Un itinerario molto particolare, e al tempo stesso spettacolare, per fine settimana all' _____

12. Per loro, infatti, sei tra le più splendide tenute Zonin saranno _____

13. In queste cinque regioni si trovano gli oltre duemila _____

14. Ha saputo produrre vini di altissima qualità che oggi sono il _____

15. Ed è proprio in queste tenute che questi vini Doc _____

16. Nell'agro di Aquileia si potranno ammirare, oltre allo splendore della casa finemente restaurata, anche la perfetta lavorazione della terra, delle viti e la _____

17. Dotata di moderne attrezzature tecnologicamente _____

18. Attorno a questo antico maniero del Seicento ci sono centoventi ettari di vigneto che producono vini _____

19. Il Monferrato astigiano e il senese garantiscono un turismo _____

20. Gianni Zonin ha da poco acquistato 210 ettari del feudo Deliella a Butera piccolo centro in provincia di Caltanissetta. Un'altra oasi _____

15 MINUTI

TEST 2

CELI 3

CERTIFICATO DI CONOSCENZA DELLA LINGUA ITALIANA

Livello B2

Prova di Produzione Orale *(60 punti)*

Lo studente esaminerà il materiale sul quale si svilupperà un'intervista / conversazione con gli esaminatori o la commissione d'esame

Il materiale consiste in:

A una foto o un'illustrazione
B un testo
C un compito comunicativo

Nome e Cognome dello studente

Data

CELI 3

A Lo studente dovrà descrivere la foto e rispondere alle eventuali domande che gli verranno poste.

Domande guida

- Descriva quello che è rappresentato nella foto.
- Per quali motivi, secondo Lei, oggi si preferisce fare la spesa al supermercato?
- In che modo la pubblicità ci condiziona nella scelta dei prodotti?

2° TEST
Prova di Produzione Orale

B Lo studente, dopo aver letto il testo, deve riassumerlo e rispondere alle domande che eventualmente gli verranno poste.

Tempo: Beato chi ne ha!

Se negli anni '50 il valore predominante nella società appena uscita dalla guerra era rappresentato dal cibo, negli anni '60 dalla casa, nei '70 dalla libertà e negli '80 dal denaro, oggi si può affermare che il bene più prezioso sia il tempo. Mai come in questi ultimi anni il tempo (sempre troppo poco) ha rappresentato un problema a cui con sempre maggiore insistenza si cercano soluzioni, ma di fronte al quale perfino il massiccio ricorso alla tecnologia si rivela scarsamente efficace. «Inventiamo sempre nuovi strumenti tecnologici per risolvere la questione del tempo» sostiene Domenico De Masi, sociologo del lavoro. E la scienza si adopera per allungare la durata della vita secondo uno strano paradosso che ci induce a pensare che avere vita più lunga significhi anche avere più tempo. Eppure sembra proprio che più sforzi facciamo per risparmiare tempo e meno ne abbiamo a disposizione.

"Il tempo è denaro" e "C'è un tempo per ogni cosa", "Chi ha tempo non aspetti tempo" e "Dar tempo al tempo", "Il tempo è galantuomo", ma è anche "tiranno": i proverbi si sprecano da una parte e dall'altra, pro e contro; resta il fatto che il tempo è diventato un bene importante, prezioso, e che molti di noi sognano di avere un tempo elastico, da plasmare secondo le necessità. Per il lavoro e i figli, per l'amore, la famiglia, il divertimento, per la cura degli altri e di sé. La rincorsa a un tempo "nostro" che possa essere gestito individualmente, secondo il ritmo del cuore e del respiro, ma soprattutto il tentativo di metterlo d'accordo con il tempo sociale che ci appare sempre più veloce, sfuggente e saturo di incombenze, costituisce l'attività nella quale tutti noi investiamo, talvolta senza accorgercene neppure, gran parte delle nostre energie.

Domande guida

- Riassuma il testo.
- Anche per Lei "il tempo" rappresenta un problema?
- Lei ha del tempo libero? Se ne ha, come lo trascorre? Se non ne ha, come pensa Le piacerebbe gestirlo, nel caso potesse disporne.

CELI 3

C **Lo studente deve essere in grado di svolgere il compito assegnato, nella seguente situazione.**

Per strada un giornalista fa un'intervista ad alcuni passanti sul tema: «Come rendere più vivibile la nostra città». Il giornalista chiede anche a Lei la Sua opinione, ponendoLe delle domande sulle condizioni di vita in cui è costretto a vivere e chiedendoLe quale contributo può offrire un cittadino qualunque per migliorare la qualità della vita in una grande metropoli.

2 ORE E 15 MINUTI

TEST 3

CELI 3

CERTIFICATO DI CONOSCENZA DELLA LINGUA ITALIANA

Livello B2

A   **Prova di Comprensione della Lettura**   *(40 punti)*

B   **Prova di Produzione di Testi Scritti**   *(40 punti)*

Nome e Cognome dello studente

Data

CELI 3

A. PROVA DI COMPRENSIONE DELLA LETTURA

A.1 Legga i seguenti brani. Metta una X vicino alla lettera a.b.c.d. che corrisponde all'affermazione precisa tra le quattro che Le vengono proposte.

1° TESTO

Il semaforo gli dà da vivere

Lo si incontra sulla strada. Ormai da qualche settimana anche nella nostra città è diventata una figura quasi familiare. Appena scatta il semaforo rosso si avvicina all'auto ferma, e con un segno della mano garbato e spesso anche spiritoso, magari se si tratta di belle ragazze, chiede se si è disposti a fargli pulire il vetro anteriore. Lui è un ragazzotto romeno che in genere indossa un maglione ed i pantaloni della tuta, un viso simpatico, accattivante, ma anche una grande dignità e molto scrupolo nel lavoro che esegue. Ioan Popescu, 30 anni, opera nella zona di Porta Ancona. Il suo è un lavoro a tempo pieno (in pratica dalle 8 della mattina alle 20 della sera). Lo abbiamo incontrato sul luogo di lavoro, al semaforo. Si fa attendere cinque minuti finché le ultime auto trovano il rosso, poi cordialmente ci racconta la sua storia ed i suoi progetti.

— Sono arrivato a Roma il 18 dicembre dello scorso anno, da qualche mese risiedo a Foligno –ha detto– penso di fermarmi almeno per altri quattro mesi. Prima di me era arrivato il mio amico che fa il lavavetri nella zona di Porta Firenze. La sera ci ritroviamo all'Hotel Bolognese dove alloggiamo. Abbiamo sposato due sorelle ed ora siamo gli unici due romeni a Foligno. Come tanti miei connazionali sono venuto via dalla Romania soprattutto a causa della gravissima situazione economica.

— Cosa ne pensa di noi italiani e dei folignati?

— Tutti mi hanno aiutato –ci racconta il nostro interlocutore, a metà tra un italiano comprensibile ed un inglese scolastico– la gente è stata molto comprensiva. A cominciare dai gestori del mio albergo che mi ospitano, praticando una tariffa ridotta, e collaborando anche per le pratiche di soggiorno con il commissariato. Anche la polizia si è dimostrata sensibile verso la mia situazione.

— Quali sono le sue speranze future?

— Sono un tecnico di analisi. Ho praticato per otto anni questa mia professione, cinque in ospedale e poi presso altri laboratori. A Iasi, la città dove sono nato, mi aspettano mia moglie Crenguta, 30 anni anche lei, e la nostra bambina Katarina di 6 anni. Ho tanta nostalgia della mia Romania e dei miei cari. Pensate che lavoro tutti i giorni, tranne la domenica quando telefono al mio paese. Per mangiare mi arrangio. Vado al supermercato, mangio dei panini e poi di nuovo al lavoro. La mia speranza è duplice. Innanzitutto tornare in Romania, prelevare i miei cari e tornare nel vostro Paese. Non c'è proprio paragone tra la vita che conduce un italiano e quella che si fa nella mia nazione. Lì mancano le cose essenziali. Noi vivevamo in una casa di quaranta metri quadri, due camere e il bagno, in tre persone. Qui avete migliaia di auto molto lussuose. Insomma state benissimo. Per quanto riguarda il mio secondo desiderio è quello di poter cambiare lavoro. Non perché ritenga il mestiere del lavavetri un lavoro umiliante. Tutt'altro. Ma preferirei lavorare in fabbrica e magari poter sfruttare il mio diploma di tecnico.

3° TEST
Prova di Comprensione della Lettura

1. **Ioan è**
   a. scorbutico e scostante.
   b. originario della Romania.
   c. vestito all'ultima moda.
   d. soddisfatto della sua vita.

2. **Il suo è un lavoro che**
   a. lo tiene occupato mezza giornata.
   b. è stagionale.
   c. è un impiego pubblico stabile e permanente.
   d. fa tutti i giorni per dodici ore.

3. **Ioan ha dovuto lasciare il suo paese perché**
   a. si è sposato con una italiana.
   b. c'erano gravi problemi economici.
   c. voleva alloggiare in Italia.
   d. desiderava lavorare come lavavetri.

4. **Gli italiani con lui si sono mostrati**
   a. generosi.
   b. insensibili al suo problema.
   c. infastiditi dalla sua presenza.
   d. razzisti ed offensivi.

5. **Le sue speranze per il futuro sono**
   a. ritornare in Romania e restarci per sempre.
   b. vivere in Italia facendo il lavavetri.
   c. comprare una casa in Italia.
   d. vivere in Italia cambiando lavoro.

2° TESTO

Consigli utili per sopravvivere in ufficio

Come sopravvivere nella giungla quotidiana di un qualsiasi ufficio, tra carte, riunioni inutili, il telefono che squilla ininterrottamente, allo stress della routine, alle urla del capo, alle meschinità dei colleghi? Tutto quello che non si impara sui banchi di scuola, ma è ugualmente indispensabile conoscere, per un'esistenza più serena si chiama Office Politics. How Work Really Works è il titolo del libro di Guy Browning, che spiega con argomenti inattaccabili perché spesso preferiamo restare tra le coperte che andare al lavoro. Un volume illuminante e sarcastico, per difendersi dalla "vita d'ufficio".

Il primo insegnamento è racchiuso in una massima: "Meno è più". Meno si fa, più si guadagna. Non l'elogio della pigrizia, ma un sillogismo: quando negli affari qualcosa va storto, la colpa è di qualcuno che ha cercato di fare qualcosa. Quindi se non si prendono iniziative, non è possibile fallire. Solo gli impiegati che non muovono un dito, dunque, possono vantare un record di successi. E sono solo loro che godono di promozioni e avanzamenti di carriera. Non chi è troppo attivo.

Inoltre, occorre trattare con la massima diffidenza e-mail e telefonate. Durante l'orario di ufficio bisogna sapersi isolare dal resto del mondo. Lasciare che le e-mail si accumulino per poi cancellarsi in automatico è consigliabile, almeno quanto non rispondere al telefono. In ufficio, generalmente, alzare la cornetta significa parlare con un cliente, o con il proprio capo. Insomma, significa lavorare. Per essere sicuri che non si tratti della rara telefonata di un amico, basta anticiparla con un giro di chiamate a inizio mattina. Tra le regole del buon impiegato c'è anche l'apologia della cortesia: non infastidire i colleghi, tanto meno i capi. "Non disturbare, se non vuoi essere disturbato". Il segreto della pace sul lavoro, d'altronde, è riuscire a stabilire un buon rapporto con il proprio superiore. Ovviamente ci sono capi e capi. Ci sono quelli sempre presenti, che stimolano, motivano, incoraggiano. E quelli che non escono mai dai loro uffici, che fanno pause pranzo di cinque ore, e che ti abbandonano a te stesso. I migliori. Essenziale per chiunque lavori in un ufficio è poi indossare un abbigliamento adatto. L'abitudine –affermatasi ormai anche in Italia– del "venerdì casual" ha provocato più danni di uno tsunami. Neanche, però, bisogna esagerare con abiti d'alta sartoria. Intervenire a conferenze e riunioni, poi, può provocare solo effetti dannosi. Evitarle fa bene alla salute. Le prime sono da considerare come una serata in un ristorante indiano: grande entusiasmo iniziale e una sensazione di malessere nei giorni successivi. Le riunioni, al contrario, altro non sono che scomode occasioni che ci costringono a restare chiusi in una stanza con persone che non ci piacciono, facendo cose che non ci interessano. Metà delle giornate lavorative si trascorrono in riunioni. Una metà è utile. L'altra è semplicemente una perdita di tempo.

3° TEST
Prova di Comprensione della Lettura

6. **Per sopravvivere in ufficio**
   a. bisogna imparare a scuola una serie di norme.
   b. basta leggere i consigli che uno scrittore dà in un suo libro.
   c. occorre prima recarsi in una giungla.
   d. si deve restare a casa a dormire.

7. **Il primo insegnamento suggerisce ad un impiegato di**
   a. essere attivo e lavorare molto.
   b. prendere iniziative.
   c. imparare a fare i conti.
   d. restare inoperoso.

8. **Una regola importante è**
   a. consultare il capo per ogni difficoltà.
   b. arrabbiarsi con i colleghi che non collaborano.
   c. avere una buona relazione con i clienti.
   d. non infastidire né capo, né colleghi.

9. **Infine si consiglia di**
   a. essere presenti a tutte le riunioni.
   b. andare spesso a cenare con i colleghi in un ristorante.
   c. tenersi lontano da conferenze e riunioni.
   d. non fare cose che non ci interessano.

A.2 Legga i due brani indicati rispettivamente con la lettera A e B. Abbini successivamente le frasi sottoelencate segnando A quando la frase si riferisce al brano A, segnando B quando la frase si riferisce al brano B.

La casa del Cancro e del Leone

TESTO A

Questo segno ha bisogno di ambienti rassicuranti che lo difendano dalle pressioni esterne. Di conseguenza l'arredamento deve creare un'atmosfera intima e raccolta. Con due caratteristiche fondamentali: l'eleganza e la protezione. Mobili capienti, ma chiusi e sempre appoggiati a parete, per contenere tutto il corredo di casa. Grandi librerie per tenere in ordine i libri e sistemare fotografie e tutti gli oggetti che il Cancro raccoglie e che ama moltissimo. Divani lunghi e larghi per rannicchiarsi comodamente. Importantissima la camera da letto, dove si rifugia nei momenti di ansia. Anche il letto dev'essere comodo e grande con un copriletto prezioso che scende fino a terra. La stanza da bagno ideale? Con una grande vasca, perché stare in acqua per lui è un vero toccasana. E con uno specchio appoggiato su un tavolino pieno di creme, perché è sensibilissimo al benessere e alla bellezza. Indispensabile un set di spugne ultramorbide per asciugarsi mani e corpo. La cucina è bene organizzata e modernissima. Anche qui pochi oggetti in vista e tutto protetto dietro vetrine e sportelli. Indispensabili, ovunque, anche le tende, come una simbolica difesa dal mondo. Quando vengono aperte sono annodate da un cordone intrecciato. Non dovrebbe mai mancare un angolo con le piante, un vaso pieno di fiori e qualche tocco di rosso in giro per casa.

TESTO B

Convinto di discendere dal sole, questo segno desidera vivere in una reggia, ma potrebbe accontentarsi anche di un loft. In ogni caso, nella sua abitazione, cercherà di riprodurre le lussuose atmosfere degli hotel a cinque stelle. Ama la luce e, se per caso i soffitti sono bassi, userà sapientemente i faretti per farli sembrare alti. Gli piace apparire, appena può, sceglie mobili di grande marca. Ha buon gusto, ma a volte la sua fantasia scivola verso il surrealismo o il genere pop e sceglie una poltrona a forma di mano. Tranne che in cucina, dove ha pochi tegami, rigorosamente scelti per cucinare. Ha una particolare concezione dello spazio: si concentra su un punto e da lì allarga lo sguardo. Così c'è sempre un elemento importante al centro della stanza. Un tavolo lungo e largo, in mezzo alla cucina. Una chaise longue in salotto, sulla quale distendersi per il pisolino di cui non può fare a meno. Oppure un grande tappeto coperto di cuscini morbidi e colorati. Ma, poiché è spesso dotato di vena artistica, potrebbe puntare su un pedana dalla quale esibirsi in musica o poesia. Naturalmente in camera è il letto che fa da protagonista, avvolto da veli che fanno da zanzariera. Se è d'antiquariato, sarà imponente con piedi alti, altrimenti poggerà su un ripiano di legno. In bagno? Una vasca hollywoodiana con vistosi rubinetti in ottone, magari d'epoca. E, accanto allo specchio, tutto quello che serve per tenere in ordine una folta capigliatura e il corpo profumato. Quanto agli oggetti, ha un debole per il telecomando: gli piacerebbe aprire porte e finestre, spostare mobili, semplicemente premendo un pulsante. E poiché resta cucciolo, anche in età avanzata, adora le case morbide da toccare con i piedi (tappeti folti, moquette) e con le mani (piumoni e trapunte).

3° TEST
Prova di Comprensione della Lettura

10. Una nota di rosso è ciò che più si adatta ai suoi gusti.
    A   B

11. Preferisce i mobili che possono contenere molte cose.
    A   B

12. Nella sua casa vuole l'eleganza tipica degli alberghi lussuosi.
    A   B

13. Per asciugarsi le mani ed il corpo, esige asciugamani molto morbidi e soffici.
    A   B

14. Ama circondarsi di mobili pregiati, veri pezzi d'antiquariato.
    A   B

15. Per lui è importante lo spazio.
    A   B

16. Se deve scegliere un divano, sicuramente ne preferirà uno comodo e protettivo.
    A   B

17. Ama i fiori.
    A   B

18. Poltrone dalle forme sui generis spesso arredano la sua casa.
    A   B

19. Non può fare a meno di cuscini colorati.
    A   B

61

CELI 3

A.3 Legga il seguente testo e poi risponda alle domande poste.

Il divo si mette in posa tra seduzione e ironia

Passeggiando per via Veneto, fino al 15 gennaio, potrete vedere al Caffè Doney le star del cinema internazionale sulla strada che fu il "tempio" della dolce vita: è la mostra fotografica "Venice Movie Stars", arrivata alla sua seconda edizione, che presenta i migliori scatti della Mostra del cinema di Venezia. Sin dal '32, anno in cui s'inaugurò la prima edizione della mostra, i fotografi raccontano attraverso i loro scatti tutto ciò che accade sulla scena della *kermesse* veneziana: ritratti indimenticabili, gossip, curiosità, andavano così a completare la scena del Lido "oltre lo schermo", e ad alimentare il fenomeno del divismo, pane quotidiano delle star. Il legame tra cinema e fotografia è certo indissolubile, per due arti che si nutrono reciprocamente: è vero che il cinema è riuscito a donare alla fotografia la vita, il movimento. Eppure, senza la fotografia, non sarebbe mai nato il cinema. E proprio per rendere omaggio al lavoro dei fotografi, per riconoscere la loro professionalità, è nata l'idea della mostra "Venice Movie Stars". «Le fotografie hanno in genere un giorno di vita sui quotidiani –spiega il curatore della mostra– una settimana, o un mese al massimo sulle riviste: esistono fotografie che meritano di restare nella memoria come racconto, in questo caso del festival di Venezia. Abbiamo voluto premiare le migliori foto anche per ringraziare i fotografi del loro lavoro e per sottolineare il legame tra cinema e fotografia; di qui la scelta di includere nella giuria alcuni attori». E proprio tra i 21 scatti di questi divi di oggi si continua a sognare il mondo del cinema, un sogno che ha il sapore immortale dei celebri scatti di James Dean e Marilyn Monroe. L'ingresso alla mostra è libero.

20. Che cos'è la "Venice Movie Stars"?

(12-15 parole)

21. Quali sono gli obiettivi dei fotografi che vi partecipano?

(10-17 parole)

22. Che tipo di legame c'è tra il cinema e la fotografia?

(8-15 parole)

23. Per quale motivo il curatore della mostra ritiene importante conservare alcuni scatti?

(10-15 parole)

B. PROVA DI PRODUZIONE DI TESTI SCRITTI

B.1 Svolga una delle composizioni, scegliendola tra le due proposte:

1. Ogni individuo deve conoscere bene se stesso e le proprie capacità prima di scegliere la strada da seguire nella propria vita. Dica se anche Lei è d'accordo con questa affermazione, spiegandone i motivi.

    (Da un minimo di 120 a un massimo di 180 parole)

2. Racconti un episodio (piacevole o spiacevole) che Le è capitato su un mezzo di trasporto a causa del traffico caotico della Sua città.

    (Da un minimo di 120 a un massimo di 180 parole)

CELI 3

B.2 Svolga uno dei compiti proposti, scegliendolo tra i seguenti:

1. Un Suo amico Le ha scritto che è un po' perplesso perché non sa se accettare la promozione che gli è stata offerta, dal momento che sarà costretto a trasferirsi in provincia. Gli scriva una lettera in cui:

   - gli consiglia di accettare la promozione;
   - sottolinea i vantaggi della vita di provincia con i suoi ritmi tranquilli;
   - gli comunica che, una volta sistemato, andrà a fargli visita per trascorrere alcuni giorni con lui.

   (Da un minimo di 80 a un massimo di 100 parole)

2. Alcuni mesi fa ha prestato la Sua casa di villeggiatura ad una coppia di amici italiani, venuti a trascorrere dieci giorni nel Suo paese. I Suoi amici hanno provocato un certo numero di danni alla Sua casa. Scriva una lettera in cui:

   - esprime le Sue lamentele in proposito;
   - chiede spiegazioni per questo comportamento;
   - descrive le Sue reazioni.

   (Da un minimo di 80 a un massimo di 100 parole)

3. È arrivato in ritardo all'appuntamento che aveva con il Suo professore d'italiano. Quando Lei arriva, il professore è già uscito di casa. Gli lasci un messaggio in cui:

   - chiede scusa del ritardo;
   - spiega ciò che Le è successo;
   - comunica che gli ritelefonerà per fissare un altro appuntamento.

   (Da un minimo di 80 a un massimo di 100 parole)

45 MINUTI

TEST 3

CELI 3

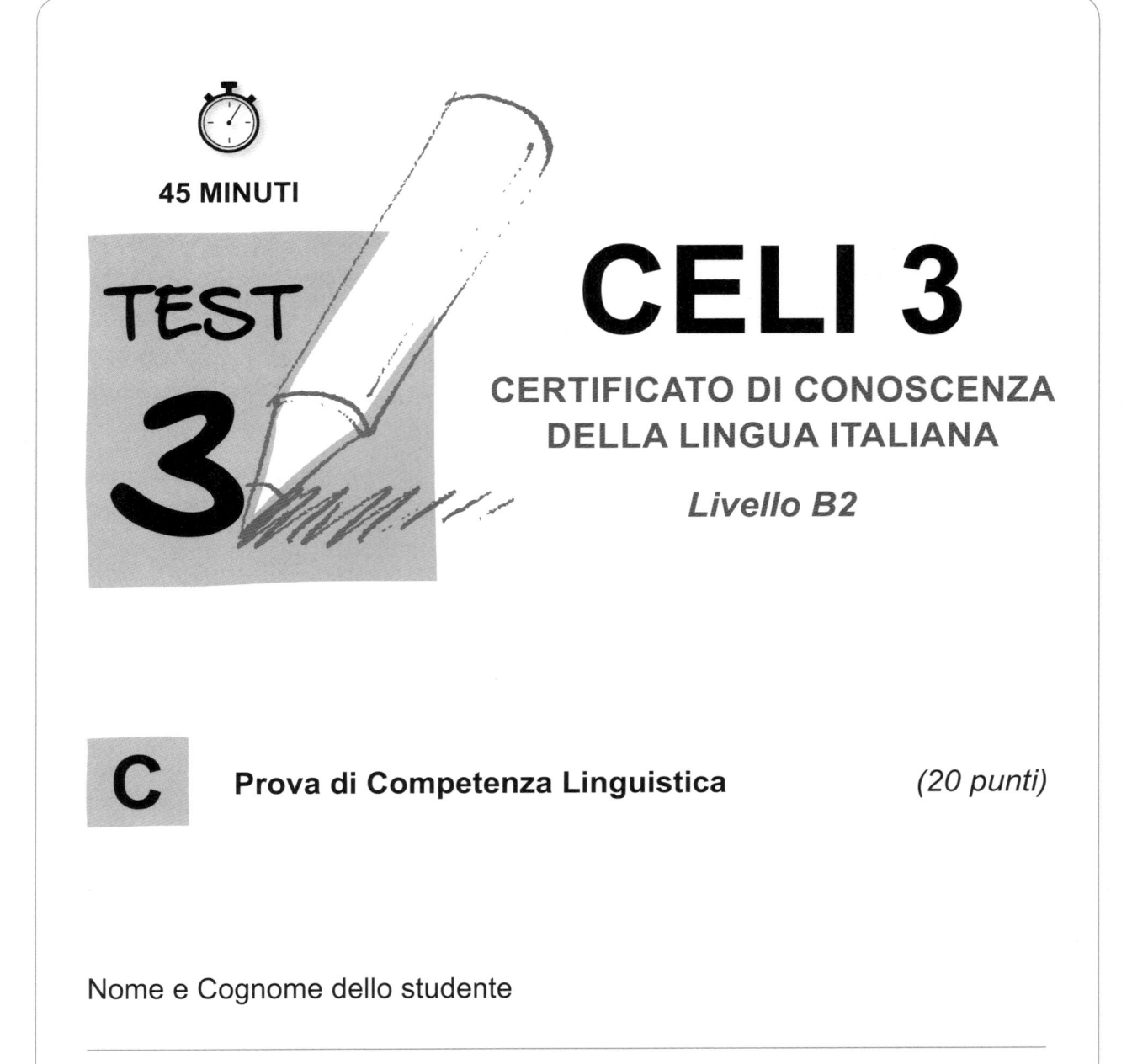

CERTIFICATO DI CONOSCENZA DELLA LINGUA ITALIANA

Livello B2

C   **Prova di Competenza Linguistica**   *(20 punti)*

Nome e Cognome dello studente

Data

CELI 3

C.1 Completi i testi, inserendo una sola parola.

E adesso esportiamo parole

L'italiano? Sorpresa: non è una lingua in (1) _____ di estinzione. Anzi, esportiamo parole. Lo sostiene uno studio (2) _____ in questi giorni da Zanichelli, *Le parole dell'italiano*. «Nel *Webster's*, il più famoso dizionario americano, ci sono (3) _____ cento espressioni prese letteralmente da noi» (4) _____ l'autrice Maria Marello, «che riguardano per la (5) _____ parte musica, mondo dell'arte, gastronomia. (6) _____ Ottocento abbiamo importato *lasagne e spaghetti*, oggi è la volta *di mozzarella, cappuccino, espresso, pizza e rigatoni*» continua Marello. Anche *mafia e scala mobile* sono parole che (7) _____ spesso sui giornali stranieri in italiano. Mentre la moda di (8) _____ i bambini Laura, Claudia, Monica, Cecilia, ha fatto calare (9) _____ da noi le quotazioni delle varie Deborah, Jessica e Samantha. «È vero, (10) _____ guadagnando posizioni» dice la linguista Valeria Della Valle. «Ma questo non assolve chi usa da noi parole straniere inutili. Per esempio, perché dire *leader* invece di (11) _____»?

Buone notizie per i nati nel XXI secolo

ROMA – Buone notizie per i nati nel XXI secolo. Un bimbo su due, venuto al mondo dal 2000 (12) _____ poi, arriverà a spegnere le cento candeline sulla (13) _____. Almeno nei Paesi ricchi, tra (14) _____ figura anche l'Italia. A rivelarlo è (15) _____ studio del *Danish Ageing Research Centre* dell'Università della Danimarca meridionale, (16) _____ ha guadagnato le pagine della rivista *Lancet*. La ricerca, che ha passato in rassegna molti dati, prefigura l'arrivo, nei prossimi decenni, di un vero e (17) _____ esercito di centenari. Sempre che l'aumento della longevità mantenga i ritmi (18) _____ ultimi due secoli.

I ricercatori, guidati da Kaare Christensen hanno, infatti, rilevato che la vita (19) _____ si è allungata di circa trenta (20) _____ nel XX secolo in Europa occidentale, Nordamerica e Australia. Sopra la media perfino l'Italia, la Spagna e il Giappone. Se le cose (21) _____ restare immutate, senza alcun progresso sul fronte della scienza e della medicina, (22) _____ il 75% dei bimbi di oggi arriverebbe a 75 anni.

Ma poiché il progresso in questi settori della ricerca appare pressoché inarrestabile, è possibile che gran parte dei bimbi venuti al mondo nel nuovo millennio arriveranno a (23) _____ i cento anni.

3° TEST
Prova di competenza linguistica

C.2 Colleghi le frasi in modo da ottenere un unico periodo con le forme di collegamento adatte. In caso di necessità, elimini o sostituisca alcune parole (trasformi, dove lo riterrà necessario, i verbi nella forma, nel modo e nel tempo opportuni).

24.
- Sono molto stanco.
- Uscirò con Giorgio.
- Giorgio è un ragazzo italiano.
- Ho conosciuto Giorgio a casa di Maria.

25.
- Abbiamo letto un'intervista.
- Un giornalista ha fatto questa intervista a Vasco Rossi.
- Vasco Rossi è un noto cantante italiano.

26.
- Giulio vuole andare a Roma.
- Giulio non ha i soldi per viaggiare.
- Giulio deve rimandare il viaggio.

27.
- Ieri Giorgio ha visto in un negozio due cellulari.
- oggi Giorgio ha comprato un cellulare.

28.
- Hai finito di leggere il libro di Baricco.
- riporta a me il libro di Baricco.

29.
- I bambini amano le fiabe di Rodari.
- i maestri leggono le fiabe di Rodari ai bambini.

30.
- Paola e Francesco hanno visitato un borgo.
- nel borgo ci sono molti alberghi.
- gli alberghi del borgo sono economici.

CELI 3

C.3 Completi le frasi con la parola opportuna (verbo, sostantivo, aggettivo, avverbio), formandola da quella data, scritta a lettere maiuscole.

31. Questo film è molto _____.
    NOIA

32. Per favore, potrebbe darmi un'_____?
    INDICARE

33. Il professore rispose _____ a tutte le domande degli studenti.
    PAZIENZA

34. Forse quest'anno la mia squadra potrà _____ lo scudetto.
    VITTORIA

35. Darvin ha fatto una straordinaria _____.
    SCOPRIRE

25 MINUTI

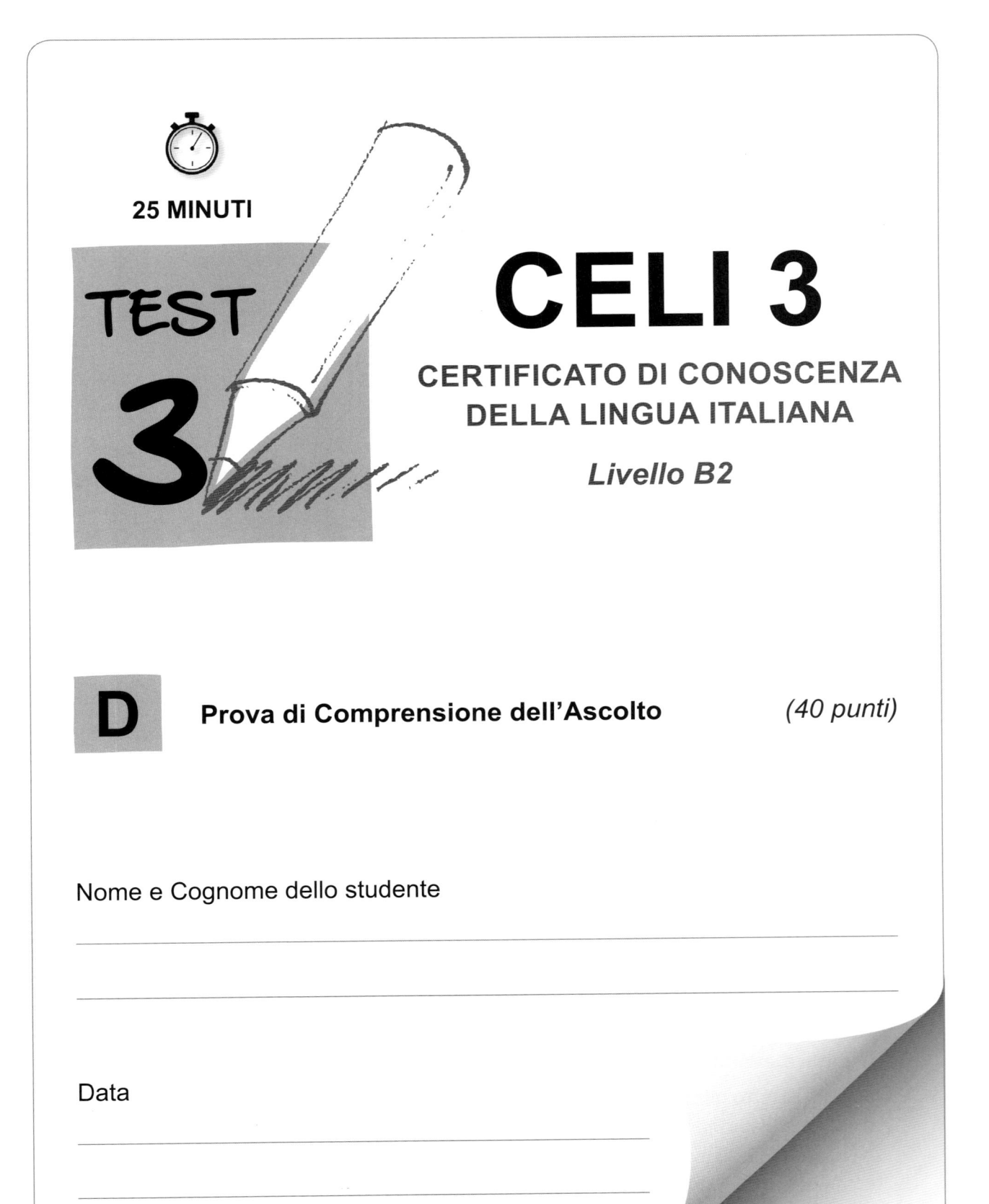

CELI 3

CERTIFICATO DI CONOSCENZA DELLA LINGUA ITALIANA

Livello B2

D **Prova di Comprensione dell'Ascolto** *(40 punti)*

Nome e Cognome dello studente

Data

CELI 3

Traccia 7 AUDIO

D.1 Dopo aver ascoltato il testo, segni con una X la lettera a.b.c.d. che corrisponde all'affermazione precisa tra le quattro che Le vengono proposte (il testo verrà ascoltato due volte).

1° testo

1. A Novara due giovani
   a. hanno dovuto attendere tre anni per vedere l'album delle nozze.
   b. non sono riusciti a sfogliare l'album delle nozze davanti al camino dopo quattro anni di attesa.
   c. hanno pensato di divorziare.
   d. hanno dovuto attendere la sentenza del giudice per poter sfogliare l'album delle nozze.

2. Questo è successo perché l'agenzia fotografica
   a. ha lasciato che gli sposini dessero una rapida occhiata all'album.
   b. si è rifiutata di mostrare l'album.
   c. si è comportata gentilmente con gli sposi.
   d. ha dimostrato disponibilità verso gli sposi.

3. Proprio il giorno delle nozze, inoltre,
   a. c'era stato un problema con la macchina fotografica.
   b. il prete si era rifiutato di celebrare le nozze.
   c. i giovani avevano deciso di rimandare il matrimonio.
   d. gli invitati non si erano presentati al matrimonio.

4. La sorpresa che l'agenzia fotografica aveva loro riservato era
   a. un regalo di nozze.
   b. un album con sessanta fotografie.
   c. la pretesa di un pagamento quasi triplo rispetto a quello stabilito.
   d. una denuncia in tribunale come risposta al rifiuto di pagamento degli sposi.

5. Il giudice, avendo preso atto della situazione,
   a. ha costretto gli sposi a pagare la somma richiesta.
   b. ha dato ragione all'agenzia fotografica.
   c. ha risolto brillantemente la questione.
   d. ha pensato di buttare via l'album con le foto.

3° TEST
Prova di Comprensione dell'Ascolto

2° testo

Traccia 8

6. *L'altra parte del mondo* è il titolo di
   a. un programma dedicato a Rita Levi Montalcini.
   b. un trattato di scienze naturali.
   c. un corso per aspiranti infermieri.
   d. un saggio molto interessante.

7. Qui la scienziata sostiene che
   a. con la cultura, le donne si possono sottrarre all'emarginazione.
   b. le donne dei paesi poveri sono condannate all'ignoranza.
   c. le donne di colore sono emarginate.
   d. oggi le donne non hanno accesso alla cultura.

8. Rita Levi Montalcini ritiene che i governi occidentali
   a. commettano un grave errore a non dare tanta importanza alla cultura.
   b. non siano interessati al raggiungimento della pace nel mondo.
   c. siano in grado di usufruire di risorse intellettuali preziose.
   d. vietino alle donne l'accesso alla cultura.

9. La scienziata, inoltre, ammette che
   a. non ci sono mai state ragazze poco serie.
   b. le donne oggi sono più preparate dei maschi.
   c. in tutti i campi lavorativi, le ragazze sono mal retribuite.
   d. le donne non avranno mai un ruolo importante nella società.

10. Secondo la Montalcini, le donne nei paesi poveri
    a. rischiano di rimanere indietro rispetto a quelle dei paesi sviluppati.
    b. vanno al passo con le altre.
    c. hanno capito l'importanza della rete.
    d. continueranno a portare fazzolettoni colorati in testa e a restare ignoranti.

CELI 3

Traccia 9 AUDIO

D.2 Dopo aver ascoltato il testo, completi le informazioni con un massimo di quattro parole (il testo verrà ascoltato due volte).

11. Erano operai meridionali, emigrati all'estero, in _____

12. Per un poco il professor Grammaticus li stette ad _____

13. Ecco di nuovo il benedetto vizio di tanti italiani del Sud di usare il verbo avere al posto _____

14. Il verbo andare -continuò il professor Grammaticus- è un verbo intransitivo e come tale, vuole _____

15. Uno di loro tossì per _____

16. A me sembra un verbo triste, molto triste. Andare a cercare lavoro in _____

17. Il professor Grammaticus cominciò _____

18. Lo sa dove siamo noi con tutto il verbo essere e con _____

19. Il professor Grammaticus aveva una gran voglia di in testa. _____

20. Ma gli errori più grossi _____

15 MINUTI

TEST 3

CELI 3

CERTIFICATO DI CONOSCENZA DELLA LINGUA ITALIANA

Livello B2

Prova di Produzione Orale *(60 punti)*

Lo studente esaminerà il materiale sul quale si svilupperà un'intervista / conversazione con gli esaminatori o la commissione d'esame

Il materiale consiste in:
- **A** una foto o un'illustrazione
- **B** un testo
- **C** un compito comunicativo

Nome e Cognome dello studente

Data

CELI 3

A Lo studente dovrà descrivere la foto e rispondere alle eventuali domande che gli verranno poste.

Domande guida

- Descriva quello che è rappresentato nella foto.
- Secondo una recente indagine, la comunicazione verbale ha un peso minimo nel bilancio dei rapporti sociali, appena il 7%, mentre tutto il resto lo diciamo con le gambe, braccia, viso. Ma è proprio impossibile "dominare" il proprio corpo?
- Lei è in grado di capire le intenzioni di chi Le sta di fronte, osservando i "segnali" che l'altro lancia? Se sì, quale parte del corpo ritiene più espressiva?

3° TEST
Prova di Produzione Orale

B Lo studente, dopo aver letto il testo, deve riassumerlo e rispondere alle domande che eventualmente gli verranno poste.

Il giallo del bimbo abbandonato in aereo
Madrid, ragazzino accompagnato dalla madre a bordo dell'aereo. E poi lasciato lì da solo.

MADRID – Giallo internazionale (e familiare) all'aeroporto di Barajas quando l'equipaggio del volo 4510 della compagnia Easy Jet, in servizio tra la capitale spagnola e Berlino, si è reso conto di avere a bordo un bimbo di 10 anni, tedesco e tutto solo. Secondo quanto riferisce il quotidiano Publico, la madre, residente a Zurigo e in transito a Madrid, proveniva dall'isola portoghese di Madeira dopo qualche giorno di vacanza con il figlio. Pochi minuti prima aveva imbarcato il piccino sull'aereo in partenza per Berlino, accompagnandolo fino al portellone, ed era poi sparita senza dare la minima spiegazione o raccomandazione alle hostess. Il piccino non sembrava particolarmente preoccupato della sua solitudine, ma la normativa non permette a un bimbo di volare senza un accompagnatore adulto, a meno che non sia stato espressamente affidato al personale di cabina. Così il decollo è stato sospeso, la Guardia Civile è stata avvisata e sono iniziate le ricerche della madre. Il cui telefonino, però, risultava spento. Nella crescente impazienza degli altri passeggeri, che vedevano inesorabilmente passare l'ora della partenza, il comandante dell'aereo ha respinto l'idea di scaricare il bambino, a quel punto in lacrime, per affidarlo ai servizi sociali e, probabilmente, a un istituto pubblico, in attesa di rintracciare almeno uno dei genitori; e se lo è tenuto nella cabina di pilotaggio, sotto la sua responsabilità, mentre la compagnia aerea tentava di mettersi in contatto con il padre. Fortunatamente il genitore è stato localizzato abbastanza in fretta, in Sassonia, e la situazione si è sbloccata quando l'uomo è andato negli uffici locali di Easy Jet a firmare un'autorizzazione perché il figlio viaggiasse solo fino a Berlino. Qui l'emozionato bambino ha trovato ad attenderlo l'auto della polizia che lo ha riconsegnato al papà. Lieto fine, oltre due ore di ritardo, malumore dei passeggeri e una domanda ancora senza risposta: dov'è finita la mamma?

Domande guida

- Riassuma il testo.
- Secondo Lei «dov'è finita la mamma?»
- Se Lei da bambino/a si fosse trovato/a in una situazione simile, come pensa che avrebbe reagito?

CELI 3

C **Lo studente deve essere in grado di svolgere il compito assegnato, nella seguente situazione.**

Lei ha assistito a un episodio di razzismo sull'autobus. Telefona ad un amico e glielo racconta. Il suo amico, però, non è d'accordo con Lei che difende i lavoratori stranieri, perché lui ritiene che rubino il lavoro e per la maggior parte siano dei criminali. Ne nasce una discussione.

2 ORE E 15 MINUTI

TEST 4

CELI 3
CERTIFICATO DI CONOSCENZA DELLA LINGUA ITALIANA

Livello B2

A   **Prova di Comprensione della Lettura**   *(40 punti)*

B   **Prova di Produzione di Testi Scritti**   *(40 punti)*

Nome e Cognome dello studente

Data

CELI 3

A. PROVA DI COMPRENSIONE DELLA LETTURA

A.1 Legga i seguenti brani. Metta una X vicino alla lettera a.b.c.d. che corrisponde all'affermazione precisa tra le quattro che le vengono proposte.

1° TESTO

Così la memoria non fa più brutti scherzi

È il vanto di alcuni e il lato debole di molti. Per tante altre persone, invece, la memoria è soprattutto oggetto di un forte timore: quello di perderla. Di assistere, col passare del tempo, a un inesorabile annebbiamento della propria capacità di ricordare. Ma è davvero così? «Ricordare significa registrare, ritenere, recuperare» sostengono Kathleen Gose e Gloria Levi, autrici di un recente libro dal titolo *Memoria*. E se non riusciamo a tenere a mente alcune informazioni c'è stato un intoppo in uno dei tre meccanismi. Ma il fatto di invecchiare ha meno responsabilità di quante gliene attribuiamo. Certo il cambiamento di vita che si verifica col passare degli anni ha effetti anche sulla capacità di ricordare. Ma, spesso, è solo una questione di allenamento. Cioè di come e di quanto si sia utilizzata la memoria da giovani. Per immagazzinare bene le informazioni, sostengono le esperte, occorre innanzitutto immergersi in un'atmosfera il più piacevole e rilassante possibile, non avere fretta, alternare concentrazione e riposo e rendere divertente l'apprendimento. Indipendentemente dall'età. "La memoria, per esempio, ama le immagini, le forme, i colori, le melodie e i profumi" scrivono Gose e Levi. "Per ritenere e recuperare meglio le informazioni, dunque, occorre cercare di renderle il più vivide possibile, esagerandone le caratteristiche. Proprio come fa il disegnatore con una caricatura".

Ecco altre strategie suggerite dalle autrici per aiutarvi a rendere più efficiente la vostra memoria per non vivere più nel timore che vi faccia brutti scherzi.

Cercate una motivazione. Se ciò che dovete ritenere è positivo, piacevole oppure vi interessa davvero, avete molte più possibilità di riuscirci. Il consiglio, quindi, è quello di collegare la frase, il concetto o l'oggetto da ricordare a qualcosa che vi diverte o vi rilassa. Per esempio: non devo dimenticare le chiavi. Collegatele a un'immagine felice; quando lui rientra, la sera, gira la chiave nella serratura della porta.

Abituatevi a fare elenchi. In occasione di un trasloco, di una partenza o anche solo per affrontare la spesa settimanale al supermercato; quante cose rischiate di dimenticare se non imparate a stendere una lista di ciò che occorre? Se le voci sono parecchie, perché gli appunti siano davvero efficaci, raggruppateli in categorie. Inoltre, riservate agli elenchi un angolo della casa o della scrivania –sempre quello– per non dimenticare dove li avete messi.

Puntate sull'ordine. Anche se molte persone non amano sentirselo dire, essere ordinati facilita il ricordare. Tenetelo presente almeno per gli oggetti più a rischio di smarrimento; chiavi, documenti, assegni, farmaci, bollette o fatture da pagare.

4° TEST
Prova di Comprensione della Lettura

1. Secondo l'articolo molte persone
   a. sono angosciate dalla paura di perdere la memoria.
   b. sono fiere della propria memoria.
   c. considerano la memoria un bene prezioso.
   d. considerano la memoria un oggetto sconosciuto.

2. Una delle cause della diminuzione di efficacia della memoria, può essere
   a. la giovane età.
   b. la disposizione ad annotare e fare elenchi.
   c. un ostacolo nella fase di recupero dei ricordi.
   d. la capacità di tenere a mente alcune informazioni.

3. Per migliorare il recupero delle informazioni occorre
   a. aiutarsi facendo dei disegni colorati.
   b. realizzare un disegno.
   c. esaltarne in modo intenso alcuni aspetti.
   d. studiare seriamente.

4. Per ritenere meglio i ricordi si consiglia
   a. di collegare il ricordo a qualcosa di piacevole e rilassante.
   b. di fare un nodo a qualcosa.
   c. di avere sulla scrivania una lista degli oggetti più a rischio.
   d. di raggruppare gli appunti in ordine alfabetico.

5. L'articolo spiega
   a. le strategie più efficaci per fissare i nostri ricordi.
   b. come sviluppare una memoria di ferro.
   c. come riconoscere i vuoti di memoria.
   d. come attraverso parole, immagini e volti formiamo i nostri ricordi.

CELI 3

2° TESTO

Ma la *pet therapy* fa bene agli animali?

La *pet therapy* è un'attività che comporta l'impiego di animali da compagnia come ausilio terapeutico in alcune situazioni patologiche umane, sia fisiche che psichiche. I dati più noti al pubblico sono gli effetti sulla pressione: la carezza al gatto tenderebbe a farla abbassare, mentre osservare i pesciolini variopinti dell'acquario rilassa la mente ed evoca pensieri piacevoli; la passeggiata quotidiana con il cane migliora l'umore e allontana i rischi cardiovascolari oltre a far consumare qualche caloria in più; l'equitazione migliora il controllo muscolo-scheletrico di coloro che hanno problemi di coordinazione; i delfini si sono rivelati in grado di superare parzialmente la barriera dell'autismo. Anche altri effetti sono sfruttati e pubblicizzati, come il socializzare meglio con sconosciuti al parco perché si è possessori entrambi del cagnolone di turno. C'è però un problema non indifferente, e poco compreso, che riguarda la tutela dell'animale "oggetto" terapeutico. Esistono due categorie relative a questo utilizzo del *pet*.

La prima comprende gli animali "professionisti", cioè quelli addestrati specificatamente, anche per anni, e utilizzati di solito da associazioni di persone competenti. Essi sono gestiti nel modo più corretto, sia dal punto di vista sanitario che psicologico, come per esempio i cani destinati ai bambini con gravi lesioni cerebrali, o i cavalli adatti alla rieducazione motoria. Non è probabile che un animale appartenente a questa categoria, possa finire in mezzo a una strada o in un canile anche perché sono animali molto costosi e frutto di scelte e selezione accurata.

Il secondo gruppo, più sfortunato e meno tutelato, comprende la moltitudine di animali della *pet therapy* "casareccia", cioè tutti quelli che vengono comprati o trovati per strada, senza specifico interesse, con la speranza di migliorare condizioni che spesso nulla hanno a che vedere con la presenza di animali. Può capitare, e capita, che il loro destino non sia dei più felici. Molti di coloro che acquisiscono animali all'inizio se ne "innamorano", spesso dicendo che non immaginavano che fosse così avere un amico con i peli. Ma cosa accade in alcuni casi se l'aspettativa di una vita più vantaggiosa e/o un miglioramento della salute NON seguono all'acquisizione del *pet* (soprattutto se il motivo non è stato dall'inizio il reale desiderio di dividere la propria vita con l'animale domestico)? Mentre i vari attrezzi ginnici si possono piegare e riporre sotto il letto, o le scatole vuote dei farmaci si possono buttare, l'ingombrante animale va tenuto per tutta la sua vita. Quando va bene, sarà di livello minimo di sopravvivenza, con cibi scadenti, poche passeggiate, e forse, alla prima occasione, il trasloco forzato. Quando va male, finito l'effetto euforizzante iniziale, il destino è quello praticamente certo dell'abbandono, con metodi più o meno carini, a seconda del livello morale del proprietario.

4° TEST
Prova di Comprensione della Lettura

6. **La pet therapy**
   a. comporta l'acquisto di un cane da caccia.
   b. non viene apprezzata dal vasto pubblico.
   c. non risolve i problemi di chi soffre di gravi malattie.
   d. ha effetti psicofisici sulle persone.

7. **C'è, però, un problema che riguarda**
   a. la difficoltà nella scelta dell'animale giusto.
   b. la mancanza d'informazione sulle caratteristiche dei vari animali da impiegare nella terapia.
   c. la protezione dell'animale utilizzato a scopi terapeutici.
   d. il contatto con un animale che può causare un malanno a chi lo possiede.

8. **Erroneamente si ritiene che**
   a. solo alcuni animali siano adatti a diventare "oggetto" terapeutico.
   b. qualunque animale trovato per strada possa essere addestrato come ausilio terapeutico.
   c. il costo di tali animali sia elevatissimo.
   d. molti incoscienti tengano in casa cani e cavalli.

9. **Se le aspettative vengono deluse, il padrone**
   a. mette l'animale in deposito insieme agli attrezzi ginnici.
   b. fa sopravvivere l'animale dandogli da mangiare cibi in scatola.
   c. spesso abbandona l'animale per strada.
   d. rivende il suo animale ad un conoscente.

CELI 3

A.2 Legga i due brani indicati rispettivamente con la lettera A e B. Abbini successivamente le frasi sottoelencate segnando A quando la frase si riferisce al brano A, segnando B quando la frase si riferisce al brano B.

Tutti al mare

TESTO A	TESTO B
Se amate il mare e siete affascinati dai grandi mammiferi, come le balene, potete prendere al volo l'offerta che proviene dal Centro turistico studentesco e dall'Università di Roma. Che invitano a partecipare all'iniziativa "Sulla rotta dei giganti del mare". Per tutto aprile, ricercatori dell'Università studieranno, insieme ai volontari, la migrazione delle balenottere nel Mediterraneo. Lo scopo è scoprire se questi animali, che nei mesi estivi si incontrano spesso nel mar Ligure, passino l'inverno nel Mediterraneo meridionale o migrino invece nell'oceano Atlantico attraverso lo Stretto di Gibilterra. «Le informazioni che raccoglieremo saranno molto importanti» spiega Paolo Pecorelli, membro del Dipartimento per la conservazione della natura del Cts, e aggiunge: «Conoscere gli spostamenti di questi cetacei ci aiuterà a organizzare un'opera di difesa più efficace di quella attuale. Gli studi avranno come base l'isola di Lampedusa. Un ricercatore è presente sul posto dal mese scorso, in attesa delle prime balenottere. Al loro arrivo, i volontari verranno messi al corrente della situazione migratoria. A bordo di gommoni parteciperanno agli avvistamenti dei cetacei. Potranno fotografarli da vicino: attraverso il profilo di emersione, che è diverso per ogni animale, li si potrà identificare e censire. Si riuscirà così a seguire i loro spostamenti, a determinare durata e consistenza della migrazione, a conoscere le dimensioni dei branchi».	Un fine settimana diverso. Dedicato a tutti, ma soprattutto agli appassionati del mare e degli animali che vi abitano. Due giorni di navigazione per osservare e imparare a conoscere i delfini. È una delle numerose proposte del Dipartimento ambiente del Cts (Centro turistico studentesco). Per tutto il mese di maggio, sono previste minicrociere a bordo di una barca a vela a otto posti, intorno alle isole dell'arcipelago toscano, meta di numerosi delfini. Sulla barca, un cetologo terrà lezioni sul comportamento di questi animali. Si imparerà così a osservali e si raccoglieranno informazioni utili su una specie di cui si sa ancora molto poco. «Conoscere questi animali è importante anche per studiare le strategie più idonee alla loro protezione. I delfini, infatti, sono in pericolo; vivendo molto vicini alle coste, spesso vengono catturati, oppure rimangono impigliati nelle reti dei pescatori» afferma Stefano Di Marco, direttore del Dipartimento per la conservazione della natura del Cts. «La nostra iniziativa è aperta a tutti gli adulti e ai ragazzi di età non inferiore ai 13 anni, purché accompagnati. Questo per motivi di sicurezza. Viaggiare in barca a vela è molto affascinante, ma può essere anche rischioso. In caso di mareggiate, forte vento o pioggia durante la navigazione, i bambini non sarebbero al sicuro e dovrebbero essere costantemente sorvegliati».

4° TEST
Prova di Comprensione della Lettura

10. Si tratta di un'avventura in barca a vela.
    A   B

11. I pescatori li trovano spesso nelle loro reti quando vanno a pesca.
    A   B

12. È possibile scoprire dove trascorrono l'inverno.
    A   B

13. È un progetto nato per difendere questi cetacei giganti.
    A   B

14. I bambini in quest'avventura devono essere accompagnati da un adulto.
    A   B

15. Un esperto terrà lezioni sul loro comportamento.
    A   B

16. Questi animali spesso sono stati avvistati non molto lontano dalle coste.
    A   B

17. I volontari potranno conoscere di più sulla migrazione dei branchi.
    A   B

18. Nel prezzo delle mini crociere sono comprese le lezioni tenute da un cetologo.
    A   B

19. Chi vuole partecipare alla spedizione trascorrerà due giorni molto piacevolmente.
    A   B

CELI 3

A.3 Legga il seguente testo e poi risponda alle domande poste.

Che fatica essere donne!

Vogliono essere libere di fare l'amore quando sono ispirate, ma si irritano se lui non dimostra un desiderio costante. Aborriscono i legami matrimoniali, ma sognano di sposarsi. Decidono di non avere figli e rimpiangono la maternità. Contraddittorie, contorte, sempre tragicamente a caccia di guai. Così sono le 38 donne ritratte in *Una come tutte*, un libro feroce e spassoso. A firma di una che l'anima femminile dimostra di conoscerla a fondo: Lina Sotis, giornalista e scrittrice esperta in costume. L'autrice di *Bon Ton*, il manuale che ha fatto scuola nei salotti mondani, ha messo l'ironia nell'inchiostro della sua penna.
— *Perché tanta spietatezza?*
— In realtà ho raccontato le mie manie, le mie ossessioni. Il bello è che tutte le mie amiche si sono riconosciute nei personaggi descritti. Qualcuna si è arrabbiata, qualcuna si è fatta quattro risate. Perché il fatto è che noi donne abbiamo tutte gli stessi problemi: ci siamo liberate, possiamo vivere come più ci piace, ma non sappiamo che cosa vogliamo davvero. Ci condanniamo a essere frustrate.
— *Lei, però, non ha affatto l'aria frustrata.*
— Lo sono stata. Ho cominciato a soffrire fin da ragazzina. È inevitabile. Gli anni più difficili sono quelli tra i 20 e i 40, quando ti sembra che devi fare assolutamente tutto per realizzarti. Oggi, a 53 anni, mi sento rinascere. Sono ancora piena di entusiasmi, ma ho imparato a guardare la vita con occhio divertito. Auguro a tutte le ragazze di arrivare presto a 50 anni. Ve lo assicuro: si vive molto meglio.
— *Da quattro anni si è felicemente risposata per la seconda volta. Che cosa ha suo marito di speciale?*
— Sa volermi bene. E io ne voglio a lui. Sembra molto semplice. Ma è una grandissima conquista.

20. In che senso la donna oggi ha un comportamento contraddittorio?

(Da un minimo di 20 a un massimo di 30 parole)

21. Che cosa ha raccontato Lina Sotis nel suo nuovo libro?

(Da un minimo di 10 a un massimo di 15 parole)

22. Negli anni più difficili della vita dell'autrice, quali sono state le cause della sua insoddisfazione?

(Da un minimo di 15 a un massimo di 30 parole)

23. Oggi che è ormai cinquantenne dice di vivere molto meglio. Come mai?

(Da un minimo di 5 a un massimo di 15 parole)

B. PROVA DI PRODUZIONE DI TESTI SCRITTI

B.1 Svolga una delle composizioni, scegliendola tra le due proposte:

1. A far sempre le stesse cose, arriva il momento che non se ne può proprio più. Succede anche a Lei? Che cosa fa per distrarsi e che via di uscita trova alla noia?

   (Da un minimo di 120 a un massimo di 180 parole)

2. Spesso l'ambiente familiare influenza i giovani nelle loro scelte, sia nel campo del lavoro che in quello degli studi. Dica quanto hanno contato nella Sua vita i desideri dei genitori ed esprima le Sue osservazioni in proposito.

   (Da un minimo di 120 a un massimo di 180 parole)

CELI 3

B.2 Svolga uno dei compiti proposti, scegliendolo tra i seguenti:

1. Una coppia di amici vuole venire a trascorrere le vacanze estive nel Suo paese e Le chiede delle informazioni allo scopo di restarci due settimane per visitare dei posti turistici, senza spendere un patrimonio.

   Scriva loro una lettera:
   - indicandogli il periodo più adatto per le vacanze;
   - consigliandogli un itinerario turistico interessante ed economico;
   - invitandoli a trascorrere qualche giorno a casa Sua.

   (Da un minimo di 80 a un massimo di 100 parole)

2. Un Suo ex-collega, che è stato trasferito in un'altra città, Le scrive per comunicarLe che ha deciso di smettere di fumare.

   Gli risponda:
   - rallegrandosi per la notizia;
   - incoraggiandolo a persistere nella sua decisione;
   - dandogli dei suggerimenti efficaci.

   (Da un minimo di 80 a un massimo di 100 parole)

3. Ha letto su un giornale italiano che una ragazza ha dei seri problemi d'incomprensione con la sua famiglia. Le scriva:

   - esprimendole solidarietà per le difficoltà che affronta;
   - incoraggiandola ad avere un dialogo costruttivo con la sua famiglia e motivando le ragioni del Suo consiglio.

   (Da un minimo di 80 a un massimo di 100 parole)

45 MINUTI

TEST 4

CELI 3

CERTIFICATO DI CONOSCENZA DELLA LINGUA ITALIANA

Livello B2

C **Prova di Competenza Linguistica** *(20 punti)*

Nome e Cognome dello studente

Data

CELI 3

C.1 Completi i testi, inserendo una sola parola.

1. Brutto tempo nel Sud Italia

ROMA – Un'ondata di forte maltempo (1) _____ investendo da ieri pomeriggio il Sud Italia, (2) _____ piogge praticamente ininterrotte. Puglia e Sicilia sono (3) _____ regioni maggiormente colpite. Palermo ha (4) _____ una notte difficile, con allagamenti e (5) _____ vento sia in centro che sulla costa, (6) _____ particolare a Mondello. Un tratto della (7) _____ ferroviaria Palermo-Messina è (8) _____ chiuso, mentre le isole sono isolate ormai da ieri, con le navi ferme nei (9) _____. Situazione difficile anche in Puglia, dove le squadre di soccorso lavorano ininterrottamente. Un uomo (10) _____ rimasto ucciso precipitando con la sua auto in un canale e un palazzo è crollato a causa delle infiltrazioni di acqua. Danni (11) _____ in Abruzzo, con una frana nel comune di Ortona.

2. Torino, bullismo in classe. In due marchiano a fuoco uno studente di 13 anni

Torino – Un nuovo caso di bullismo sconvolge Torino: uno studente di 13 anni, è (12) _____, ieri, marchiato a fuoco sul braccio destro, con una penna su (13) _____ era stato messo sopra un pezzo di ferro riscaldato a forma di "emme", da due (14) _____ di classe. È accaduto nello stesso (15) _____ professionale dove alcuni anni prima studenti filmarono l'aggressione a un disabile (16) _____ le lezioni.

La vicenda è (17) _____ durante l'intervallo. Il ragazzo, secondo il suo racconto, (18) _____ disegnando in classe, quando, fra la prima e la seconda ora, i due compagni si sono avvicinati e, senza (19) _____ motivo particolare, lo hanno "marchiato", procurandogli (20) _____ braccio un'ustione di secondo grado. Il giovane guarirà in venti giorni, ma, molto probabilmente, dovrà essere (21) _____ da un chirurgo plastico. I genitori dello studente ferito hanno presentato una (22) _____ al commissariato di Torino. I due studenti protagonisti dell'episodio sono stati denunciati per lesioni aggravate alla procura dei minori. Entrambi (23) _____ quattordicenni.

4° TEST
Prova di competenza linguistica

C.2 Colleghi le frasi in modo da ottenere un unico periodo con le forme di collegamento adatte. In caso di necessità, elimini o sostituisca alcune parole (trasformi, dove lo riterrà necessario, i verbi nella forma, nel modo e nel tempo opportuni).

24. • Devi impegnarti di più.
    • In caso contrario dovrai rinunciare alla gara.
    • La gara si svolgerà domenica.

25. • Marco ha fumato troppo.
    • Il portacenere di Marco è pieno di mozziconi.
    • Marco è nervoso.

26. • Il treno doveva arrivare alle sei.
    • Il treno ha mezz'ora di ritardo.
    • Il treno ripartirà subito.

27. • Lucio è molto impegnato oggi.
    • Lucio non può uscire.
    • Domani Lucio dovrà sostenere un esame.

28. • Sono le otto.
    • Credo una cosa.
    • La cosa è che alle otto tutti sono davanti al televisore.

29. • Per la mia festa inviterò tante persone.
    • Per quelle persone io provo simpatia.
    • Quelle persone sono amici e conoscenti.
    • La mia festa avrà luogo a casa dei nonni.

30. • Manca la corrente.
    • Non smetterò di leggere.
    • Leggo un libro molto interessante.

CELI 3

C.3 **Completi le frasi con la parola opportuna (verbo, sostantivo, aggettivo, avverbio), formandola da quella data, scritta a lettere maiuscole.**

31. Pensavo che Luigi fosse un bravo ragazzo, ma in realtà, era solo un bugiardo. Che _____!
DELUSO

32. Ieri Dario dal suo datore di lavoro ha ricevuto una _____ interessante.
PROPORRE

33. Dopo aver studiato per quattro anni l'italiano, ora tu capisci _____ questa lingua.
PERFETTO

34. Le persone anziane vogliono spesso _____ storie e avventure che hanno vissuto in passato.
NARRAZIONE

35. Le persone educate hanno un comportamento _____.
CIVILTÀ

25 MINUTI

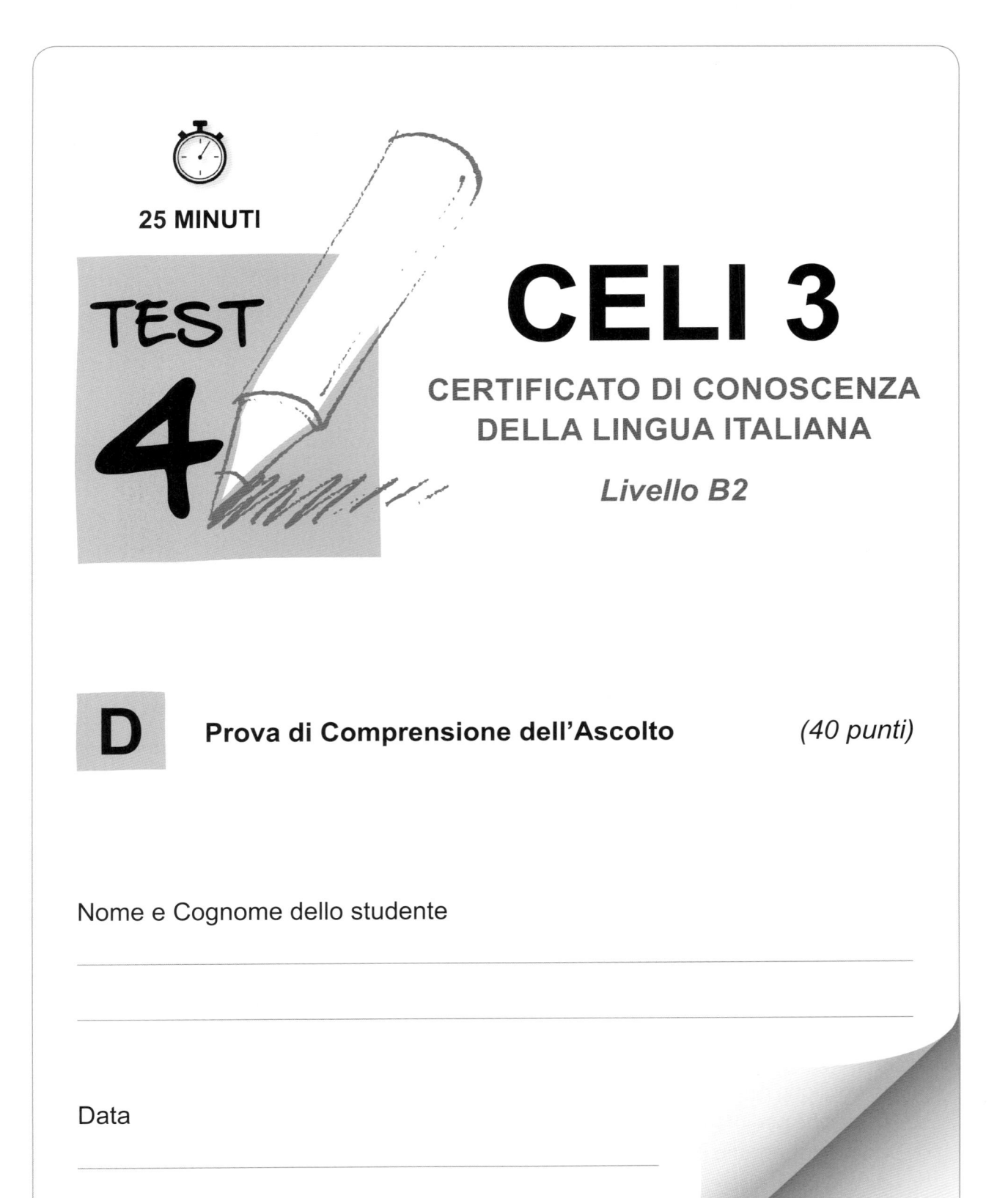

TEST 4

CELI 3

CERTIFICATO DI CONOSCENZA DELLA LINGUA ITALIANA

Livello B2

D **Prova di Comprensione dell'Ascolto** *(40 punti)*

Nome e Cognome dello studente

Data

CELI 3

D.1 Dopo aver ascoltato il testo, segni con una X la lettera a.b.c.d. che corrisponde all'affermazione precisa tra le quattro che Le vengono proposte (il testo verrà ascoltato due volte).

Traccia 10

1° testo

1. I nuovi *teen-ager*
   a. spendono i soldi dei genitori.
   b. preferiscono i prodotti firmati.
   c. consumano poco.
   d. fanno ordinazioni per catalogo.

2. Si afferma che i *teen-ager*
   a. sono in crisi.
   b. lavorano guadagnando pochi euro al mese.
   c. consumano meno man mano che crescono.
   d. comprano soprattutto libri.

3. Anna De Capitani sostiene che
   a. i *teen-ager* cambiano gusti in continuazione.
   b. la Swatch progetta orologi solo per *teen-ager*.
   c. i giovanissimi sono facilmente controllabili.
   d. i *teen-ager* sono un gruppo sociale per niente temuto dagli operatori di mercato.

4. I nuovi consumi dei *teen-ager* mostrano che questa generazione
   a. ama i miti del passato.
   b. preferisce il motorino.
   c. ha il concetto di gruppo, libertà e indipendenza.
   d. sogna l'auto.

5. Fabris crede che i giovani oggi comprino di tutto perché
   a. vogliono costruirsi la loro identità.
   b. perché per loro un prodotto vale l'altro.
   c. così esprimono il passaggio generazionale dei valori.
   d. vogliono essere antagonisti con il mondo dei grandi.

4° TEST
Prova di Comprensione dell'Ascolto

2° testo

Traccia 11

6. **Giovanni Beghini è un anziano che ha deciso di**
   a. trovarsi un erede.
   b. provocare l'opinione pubblica.
   c. lanciare una campagna a favore delle persone della terza età.
   d. andare a vivere in un albergo.

7. **Al suo appello hanno risposto**
   a. giovani che vivevano da soli.
   b. famiglie disponibili ad aderire al suo progetto.
   c. americani che vogliono studiare le condizioni di vita degli anziani.
   d. molte persone che vivono all'estero.

8. **Una telefonata era particolarmente commovente perché la donna**
   a. è scoppiata in lacrime.
   b. ha supplicato per avere un favore.
   c. desiderava che sua figlia trovasse un nonno.
   d. ha raccontato di essere stata cresciuta dai genitori.

9. **Purtroppo il docente Mario Antonini è contrario all'iniziativa di Beghini poiché ritiene che**
   a. il promotore non abbia intenzioni oneste.
   b. in una famiglia estranea un anziano si sentirà a disagio.
   c. c'è pericolo che un anziano perda le sue proprietà.
   d. un anziano in tal modo non troverà affetto disinteressato.

10. **Inoltre questa proposta**
    a. potrà avere successo solo per pochissime persone.
    b. andrà bene per novantanove persone su cento.
    c. andrà male solo per chi vivrà in un posto isolato.
    d. sarà un bene per tutti.

CELI 3

D.2 Dopo aver ascoltato il testo, completi le informazioni con un massimo di quattro parole (il testo verrà ascoltato due volte).

🔊 Traccia 12

11. Gli italiani sono degli adorabili _____

12. A Brigitte Bardot piacerebbe vivere in Italia _____

13. B.B. in un'intervista non è tenera _____

14. Preferirebbe lasciare la Francia e venire a _____

15. In Italia, invece, ha l'impressione che ci sia _____

16. L'ex attrice e sex symbol, cita molto spesso i suoi viaggi in Italia _____

17. È evidente anche la nostalgia di un tempo _____

18. Racconta che arrivarono in un altro secolo, in un'Italia profonda e ancora _____

19. Su quell'isola circolava solo un taxi _____

20. Difficile, tuttavia, pensare che la Bardot lasci _____

94

15 MINUTI

TEST 4

CELI 3

CERTIFICATO DI CONOSCENZA DELLA LINGUA ITALIANA

Livello B2

Prova di Produzione Orale *(60 punti)*

Lo studente esaminerà il materiale sul quale si svilupperà un'intervista / conversazione con gli esaminatori o la commissione d'esame

Il materiale consiste in:

- **A** una foto o un'illustrazione
- **B** un testo
- **C** un compito comunicativo

Nome e Cognome dello studente

_____

_____

Data

_____

_____

CELI 3

A Lo studente dovrà descrivere la foto e rispondere alle eventuali domande che gli verranno poste.

Domande guida

- Descriva quello che è rappresentato nella foto.
- Che significa per Lei la parola "amicizia" e quali sono le qualità più importanti che deve avere un amico intimo.
- Oggi, grazie alla tecnologia, è facile o difficile avere amici veri? Se Lei ha un amico intimo, ce lo descriva, specificando dove, come e quando è nata la vostra amicizia.

4° TEST
Prova di Produzione Orale

B Lo studente, dopo aver letto il testo, deve riassumerlo e rispondere alle domande che eventualmente gli verranno poste.

Luoghi comuni

I milanesi animati da una febbrile voglia di lavorare. I bolognesi votati ai peccati di gola. I napoletani dediti al piacere del sonno. Luoghi comuni? No, stando a una ricerca effettuata dal Censis per Legambiente sull'uso del tempo nelle maggiori città italiane. Dalla media risulta che Milano detiene il record delle ore dedicate al lavoro: sei al giorno al lavoro e allo studio; Bologna quello del tempo trascorso a tavola: 1 ora e 50; Napoli quello del sonno: 7 ore e 45 minuti per notte. Ma gli abitanti delle tre città si riconoscono in questa ricerca? L'abbiamo chiesto a tre personaggi famosi.

Mariuccia Mandelli, stilista: «È vero, noi che viviamo a Milano, spendiamo tutto nel lavoro. Forse è il clima, forse i dintorni che non offrono alternative allettanti come quelle di altre città adagiate fra i colli o vicine al mare. Insomma, non avere tentazioni aiuta. I nostri ritmi sono pazzeschi, ma, proprio per questo, li trovo stimolanti. Sono sincera: se non mi dedico ai miei abiti, io mi annoio. E non potrei comportarmi così in nessun altro posto al mondo».

Patrizio Roversi, conduttore tv: «Bologna fa pazzie per la buona tavola? Certo: qui non è ancora arrivata l'orribile abitudine milanese dei piatti consumati nei bar, in piedi, di fretta, tutti a base o con contorno di rucola. Nelle trattorie, nei bar, nelle osterie bolognesi si mangiano i piatti tipici di questa terra. Oltrettuto Bologna è una città relativamente piccola e si torna tutti a pranzare a casa. Il rito sacro del cibo è dunque rispettato».

Ida Di Benedetto, attrice: «Napoli dormigliona è un luogo comune. Certo la città non ha un metodo nel lavoro, ma lo si deve alla carenza di posti che da sempre assilla i napoletani. Premesso questo, va riconosciuto che il clima e la bellezza della città influenzano il carattere dei suoi abitanti, che hanno sempre il coraggio di esternare i loro amori e le loro passioni, e di godere fino all'ultimo respiro delle gioie della vita. E se tra queste rientra il sonno, che male c'è?».

Domande guida

- Riassuma il testo.
- Esistono luoghi comuni sul Suo paese? Quali?
- Lei che cosa pensa degli italiani? Quali ritiene siano i pregi e i difetti di questo popolo?

CELI 3

C **Lo studente deve essere in grado di svolgere il compito assegnato, nella seguente situazione.**

Ha parcheggiato la macchina in divieto di sosta per andare al supermercato. Al ritorno trova un vigile che La sta aspettando. Non volendo prendere una multa, gli racconta che...

2 ORE E 15 MINUTI

TEST 5

CELI 3

CERTIFICATO DI CONOSCENZA DELLA LINGUA ITALIANA

Livello B2

A   **Prova di Comprensione della Lettura**   *(40 punti)*

B   **Prova di Produzione di Testi Scritti**   *(40 punti)*

Nome e Cognome dello studente

_____

_____

Data

_____

_____

CELI 3

A. PROVA DI COMPRENSIONE DELLA LETTURA

A.1 Legga i seguenti brani. Metta una X vicino alla lettera a.b.c.d. che corrisponde all'affermazione precisa tra le quattro che Le vengono proposte.

1° TESTO

Ladri acrobati ripuliscono un intero palazzo "addormentato"

La razzia del secolo, non per il bottino, ma per il metodo. Un gruppo di ladri-acrobati ha coscienziosamente depredato un intero condominio, entrando solo negli appartamenti occupati dagli abitanti e snobbando quelli vuoti. I malviventi si sono calati dal sesto piano in giù, entrando dai terrazzini dove c'erano tapparelle sollevate; hanno sfilato monete e banconote dai portafogli e dalle borsette appoggiate sui comodini delle camere da letto, se ne sono andati senza che alcuna delle otto famiglie visitate si accorgesse di nulla. C'erano ventidue persone; alcune, la mattina successiva, si sono svegliate in preda a nausee e stordimenti. Probabilmente sono stati usati dei gas narcotizzanti, gli stessi impiegati nelle rapine sui treni.

Il furto condominiale è avvenuto nella notte tra sabato e domenica in un palazzone veronese, nel quartiere San Massimo. Un edificio nuovo di zecca, costruito in cooperativa, garage al piano terra, dodici appartamenti dal primo al sesto piano. I ladri, probabilmente, si sono arrampicati in cima, usando come appiglio i pali che dividono in due i terrazzini esterni. E subito si sono dedicati alla razzia sistematica degli appartamenti che, complice la notte afosa, avevano le tapparelle sollevate. Prima visita alle famiglie Dian e Sordi, sesto piano. Un po' di soldi da una parte, otto anelli d'oro dall'altra, dove dormivano beatamente quattro persone. Una di esse, la signora Jole, si è svegliata al mattino "tutta stordita, piena di nausea". La signora Silvana, quella notte, si è, invece, svegliata in continuazione: «Alle due e mezza per bere, alle tre quando è tornata mia figlia dalla discoteca e alle cinque meno un quarto ero in piedi definitivamente». Ma nell'ora della "visita" non ha sentito niente: «E dire che ci siamo messi la porta blindata: ma chi pensava che entrassero dalla finestra, al sesto piano?». Subito sotto, i ladri si sono fermati dalla famiglia Veronesi. Entrati in camera da letto, dove i coniugi Bruno e Maria Teresa dormivano della grossa, hanno preso borsetta della signora e pantaloni del marito, li hanno portati in terrazzino per ripulirli con comodo dei contanti. Quarto piano, altra tappa dalla famiglia Lucchese, marito, moglie e due figli immersi nel sonno. Visitina nelle camere da letto e via con le banconote e perfino le monetine trovate nei portafogli appoggiati sui comodini. La mattina dopo, la Signora Lucchese ha dovuto rivolgersi al Pronto Soccorso, anche lei piena di nausea e stordimenti: «Qua bisogna armarsi e difendersi» minaccia adesso il marito. Ma a chi avrebbe sparato, addormentato com'era?

E ancora giù, terzo piano, secondo piano con sosta dal signor Antonio Di Donna che dormiva da solo e, unico, "con le tapparelle abbassate per paura dei ladri". Le ha ritrovate invece alzate, tenute su da una bottiglia: dal portafoglio, che teneva accanto al letto, erano invece spariti i contanti. Tanti saluti, i ladri sono scesi al primo piano, trascurandolo –i due appartamenti erano rigorosamente chiusi– e se ne sono andati con le tasche piene di gioiellini, banconote e spiccioli. Un bottino magro, tra tanta fatica e tanti rischi. Così c'è già chi pensa ad una esercitazione, una specie di esame finale di qualche scuola per ladri.

5° TEST
Prova di Comprensione della Lettura

1. **I ladri acrobati**
   a. sono entrati solo negli appartamenti vuoti.
   b. hanno pulito un intero palazzo.
   c. sono entrati in tutti gli appartamenti, sia in quelli occupati che in quelli vuoti.
   d. hanno usato un metodo originale per rubare.

2. **I ladri per entrare negli appartamenti**
   a. avevano forzato le porte.
   b. non avevano fatto nessuno sforzo perché quasi tutte le finestre erano aperte.
   c. si erano calati dal quinto piano.
   d. avevano sollevato le tapparelle delle finestre.

3. **Gli inquilini Veronesi al momento del furto**
   a. dormivano tutti, eccetto la signora Silvana.
   b. erano tutti svegli perché soffrivano d'insonnia.
   c. non hanno sentito nessun rumore perché dormivano profondamente.
   d. avevano porte e finestre chiuse perché faceva freddo.

4. **Il giorno dopo, la signora Lucchese, una delle vittime della razzia del secolo, è andata**
   a. alla polizia.
   b. in ospedale.
   c. in un negozio per comprare un'arma.
   d. è rimasta a casa perché aveva la nausea e si sentiva stordita.

5. **Il bottino**
   a. era insoddisfacente.
   b. consisteva in un'enorme somma.
   c. era tutto in contanti.
   d. era stato offerto ad una scuola per ladri.

2° TESTO

Adotta un monumento

L'idea è partita da Napoli e via via si è diffusa rapidamente in tutta Italia: fare in modo che ogni scuola, elementare, media o superiore, adotti un monumento. Un'iniziativa che nei giorni scorsi è stata inaugurata anche a Milano, l'ultima grande città che ha aderito al progetto.

Ma in che cosa consiste e qual è lo scopo della proposta? Lo spiega Mirella Barracco, presidente dell'associazione *NapoliNovantanove* e ideatrice del progetto "Adotta un monumento" che nella città partenopea ha preso il via quattro anni fa.

«I problemi dei centri urbani non riguardano soltanto il traffico, l'inquinamento, il rumore, ma anche il degrado di una parte importante dell'ambiente: il patrimonio artistico, come chiese, palazzi, statue, musei, piazze e strade storiche, fontane, fabbriche antiche, tratti pittoreschi di lungomare o giardini storici. Per salvarli dalla distruzione è necessario coinvolgere il più possibile la popolazione. In particolare i giovani, così da favorire la loro crescita culturale e, contemporaneamente, sviluppare il rispetto per l'ambiente urbano.

Per questo abbiamo pensato all'iniziativa "Adotta un monumento": ogni scuola si fa carico in modo ufficiale dello studio, della divulgazione e della cura di un monumento storico. Poi spetta all'insegnante coordinare gli sforzi degli studenti verso alcune attività, che possono essere lo studio di un archivio, la preparazione di una mostra, la compilazione di dépliant sulla chiesa o sul palazzo adottato, la raccolta di fondi per il restauro, l'organizzazione di piccoli lavori di manutenzione e così via».

A Napoli le scuole che hanno aderito al progetto sono 160, a Venezia 54. Fino a oggi, i comuni partecipanti sono più di 50, per un totale di mille scuole e mezzo milione di studenti. E ora, grazie all'associazione Pegaso, che riunisce parlamentari europei, l'iniziativa si sta diffondendo nelle principali città del vecchio continente.

5° TEST
Prova di Comprensione della Lettura

6. **L'invito di adottare un monumento è rivolto**
   a. agli alunni delle scuole.
   b. agli studenti di tutte le scuole italiane.
   c. agli studenti di Napoli, l'ultima grande città che ha aderito all'iniziativa.
   d. agli studenti di Milano, la prima grande città da cui è partita l'idea.

7. **Lo scopo della proposta è**
   a. la cura dei beni artistici e culturali della propria città.
   b. l'abbellimento dell'ambiente urbano.
   c. la soluzione di tutti i problemi della città.
   d. la chiusura di musei, chiese ed edifici per evitare il loro degrado.

8. **I ragazzi che hanno aderito al progetto**
   a. sono stati tutti incaricati di redigere una relazione su un monumento.
   b. si sono fatti carico della progettazione di piani contro il degrado dell'ambiente.
   c. contribuiscono all'iniziativa con varie attività coordinate dal loro insegnante.
   d. hanno pensato di pulire tutti i monumenti, facendo ognuno dei lavoretti.

9. **L'iniziativa, partita da Napoli, si sta diffondendo**
   a. in molte città del mondo.
   b. nelle più importanti città europee.
   c. in tutte le città italiane.
   d. in tutti e cinque i continenti.

CELI 3

A.2 Legga i due brani indicati rispettivamente con la lettera A e B. Abbini successivamente le frasi sottoelencate segnando A quando la frase si riferisce al brano A, segnando B quando la frase si riferisce al brano B.

Madri e figli

TESTO A	TESTO B
Forse è tutta colpa del clima ribelle, post-sessantottesco in cui sono cresciuta. Fatto sta che mia madre ha sempre detto: "Mia figlia è come un'amica". Mi ha avuta giovane, a 20 anni appena. Rideva quando ci scambiavano per sorelle, io 15 e lei 35. Era spigliata con i miei amici. E se all'improvviso ne invitavamo a casa qualcuno, si piazzava in cucina a prepararci i panini. Di quella mamma-amica sono stata tremendamente orgogliosa. Agli occhi delle mie compagne, che dovevano chiedere continuamente permesso e sottostare a un elenco interminabile di divieti, io ero fortunatissima. Raccontata così, la mia infanzia e l'adolescenza possono sembrare uniche. Forse lo sono state, ma non me ne sono accorta. A me non è mai stato detto un no. Volevo cenare con i grandi? Ma certo, è così carina! Volevo viaggiare con loro? Ma naturale, che fastidio dà! I miei coetanei restavano impantanati nelle vacanze a Riccione? E io li salutavo partendo per mete lontane. A 15 anni, non so perché, è scattata la ribellione: "la giovane amica di mamma", la ragazza "che sembra sua sorella", è diventata bulimica. In due anni sono ingrassata più di quaranta chili. Da "fanciulla in fiore" mi sono trasformata in una creatura opaca, pesante, abbruttita. Chissà per quanto tempo sarebbe continuata questa autodistruzione. Per fortuna è intervenuta una sorella di papà, che mi ha portata dalla psicoterapeuta. Ora sono tornata quasi normale. Faccio medicina, non mi importa nulla dei vestiti, e mi sono convinta che le tante attenzioni ricevute da mia madre non fossero segno di amicizia e men che meno di amore. Se ho avuto una madre, questa è mia zia.	I miei sono sempre stati autoritari, duri, ottusi. Noi tre figli avevamo con loro un rapporto notarile, tutto permessi e divieti, sì e no, punizioni e premi. Quando ho avuto una bambina, e poi un maschio, mi sono detta che loro non avrebbero mai dovuto provare l'inferno che avevo passato io. Forse ho esagerato, forse sono stata tenera, forse li ho coccolati troppo. Non lo so. Ma sono sicura che ai miei figli ho sempre cercato di dare sostegno, comprensione e aiuto. Durante l'occupazione della scuola, per esempio. Un'esperienza che ai miei tempi voleva dire guerra dura: da un lato i professori, dall'altro la polizia che presidiava. In più, un terzo fronte di battaglia, a casa. Quando i miei ragazzi hanno occupato il liceo, ero fra quei genitori che portavano thermos giganti di cappuccino, pacchi di dolci, coperte. Insomma, volevo che vivessero quelle giornate senza morire di fame e senza prendersi un malanno. Ho anche firmato la giustificazione perché l'assenza dalle lezioni non pesasse sulla pagella. Mio figlio è stato contento. Mia figlia, invece, pur accettando la giustificazione, mi ha rimproverato: così le toglievo la voglia di lottare, ha spiegato. Una frase che mi ha ferito. Cresco male i miei figli? Sono troppo chioccia, protettiva, amicona? Cerco la loro confidenza in maniera sbagliata? Disegno un mondo rose e fiori che non esiste? Forse. Ma non so fare altrimenti. E non voglio sentirmi in colpa per questo.

5° TEST
Prova di Comprensione della Lettura

10. Da bambina mi si permetteva tutto.
    [A]   [B]

11. I miei genitori erano molto severi.
    [A]   [B]

12. Non ho mai conosciuto un divieto.
    [A]   [B]

13. Devo riconoscenza solo a mia zia.
    [A]   [B]

14. Con i miei figli forse sono troppo protettiva.
    [A]   [B]

15. Facevo dei viaggi quando volevo.
    [A]   [B]

16. Gli spiano la strada delineando loro un mondo senza contrasti.
    [A]   [B]

17. Mia madre era come un'amica giovane.
    [A]   [B]

18. Dovevo chiedere continuamente permesso e sottostare ad un elenco interminabile di divieti.
    [A]   [B]

19. Ho cominciato a mangiare senza freno.
    [A]   [B]

CELI 3

A.3 Legga il seguente testo e poi risponda alle domande poste.

Allarme Fao: fra 40 anni due miliardi senz'acqua

Qualcuno aveva profetizzato che le guerre del terzo millennio sarebbero state combattute non per il petrolio, ma per l'acqua. Nessuno può dire se questo funesto scenario geopolitico prenderà mai corpo. Una cosa però è certa: se le cose non dovessero cambiare, fra una quarantina d'anni, due miliardi di persone resteranno all'asciutto. Il drammatico scenario sul futuro del pianeta emerge da uno studio della Fao. È stato illustrato dal responsabile del settore per la gestione delle risorse idriche e presidente di turno dell'organismo Onu, Pasquale Steduto, nell'ambito di un incontro tematico organizzato dall'Accademia dei Georgofili a Firenze. Per due terzi della popolazione mondiale, fra pochi decenni; la vita quotidiana potrebbe diventare un incubo, con la lotta quotidiana contro la scarsità d'acqua. Ma su quali basi la Fao arriva a prevedere uno scenario così drammatico? «Fino al 2030 –spiega Steduto– la crescita della domanda viaggerà a ritmi doppi rispetto al tasso di crescita della popolazione. Se ne deduce che uno dei principali problemi con cui dovremo fare i conti sarà l'amministrazione responsabile, efficiente ed equa, delle risorse idriche a disposizione». A ben vedere, oggi esiste già un modo innovativo con cui fronteggiare l'emergenza. Come? «Attraverso tecniche più produttive in agricoltura, –aggiunge l'esponente della Fao– settore che incide per circa il 70% sull'intera quantità prelevata da falde acquifere, riciclaggio, desalinizzazione delle acque salmastre, riduzione degli sprechi e dei consumi di lusso». Sembra incredibile, ma la risposta ai problemi di scarsità dell'acqua è più facile di quanto potremmo immaginare: utilizzare l'acqua del mare. Che non è infinita ma, comunque, sulla terra è presente in quantità enorme. Certo, togliere il sale non è un'operazione semplice, ma già oggi qualcuno lo fa con risultati, tutto sommato, incoraggianti. Basti pensare ai prati verdissimi che spuntano qua e là nel deserto...

20. Perché le guerre del terzo millennio verranno combattute per l'acqua e non per il petrolio?

(13-15 parole)

21. Quale problema viene messo in luce dal presidente Steduto?

(10-17 parole)

22. Quali sono i rimedi citati per far fronte all'emergenza?

(19-25 parole)

23. In che senso la risposta ai problemi di scarsità d'acqua è più facile di quanto potremmo immaginare?

(7-16 parole)

B. PROVA DI PRODUZIONE DI TESTI SCRITTI

B.1 Svolga una delle composizioni, scegliendola tra le due proposte:

1. Siamo ormai nel 2000 e ci poniamo tutti una domanda: in che tipo di mondo vivremo? Cerchi di dare anche Lei una risposta a questo inquietante interrogativo.

   (Da un minimo di 120 a un massimo di 180 parole)

2. Oggi tutti, invece che scrivere una lettera, preferiscono altri modi per comunicare. Come può spiegare la diffusione di tale fenomeno?

   (Da un minimo di 120 a un massimo di 180 parole)

CELI 3

B.2 Svolga uno dei compiti proposti, scegliendolo tra i seguenti:

1. Immagini di aver perduto in Italia un oggetto a cui teneva tanto. Scriva un annuncio sul giornale in cui:

   • descrive l'oggetto perso;
   • precisa le circostanze che l'hanno indotta alla distrazione;
   • promette un'adeguata ricompensa a chi Glielo riporterà.

   (Da un minimo di 80 a un massimo di 100 parole)

2. Una Sua amica italiana è un po' giù di morale perché il suo fidanzato l'ha lasciata. Scriva una lettera in cui:

   • esprime la Sua solidarietà;
   • cerca di confortarla;
   • la invita a casa Sua per aiutarla a dimenticare e per fare nuove conoscenze.

   (Da un minimo di 80 a un massimo di 100 parole)

3. Un giornale italiano vuole fare un sondaggio su un tema di scottante attualità. Ha perciò invitato i suoi lettori a rispondere ad una domanda: "Si può imparare il piacere di leggere?" Lei scrive allora una lettera in cui:

   • esprime la Sua opinione;
   • dà consigli su come "imparare" a leggere;
   • racconta come e quando Lei ha cominciato ad abbandonarsi al piacere della lettura.

   (Da un minimo di 80 a un massimo di 100 parole)

45 MINUTI

TEST 5

CELI 3

CERTIFICATO DI CONOSCENZA DELLA LINGUA ITALIANA

Livello B2

C   **Prova di Competenza Linguistica**   *(20 punti)*

Nome e Cognome dello studente

Data

CELI 3

C.1 Completi i testi, inserendo una sola parola.

1. Dove si parla quasi greco

Conoscete il griko? Forse no, ma gli italiani di Calimera, un paese di 7 mila abitanti, (1) _____ conoscono benissimo. È la loro lingua (2) _____ dal greco antico. Viene (3) _____ parlato abitualmente dagli anziani. Basta andare la sera in un bar e assistere a una partita per (4) _____ questi insoliti suoni. Ma la tradizione si andava ormai perdendo. Così da (5) _____ anni il Comune organizza corsi di griko per i più giovani. «È stato un grande successo» dice il sindaco, Francesco Pianese. «Pochi giorni fa gli studenti hanno (6) _____ uno spettacolo teatrale in griko, e il 21 e 22 giugno, in occasione della (7) _____ di San Luigi, un gruppo di cantori delle (8) _____ medie canterà (9) _____ serie di ballate nel nostro (10) _____. Per noi è lingua ancora viva, che (11) _____ permette anche di capire il greco moderno».

2. Il frate che regala i vestiti

A Milano c'è un negozio di vestiti che non costano (12) _____. È allestito in un convento e (13) _____ può definirlo negozio perché gli abiti regalati da (14) _____ generose sono appesi in lunghe file, divisi (15) _____ sesso e taglia, in attesa di "clienti" che (16) _____ vogliano provare. Della gestione si occupa un frate che chiameremo Fernando, uno di (17) _____ che non temono il freddo e vanno a piedi scalzi in (18) _____ inverno. L'altro giorno il frate si è (19) _____ nelle vicinanze di Lesmo (20) _____ trovare una vecchietta che vive sola in una casa modesta. (21) _____ ha portato una vestaglia di (22) _____, accompagnata da affettuose parole di conforto. La donna, che non si (23) _____ la visita, era confusa e commossa.

5° TEST
Prova di competenza linguistica

C.2 Colleghi le frasi in modo da ottenere un unico periodo con le forme di collegamento adatte. In caso di necessità, elimini o sostituisca alcune parole (trasformi, dove lo riterrà necessario, i verbi nella forma, nel modo e nel tempo opportuni).

24. • Questa pietanza è molto gustosa.
    • Non mi piace mangiare questa pietanza.
    • In questa pietanza ci sono molte spezie.

25. • Molte persone inseguono un sogno.
    • Il sogno di molte persone è uno solo.
    • Molte persone vogliono diventare ricche.

26. • È stata fatta un'indagine in Italia.
    • L'indagine riguarda il funzionamento delle Poste in vari paesi europei.
    • Dall'indagine è risultata una cosa.
    • La cosa è che le Poste italiane sono tra le più lente del mondo.

27. • Angelo preferisce vivere in campagna.
    • La campagna offre ad Angelo una possibilità.
    • Angelo può riflettere e pensare in campagna.

28. • Antonio fa l'insegnante.
    • Suo padre voleva Antonio ragioniere.

29. • In un romanzo Michele Serra esalta la vita tranquilla di un piccolo centro.
    • Il romanzo esce in questi giorni in libreria.
    • Il titolo del romanzo è *Il ragazzo mucca*.

30. • Ogni giorno usiamo la macchina.
    • Con la macchina andiamo al lavoro.
    • Noi abbiamo bisogno della macchina.

CELI 3

C.3 Completi le frasi con la parola opportuna (verbo, sostantivo, aggettivo, avverbio), formandola da quella data, scritta a lettere maiuscole.

31. Gli scienziati fanno spesso _____ su animali-cavia.
    SPERIMENTARE

32. Chiusi _____ la porta di casa sua e me ne andai.
    EDUCAZIONE

33. Secondo voi, una donna deve essere bella o _____?
    FASCINO

34. Non voglio più _____ con te. Non mi capisci mai.
    DISCUSSIONE

35. Oggi viviamo nella cosiddetta "civiltà dei _____".
    CONSUMARE

25 MINUTI

TEST 5

CELI 3

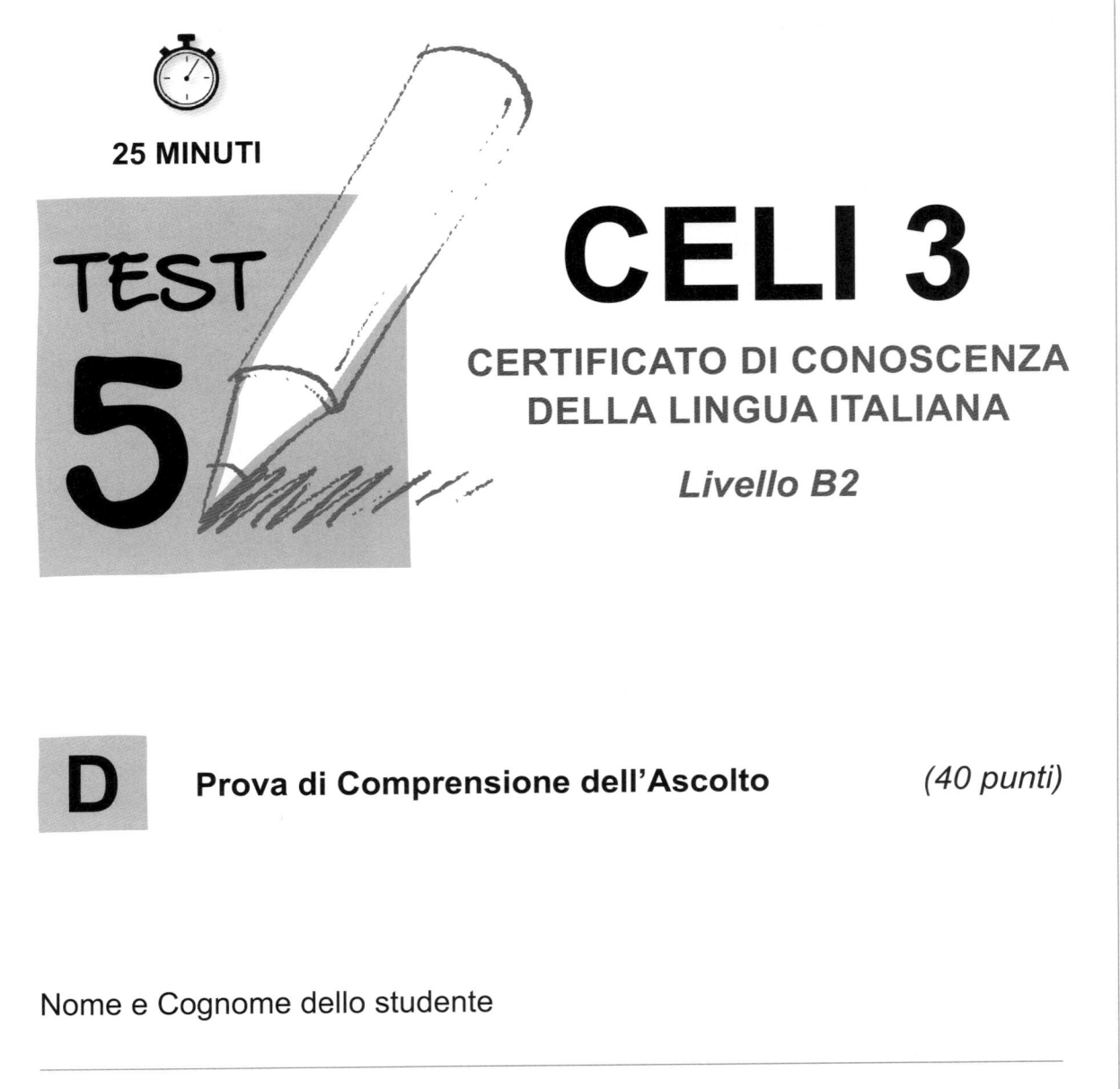

CERTIFICATO DI CONOSCENZA DELLA LINGUA ITALIANA

Livello B2

D **Prova di Comprensione dell'Ascolto** *(40 punti)*

Nome e Cognome dello studente

Data

CELI 3

Traccia 13

D.1 Dopo aver ascoltato il testo, segni con una X la lettera a.b.c.d. che corrisponde all'affermazione precisa tra le quattro che Le vengono proposte (il testo verrà ascoltato due volte).

1° testo

1. Jay Ramras è un giovane
   a. povero.
   b. scapolo.
   c. noioso.

2. Il suo problema è che
   a. non sa scegliere tra tutte le donne che lo vogliono.
   b. abita in un posto dove il clima è polare.
   c. non ha i soldi per sposarsi.
   d. non vuole più restare in Alaska.

3. Infatti in Alaska
   a. mancano le donne.
   b. fa molto caldo.
   c. non c'è lavoro.
   d. ci sono molte donne nubili.

4. Il giovane allora
   a. ha pensato di andare a vivere altrove.
   b. ha deciso di cercarsi una donna in un altro Paese.
   c. è arrivato alla conclusione che è meglio non sposarsi.
   d. ha cercato di conoscere qualche donna nubile in Alaska.

5. Ora però Anna, una dolce ventottenne di cui Jay si è innamorato
   a. sembra essere disponibile a seguirlo.
   b. ha sicuramente accettato la proposta di matrimonio.
   c. ha deciso di rinunciare alle comodità per vivere a contatto con la natura.
   d. non prova assolutamente alcun sentimento per lui.

5° TEST
Prova di Comprensione dell'Ascolto

2° testo

Traccia 14 — AUDIO

6. **Per praticare lo *spinning***
   a. si pedala in compagnia e a tempo di musica, seguendo le indicazioni dell'insegnante.
   b. per una ventina di minuti si fanno percorsi sia in salita che in discesa.
   c. si va in bicicletta per sentieri di campagna.
   d. occorre andare a tutto gas, per strade sconosciute.

7. **Questo sport**
   a. si può praticare sin dalla più tenera età.
   b. si può praticare anche da soli.
   c. è molto pericoloso.
   d. deve essere praticato gradualmente.

8. **Per la pratica dell'esercizio**
   a. l'altezza diventa un ostacolo e può provocare dolori alla schiena.
   b. occorre tenere la schiena diritta.
   c. si deve regolare la posizione della sella.
   d. non bisogna pedalare a scatti per non rompere la bicicletta.

9. **Lo *spinning***
   a. può essere pericoloso per le donne che hanno problemi di vene varicose.
   b. anche se esercita glutei ed addominali, lascia un po' a desiderare per braccia, spalle e petto.
   c. fa bene all'attività cardiaca e alla circolazione del sangue.
   d. non ha controindicazioni.

10. **I benefici fisici**
    a. sono completati dai vantaggi della musica rock.
    b. indicano che la pratica dello *spinning* a lungo andare porta a casi di stress.
    c. durante le lezioni portano a sentirsi bene psicologicamente.
    d. sono annullati dallo sforzo di raggiungere la meta.

CELI 3

D.2 Dopo aver ascoltato il testo, completi le informazioni con un massimo di quattro parole (il testo verrà ascoltato due volte).

Traccia 15

11. Era un re assai potente, ma _____

12. I maghi erano scappati per paura di _____

13. Ne era rimasto uno solo, _____

14. Lui, poi, morirà al _____

15. Subito venne fatto un bando _____

16. Somigliavano al re come un'arancia somiglia _____

17. Una sera il re e il suo mago passeggiavano per le _____

18. Cambia i tuoi vestiti con i suoi per un giorno, mettilo sul trono e _____

19. Ma il re non volle assolutamente ammettere la sua _____

20. E quella sera stessa morì con la corona in testa e lo _____

15 MINUTI

TEST 5

CELI 3
CERTIFICATO DI CONOSCENZA DELLA LINGUA ITALIANA
Livello B2

Prova di Produzione Orale *(60 punti)*

Lo studente esaminerà il materiale sul quale si svilupperà un'intervista / conversazione con gli esaminatori o la commissione d'esame

Il materiale consiste in:

A una foto o un'illustrazione
B un testo
C un compito comunicativo

Nome e Cognome dello studente

_____

_____

Data

_____

_____

CELI 3

A Lo studente dovrà descrivere la foto e rispondere alle eventuali domande che gli verranno poste.

Domande guida

- Descriva quello che è rappresentato nella foto.
- Come passa di solito il tempo sulla spiaggia?
- Si dice che la tecnologia abbia cambiato radicalmente la nostra vita quotidiana. È d'accordo con questa affermazione?

5° TEST
Prova di Produzione Orale

B Lo studente, dopo aver letto il testo, deve riassumerlo e rispondere alle domande che eventualmente gli verranno poste.

Aiuto, che cosa avrò mai?

Secondo un sondaggio inglese, lui ha paura delle malattie più di lei. Gli esperti spiegano perché "Ipocondriaco io? Non me lo posso permettere: lavoro troppo e non ne ho il tempo". A parlare è il conduttore televisivo Massimo Giletti. E la sua reazione è quella tipica della maggior parte degli uomini accusati di essere troppo ansiosi quando si tratta della loro salute. A smentirli, però, ci sono medici, psicologi e un recente sondaggio del settimanale inglese *Sunday Times*. Che rivela che il sesso forte è più terrorizzato dalle malattie rispetto alle donne e che il maschio italiano è il più ipocondriaco d'Europa. «Ammettiamolo pure senza vergogna: noi uomini tendiamo a ingigantire ogni dolorino, collegandolo subito a qualcosa di grave e irreversibile» dice Gianlorenzo Masaraki, psichiatra e psicosomatista. Insomma, non siamo malati immaginari che s'inventano disturbi inesistenti, ma dei fifoni. I mali più temuti? Infarto, ulcera e impotenza.

Ma come mai gli uomini hanno più paura delle malattie delle donne? «Perché si sentono in colpa. Spesso, infatti, conducono una vita poco sana: mangiano e fumano troppo, si stressano, rinunciano alle vacanze. Così si trascurano» spiega Masaraki. «Ma sanno perfettamente di correre dei rischi. Con il risultato che basta un piccolo acciacco per gettarli nel panico». Il grande spavento, comunque, non trasforma l'uomo in un paziente attento e diligente. «Siccome ha paura di sentirsi diagnosticare qualche brutta malattia, di solito va dal dottore quando non può più farne a meno» afferma Claudio Giaino, medico internista. E se poi arriva il momento di curarsi è un vero disastro. «Gli uomini seguono le prescrizioni mediche per un paio di giorni, poi ricominciano a fumare e a mangiare come se nulla fosse. Questo accade perché non accettano di stare male» spiega Giaino. «La sola idea ferisce la loro virilità e fa crollare ogni sicurezza. Ecco allora che non affrontano direttamente la malattia, ma delegano a moglie, mamma o fidanzata il compito di curarli».

Domande guida

- Riassuma il testo.
- È vero che gli uomini hanno più paura delle malattie rispetto alle donne? Racconti qualche episodio a cui ha assistito.
- Oggi Lei potrebbe affermare che esiste una netta differenza tra comportamento maschile e femminile in altri settori della nostra vita?

CELI 3

C **Lo studente deve essere in grado di svolgere il compito assegnato, nella seguente situazione.**

Ha letto un annuncio sul giornale: un signore vende un tavolo, vero mobile antico di valore. Siccome a Lei piacciono molto i pezzi d'antiquariato, decide di telefonare al signore per chiedere ulteriori informazioni. Alla fine fissa con lui un appuntamento.

2 ORE E 15 MINUTI

TEST 6

CELI 3

CERTIFICATO DI CONOSCENZA DELLA LINGUA ITALIANA

Livello B2

A   **Prova di Comprensione della Lettura**   *(40 punti)*

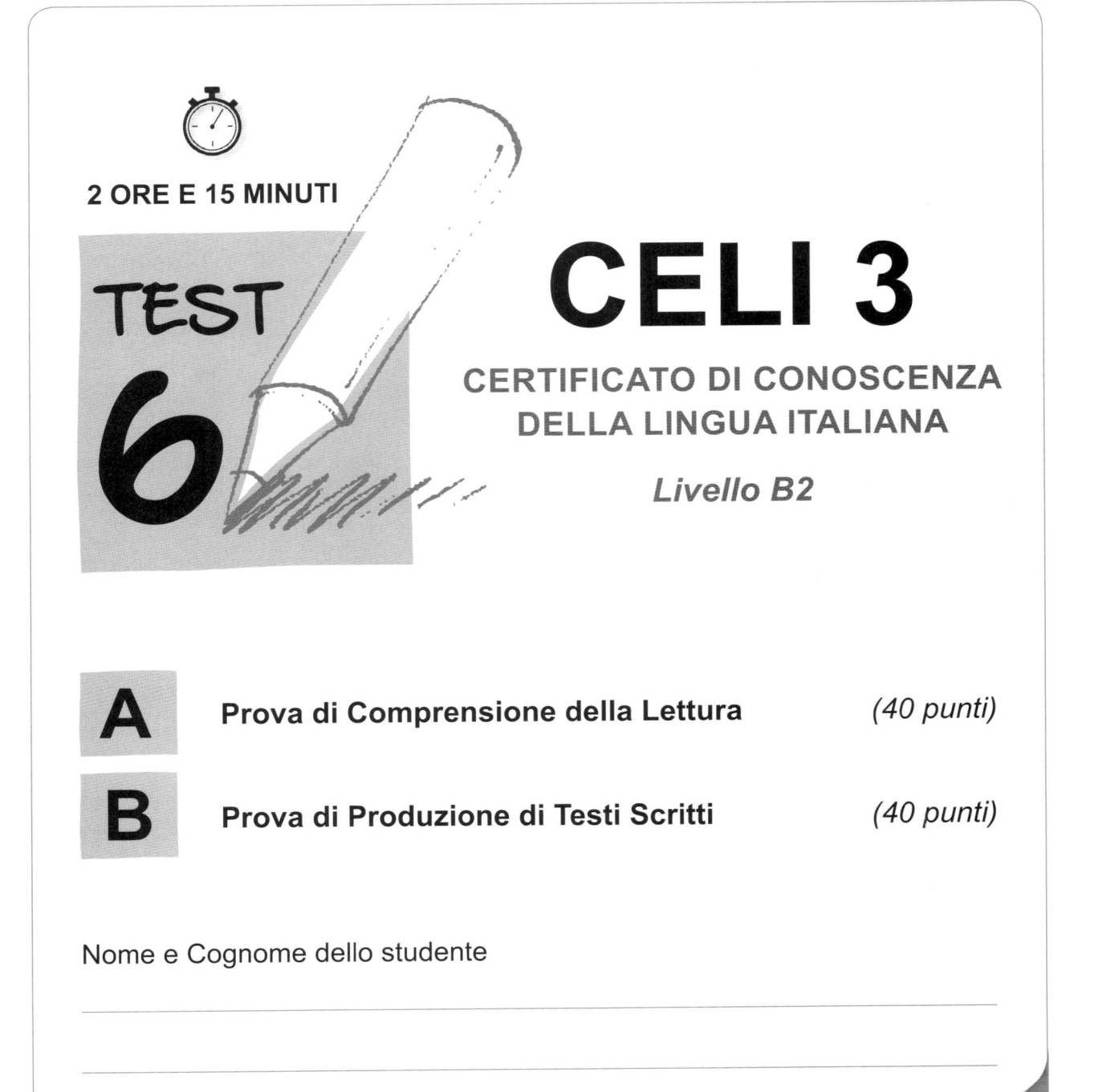

B   **Prova di Produzione di Testi Scritti**   *(40 punti)*

Nome e Cognome dello studente

Data

CELI 3

A. PROVA DI COMPRENSIONE DELLA LETTURA

A.1 Legga i seguenti brani. Metta una X vicino alla lettera a.b.c.d. che corrisponde all'affermazione precisa tra le quattro che le vengono proposte.

1° TESTO

Il diavolo che prese moglie

Tanto, tanto tempo fa, quando i diavoli potevano entrare e uscire dall'Inferno, successe questo. Il capo dei diavoli, Belzebù in persona, riunì tutta la sua truppa infernale e disse così:

«Chi di voi riuscirà a dimostrare di essere il più diabolico e il più cattivo, verrà rimesso in libertà sulla terra come un normale cristiano!»

I diavoli si scatenarono a combinarne di tutti i colori, ma vinse il più giovane di loro, che fu subito liberato e inviato sulla terra, vivente tra i viventi.

Questo giovane diavolo decise di fare la vita di un qualsiasi cristiano di questo mondo e, quindi, per prima cosa cercò moglie.

Ne trovò una bella e piena di fascino, solo che non sapeva fare un bel niente.

Dopo i primi mesi di felicità e di entusiasmo, il diavolo si rese conto che la moglie spendeva tanti soldi, non muoveva un dito per la casa, la mattina si alzava sempre dopo mezzogiorno e, quando decideva di fare qualcosa, si accaniva contro il marito, coprendolo di insulti e di improperi. E quando finirono i soldi, visto che lei ne spendeva a più non posso in abiti e gioielli, il povero diavolo si trovò a dover sopportare anche le sue ire, se non addirittura le sue bastonate. E questo dalla mattina alla sera.

Un bel giorno lui, che aveva toccato il fondo di questo nuovo inferno, fece alla moglie questa proposta: «Ascoltami! Io entrerò in una principessa, che si sentirà posseduta dal diavolo e sarà infelice. Tutti cercheranno di esorcizzarla, ma io me ne resterò lì tranquillo a torturarla con le mie diavolerie. Finalmente arriverai tu e dirai che sai come togliere il diavolo dalla principessa: passerai sul corpo della fanciulla questo unguento... e io fuggirò via, la lascerò libera. Il Re ti ricompenserà con tanto danaro e tu sarai felice, io invece me ne andrò via, sparirò per sempre dalla tua vita!»

I due sposi si accordarono...

6° TEST
Prova di Comprensione della Lettura

1. **Tempo fa, il capo dei diavoli, Belzebù**
   a. pensò di mandare sulla terra la sua truppa infernale.
   b. voleva mettere in libertà tutti i diavoli più diabolici e cattivi.
   c. promise la libertà sulla terra a quel diavolo che dimostrasse di essere il più diabolico e cattivo di tutti.
   d. decise di infastidire i cristiani sulla terra.

2. **I diavoli a questo punto**
   a. cominciarono a fare ogni sorta di cattive azioni e diavolerie.
   b. furono pronti a cambiare i colori ai loro abiti.
   c. andarono a vivere tra gli esseri umani.
   d. non parteciparono al concorso.

3. **La donna che sposò il giovane diavolo era**
   a. brutta, ma servizievole.
   b. bella, ma incapace di fare qualunque cosa.
   c. gentile, ma un po' troppo riservata.
   d. affascinante, ma alquanto nervosa.

4. **Dopo un periodo di felicità ed entusiasmo, il diavolo**
   a. capì che sua moglie era una risparmiatrice.
   b. pensò di non poterne più.
   c. imparò a sopportare i capricci di sua moglie.
   d. cercò di accontentare sua moglie comprando abiti e gioielli.

5. **Così, un giorno, il diavolo per liberarsene**
   a. le chiese tanto denaro.
   b. cominciò a torturarla.
   c. fuggì via in silenzio.
   d. le presentò un piano molto vantaggioso.

CELI 3

2° TESTO

Che i bambini vengano a me

Hanno quattro, sei, dodici anni: l'età che preferite, purché consenta loro di chiamarsi bambini. Sono seduti sul divano, come milioni di loro coetanei in tutto il mondo, e guardano la televisione. E, come accade ai protagonisti del mondo delle favole, quando eccedono nel consumo di dolci o in altre trasgressioni, ne guardano troppa: e per punizione vengono trasformati in patate. Questa, però, non è una favola, ma uno spot con cui l'Accademia Americana di Pediatria, apparentemente in contraddizione, denuncia in televisione i danni derivanti dalla medesima: danni mentali e fisici, dal momento che la metamorfosi in patata dei piccoli peccatori fa riferimento al nome di una telemalattia, la couch potato youngis (letteralmente, patata di canapè).

Ma se fosse tutto un equivoco? Se le stesse persone che mai metterebbero sotto accusa l'invenzione della stampa per un unico, brutto libro, si ostinassero in questo caso a confondere forma e contenuto? Se la televisione, insomma, non fosse il demonio, ma un mezzo più neutro che colpevole, su cui scaricare tensioni culturali e incomprensioni generazionali? La tesi è di un docente universitario francese, F. Mariet, di cui l'editore Anicia ha pubblicato "Lasciateli guardare la Tv".

Secondo lo studioso, il vero problema non è relativo ai famosi due bambini su tre che ogni giorno guardano il piccolo schermo, ma a quell'unico che non la guarda. Perché la televisione non è affatto nociva: non più dei media che hanno accompagnato l'infanzia e l'adolescenza dei suoi detrattori, non più del fumetto che negli anni Quaranta lo psicologo francese Henri Wallon accusava di far "disimparare al bambino la lettura e il linguaggio intelligente". Non più del cinema, che spingeva i genitori di Bruno Bettelheim a rimproverare il loro ragazzo perché passava troppo tempo a guardare film. Perché, allora, la si attacca con tanta frequenza? «Perché non la si conosce», sostiene Mariet, «mentre i bambini la conoscono benissimo». «E perché denunciare tranquillizza la coscienza», aggiunge Fausto Colombo, ricercatore all'Università Cattolica di Milano: «L'allarme infanzia è l'unica cosa sopravvissuta alla cultura dell'infanzia, ammesso che ne abbiamo mai avuta una. Ci interessiamo di bimbi picchiati, uccisi, scambiati. Non ci preoccupiamo di quelli che presumibilmente stanno bene. Ma che da soli non crescono».

Mariet e Colombo non sono che due esponenti di una sempre più folta schiera di studiosi impegnata a dimostrare che la televisione non sostituisce la famiglia o la scuola, quanto le vecchie abitudini culturali e la tradizionale gestione del sapere: grazie alla Tv, i bambini di oggi non conoscono meno cose, ma ne conoscono di nuove e in modi diversi.

6° TEST
Prova di Comprensione della Lettura

6. **I bambini sono trasformati in patate**
   a. in una fiaba.
   b. in una pubblicità.
   c. quando guardano troppa Tv.
   d. se restano immobili sul divano di casa.

7. **L'Accademia Americana di Pediatria sostiene in uno spot che**
   a. la televisione non è dannosa per i bambini.
   b. i bambini mentre guardano la Tv mangiano troppe patate.
   c. la Tv provoca malattie.
   d. i bambini eccedono nel consumo di dolci.

8. **Lo studioso F. Mariet dice che la Tv non è affatto nociva perché**
   a. i bambini non sono costretti a guardarla.
   b. possono leggere i fumetti invece che guardare la Tv.
   c. i bambini sono coscienti di che si tratta.
   d. i genitori possono spegnerla in qualunque momento.

9. **Anzi la Tv è utile per i bambini poiché**
   a. si sostituisce alla famiglia che non li capisce.
   b. ha la possibilità di allargare le loro conoscenze.
   c. in Tv si possono vedere che altri bambini vengono picchiati.
   e. combatte la nuova gestione del sapere.

CELI 3

A.2 Legga i due brani indicati rispettivamente con la lettera A e B. Abbini successivamente le frasi sottoelencate segnando A quando la frase si riferisce al brano A, segnando B quando la frase si riferisce al brano B.

Oggi a scuola

TESTO A	TESTO B
La novità, per molti scolari e studenti, è arrivata fin dal primo giorno di scuola. Nelle scuole italiane di ogni ordine e grado, dalle elementari alle superiori, questo anno scolastico sarà ricordato come l'anno della rivoluzione informatica. Le scuole, è vero, sono afflitte da molte carenze, spesso mancano perfino i banchi e le sedie. Ma quella dell'informatizzazione è un'urgenza prioritaria. Senza questa rivoluzione tecnologica rischiamo, infatti, di creare nuove discriminazioni. Divisioni che potrebbero prodursi a causa della disparità nell'accesso alle informazioni. In effetti solo chi trova gli strumenti in famiglia andrà avanti, gli altri resteranno ai margini. Alla scuola spetta quindi il compito di offrire pari opportunità a tutti. Il computer apre nuove prospettive pedagogiche, perciò bisogna trovare nuovi modi di educare. Il mondo dei bambini oggi si è in qualche modo rovesciato. Una volta si partiva dall'esperienza per arrivare all'informazione con l'ingresso a scuola, seguendo un processo che andava dal "vissuto" al "saputo". Oggi avviene il contrario, con la diffusione dei media, i bambini sono diventati contenitori che, in età precoce, vengono riempiti di ogni genere di informazioni: dal sesso allo sport, alla politica. Quando arrivano a scuola, il motore della curiosità è già spento. Il computer modifica a fondo i meccanismi dell'apprendimento. Nei ragazzi, che ne hanno già uno in casa favorisce lo sviluppo di una notevole velocizzazione del pensiero. Rimane comunque fondamentale, in ogni caso, guidare i bambini nell'uso di questo strumento: i ragazzi lasciati soli davanti al computer tendono a usarlo semplicemente come videogioco.	Lo si vede spesso nei film americani: una banda di ragazzini coalizzati per tormentarne un altro, di solito più giovane, preferibilmente intellettuale. Siamo abituati a pensare che, quanto meno fra bambini, la dinamica torturatore-vittima sia un comportamento più anglosassone che mediterraneo. La maggior parte del bambini italiani dichiara, invece, di subire prepotenze da parte dei compagni, qualche volta o più volte la settimana. Tutto questo alle elementari. Alle medie le percentuali di bulli diminuiscono, pur rimanendo vistosamente superiori a quelle di altri paesi. Il termine inglese *bullyng* indica un complesso di comportamenti che vanno dalle semplici minacce agli insulti, alle prepotenze, fino alle vere e proprie botte. È difficile che un bambino vittima delle prepotenze dei suoi coetanei si confidi con i genitori. Vergogna, timore di deluderli, paura delle minacce da parte dei compagni lo dissuadono dal parlare con gli adulti. Bisogna comunque dire che difficilmente il bullo opera da solo: il gruppo classico è composto di tre bambini. Che possono contare, però, sul silenzio complice dei compagni di scuola. Ma loro, i bulli, perché si comportano in questo modo? Innanzitutto bisogna dire che sono bambini con un'aggressività diffusa, diretta anche verso gli adulti. Sono impulsivi, con un forte bisogno di dominare gli altri e dotati di scarsa empatia. I bulli fanno un uso distorto dell'aggressività, proprio perché nessuno ha mai insegnato loro a controllarla.

10. Alcuni bambini di solito sono prepotenti verso altri più piccoli.
    A   B

11. I bambini prepotenti possono arrivare perfino a picchiare quelli più piccoli.
    A   B

12. Quando vanno a scuola all'età di 6 anni, i bambini non hanno più curiosità di imparare.
    A   B

13. La maggior parte dei bambini è minacciata o insultata anche ogni settimana.
    A   B

14. Nelle scuole italiane ci sono molte carenze.
    A   B

15. La scuola fornirà le stesse possibilità di studiare a tutti.
    A   B

16. Raramente i bambini che subiscono prepotenze da parte di compagni si confidano con i genitori.
    A   B

17. I ragazzi che usano il computer acquisiscono un modo di pensare più rapido.
    A   B

18. I bambini vedono il computer come l'ennesimo giocattolo.
    A   B

19. I bambini prepotenti fanno fatica a controllare la propria aggressività.
    A   B

CELI 3

A.3 Legga il seguente testo e poi risponda alle domande poste.

La melodia segreta delle piante

Da una foglia di graminacea ad un albero secolare, tutto suona. La voce delle piante è una melodia che scaturisce dal movimento della linfa e si traduce in musica, diversa a seconda degli esemplari. Possibile? Sentire per credere: oggi nel salone di Villa Giulia a Verbania dove *Editoria e Giardini*, la rassegna di libri, appuntamenti e visite guidate apre con un incontro speciale. Laura Silingardi, musicologa, e Tiziano Franceschi, programmatore informatico, accompagnati da un geranio odoroso, faranno sentire i suoni della pianta, la musica della natura, aiutati da un apparecchio, un convertitore di impulsi. «Collegato alle foglie con i sensori è in grado di leggere il movimento della linfa, dal quale si può ricavare la melodia» –spiega la musicologa. «I primi esperimenti di questo tipo sono stati fatti in America negli anni '70 quando, quasi per gioco, un tecnico mise in comunicazione una "macchina della verità" a una pianta in vaso, invece che a un essere umano». Si voleva osservare e verificare l'esistenza di una sensibilità di reazione del mondo vegetale di fronte a stimoli esterni. Così, da quasi un decennio, Laura, 47 anni e tre figli, la quale condivide questa ricerca a metà strada tra natura e spiritualità con il marito Tiziano, si muove in tutta Italia, gratuitamente e con scopi divulgativi, per far conoscere "La Musica delle piante": un convertitore di impulsi rileva le variazioni di movimento che vengono poi trasformate in suoni diversi per ogni specie (si possono sentire su Internet in www.vocidipiante.it e sul sito di Repubblica Milano). «Ho messo sullo spartito la melodia di una pianta e ho cercato di analizzarla da un punto di vista compositivo, di struttura» –dice la Silingardi. «Come grammatica musicale sono dovuta andare molto indietro nel tempo. Tecnicamente il mondo verde produce note attraverso tetracordi. Si tratta di melodie formate dalla successione di quattro suoni, come accadeva nella musica della Grecia antica. Ogni pianta gioca su questi quattro "accordi" che si intrecciano, si scambiano, tra melodie più gravi o acute a seconda delle caratteristiche organolettiche del vegetale, visto che non tutte le linfe sono uguali». «I vegetali» –aggiunge– «suonano tutto il giorno, mentre di notte dormono: è il momento in cui la linfa scorre talmente lenta che la macchina non riesce a percepirla». Laura Silingardi fa un esempio: la Rosa di Gerico, la pianta del deserto che solo con un po' di acqua rinasce e diventa verde. «Quando la colleghi ai sensori e aggiungi l'acqua riprende subito suoni e vitalità; è molto affascinante ascoltarla». E racconta di come gli alberi manifestino "paura", per esempio di fronte al fuoco: «Tendono a raccogliere la linfa verso il tronco, le radici, la parte vitale, mentre i suoni precipitano subito verso toni più gravi». C'è chi dice che il canto segreto delle piante possa essere ascoltato dall'orecchio umano anche senza apparecchi: una capacità, assicura, appannaggio solo di spiriti nobili, come il Dalai Lama.

20. Da che cosa deriva la melodia delle piante?

(9-15 parole)

21. Come si è potuto capire che le piante producono una melodia?

(11-20 parole)

22. Quale era l'obiettivo della ricerca?

(18-23 parole)

23. Che significa che questi ricercatori si muovono in tutta Italia «gratuitamente e con scopi divulgativi»?

(18-22 parole)

B. PROVA DI PRODUZIONE DI TESTI SCRITTI

B.1 Svolga una delle composizioni, scegliendola tra le due proposte:

1. Alcuni libri di narrativa vengono conosciuti dal vasto pubblico grazie alla loro trasposizione cinematografica. Spieghi i motivi della diffusione di tale tendenza.

   (Da un minimo di 120 a un massimo di 180 parole)

2. Il significato delle Olimpiadi ieri ed oggi. Esponga le Sue considerazioni su questo importante avvenimento sportivo.

   (Da un minimo di 120 a un massirno di 180 parole)

CELI 3

B.2 Svolga uno dei compiti proposti, scegliendolo tra i seguenti:

1. **Un amico Le scrive che ha deciso di sottoporsi ad un intervento di chirurgia plastica per eliminare il grasso intorno alla pancia e ai fianchi, e per acquistare un fisico atletico durante le prossime vacanze estive. Lei gli risponda:**

   - esprimendo il Suo dissenso su questo tipo di intervento;
   - spiegando le ragioni del Suo disaccordo;
   - dandogli consigli per ottenere dei buoni risultati ed avere un fisico atletico senza correre rischi.

   (Da un minimo di 80 a un massimo di 100 parole)

2. **Ha letto un articolo su un giornale italiano su alcune comunità di volontari che si rendono socialmente utili e si schierano dalla parte dei più deboli.**

   Scriva una lettera al presidente della Federazione Italiana del Volontariato in cui, dopo essersi presentato brevemente, Lei chiede:

   - se è possibile entrare a far parte di un gruppo di volontari;
   - quali attività di utilità sociale potrebbe esplicare;
   - se è possibile conciliare vacanze e impegno sociale.

   (Da un minimo di 80 a un massimo di 100 parole)

3. **Ha letto su un periodico italiano la seguente lettera:**

   Sono carina, figlia unica e amata dai genitori. Ma vivo in uno stato di costante incertezza. Frequento l'Università e mi piace, ma ho paura di non riuscire a finirla. Amo da due anni un coetaneo che non sa che esisto. Al tempo stesso sono uscita con un collezionista di ragazze. Forse il mio problema non merita una risposta, ma per me sarebbe importante. Federica.

   Ha deciso di rispondere a Federica:

   - esortandola a rafforzare la stima in sé e a capire che gli altri non sono sempre più sicuri di lei;
   - dandole consigli su come dimenticare il coetaneo e come ridere del "collezionista di ragazze";
   - spingendola ad apprezzare quello che la vita le offre, Università compresa.

   (Da un minimo di 80 a un massimo di 100 parole)

45 MINUTI

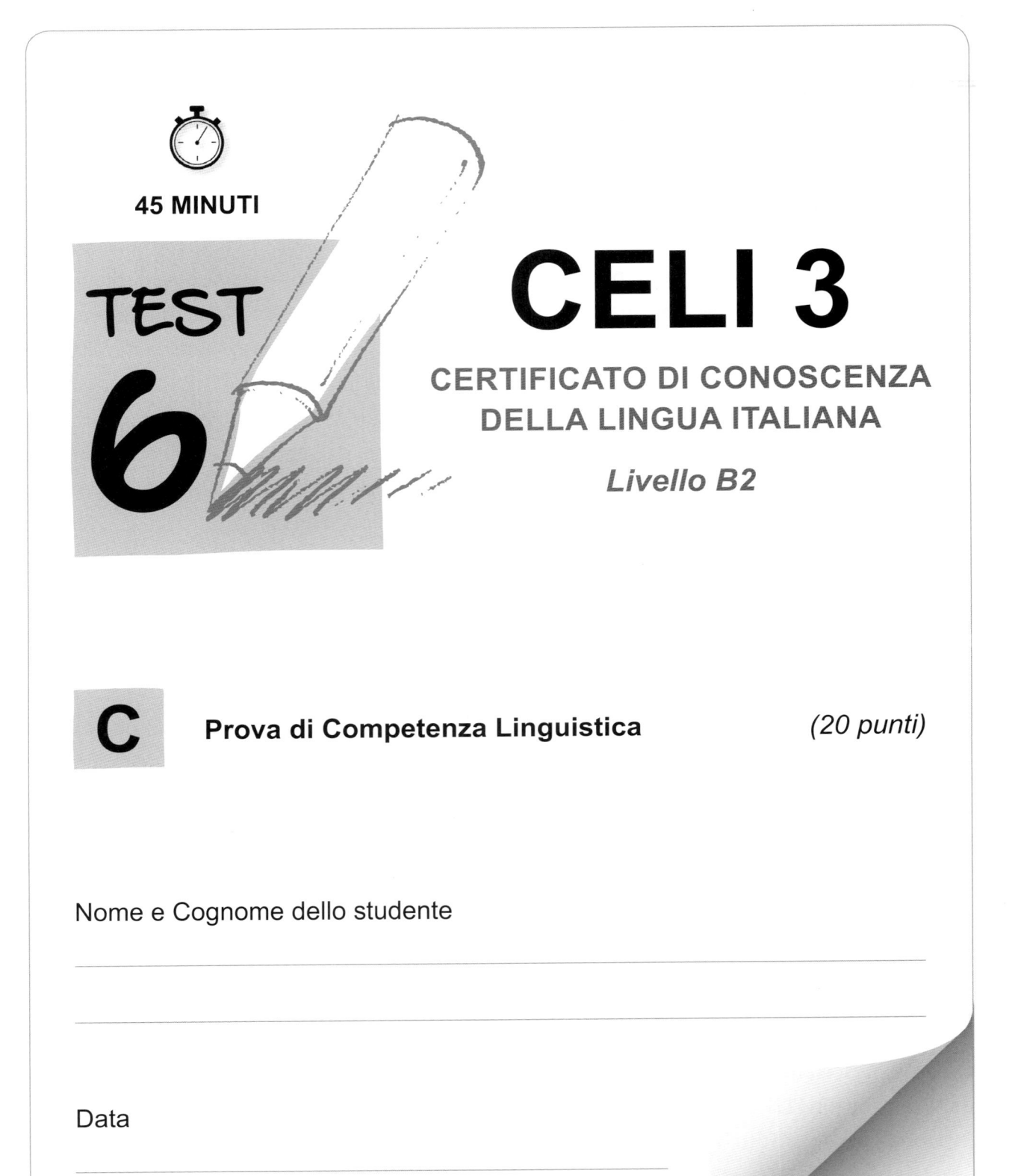

TEST 6

CELI 3

CERTIFICATO DI CONOSCENZA
DELLA LINGUA ITALIANA

Livello B2

C   **Prova di Competenza Linguistica**   *(20 punti)*

Nome e Cognome dello studente

Data

CELI 3

C.1 Completi i testi, inserendo una sola parola.

1. L'inglese, questo sconosciuto che si comincia a studiare troppo tardi

Mobbing e stalking, transgender e know-how. La lingua italiana si (1) _____ arricchendo di parole straniere che, se riescono (2) _____ esprimere concetti con rapidità, spesso sono ben lontani dall'essere compresi. Il 38,6% degli italiani dichiara di (3) _____ conoscere alcuna lingua straniera, rispetto alla (4) _____ europea del 36,2%. Un rischio, in un mondo sempre (5) _____ globalizzato in cui la mobilità del lavoro supera (6) _____ difficoltà le frontiere. Come far fronte a (7) _____ situazione in un'Europa unita? Il sistema scolastico riveste un (8) _____ fondamentale. In Italia, l'apprendimento è obbligatorio dal primo anno della scuola elementare, mentre le scuole superiori possono offrire (9) _____ un secondo insegnamento. Purtroppo, (10) _____, nella scuola italiana le lingue si studiano poco e (11) _____. Almeno per ora, perché –si spera– questa (12) _____ presto cambierà.

2. La nuova arma antistupro? È una penna al peperoncino

Dalla metà del prossimo mese (13) _____ gentil sesso avrà a disposizione una nuovissima arma (14) _____ combattere ogni genere di attacco. Sta, infatti, per essere messa in vendita una penna a doppio uso. Che da una (15) _____ scrive e dall'altra, invece, spruzza contro l'eventuale (16) _____ un gas irritante. Una miscela che, se diretta verso il volto, "toglie il fiato, annebbia la (17) _____ e lascia il segno". Una sostanza, insomma, (18) _____ grado di mettere ko il violento di turno. Perché preparata, come dice la pubblicità, con succo di *capsicum*. Cioè con normalissimo succo di peperoncino. E ci vuol poco a immaginare (19) _____ effetti di una mistura così piccante: occhi che bruciano, naso in fiamme, tosse inarrestabile e (20) _____ nella respirazione.
Giusto il tempo necessario alla donna per mettersi in (21) _____. Senza poi contare che la spruzzata riesce anche (22) _____ "macchiare" il malintenzionato, permettendo una sua identificazione in (23) _____ di fuga.
La penna si chiama "Futura" e sarà disponibile in due versioni: biro e stilografica.

6° TEST
Prova di competenza linguistica

C.2 Colleghi le frasi in modo da ottenere un unico periodo con le forme di collegamento adatte. In caso di necessità, elimini o sostituisca alcune parole (trasformi, dove lo riterrà necessario, i verbi nella forma, nel modo e nel tempo opportuni).

24. • I protagonisti di un programma alla televisione sono ragazzi belli e ricchi.
    • I ragazzi vivono in un mondo dorato.
    • I ragazzi offrono un modello di vita assolutamente improbabile.

25. • Il tempo è denaro.
    • Gli italiani preferiscono una cosa.
    • La cosa è di fare tutto in fretta.

26. • I risultati di una ricerca dell'ISTAT (Istituto di Statistica) hanno dimostrato una cosa.
    • La ricerca era sulla giornata dell'italiano.
    • La cosa era che l'italiano passa il tempo libero a casa.
    • L'italiano resta a casa con la sua famiglia.

27. • La regione ha emanato una legge.
    • La legge vieta l'uso di bevande alcoliche.
    • La vendita degli alcolici è vietata dalle due alle sette del mattino.

28. • Tu compri un libro fino alla fine dell'estate.
    • Hai diritto ad un buono-sconto.
    • Lo sconto è del 25%.
    • Puoi utilizzare il buono-sconto per l'acquisto di un altro libro.

29. • Ho letto una notizia sul giornale.
    • La notizia era triste.
    • Non ho potuto dormire.

30. • Maria era una ragazza prepotente, testarda, intollerante.
    • Noi volevamo bene a Maria.

CELI 3

C.3 Completi le frasi con la parola opportuna (verbo, sostantivo, aggettivo, avverbio), formandola da quella data, scritta a lettere maiuscole.

31. Martina è _____ dei risultati ottenuti agli esami.
    SODDISFAZIONE

32. Posso resistere a tutto, ma non alla _____ di fare acquisti.
    TENTARE

33. Non è _____ facile riconoscere i veri amici!
    CERTEZZA

34. Alla _____ dei negozi, per le strade c'è sempre molto traffico.
    CHIUDERE

35. Oggi i metereologi riescono a _____ il tempo con la massima precisione.
    PREVISIONE

25 MINUTI

TEST 6

CELI 3

CERTIFICATO DI CONOSCENZA DELLA LINGUA ITALIANA

Livello B2

D **Prova di Comprensione dell'Ascolto**   *(40 punti)*

Nome e Cognome dello studente

Data

CELI 3

Traccia 16 AUDIO

D.1 Dopo aver ascoltato il testo, segni con una X la lettera a.b.c.d. che corrisponde all'affermazione precisa tra le quattro che Le vengono proposte (il testo verrà ascoltato due volte).

1° testo

1. Siccome abbiamo paura del dentista
   a. non ricorriamo mai a lui.
   b. preferiamo tenerci il mal di denti.
   c. curiamo il mal di denti in famiglia.
   d. restiamo seduti su una poltrona finché ci passa il mal di denti.

2. Nessuno in futuro temerà più di andare dal dentista perché
   a. troverà sempre ad accoglierlo una sorridente infermiera in camice bianco.
   b. dovrà stare per ore ed ore seduto su una poltrona in sala d'attesa.
   c. i dentisti verranno aiutati nello svolgimento del loro lavoro dalla tecnologia e dalla psicologia.
   d. accanto ai dentisti ci saranno altri specialisti.

3. In campo odontoiatrico
   a. ci sono molte novità che riguardano l'uso di un trapano indolore.
   b. la prevenzione rivestirà un ruolo di secondaria importanza.
   c. verrà usato uno spray per bloccare la formazione della carie.
   d. per ora non ci sono novità, ma ce ne saranno sicuramente in futuro.

4. La deontologia del dentista
   a. vieta ai medici l'uso di guanti monouso.
   b. lo obbligherà a mostrare su un monitor l'immagine del dente cariato.
   c. non prevede il rischio di contrarre il virus dell'Aids.
   d. lo obbligherà in futuro all'analisi della saliva.

5. A questo punto, tirando le somme, l'autore conclude dicendo che
   a. il sorriso di Giulia Roberts piace a tutti i dentisti.
   b. a nessuno interessa avere denti perfetti.
   c. una bocca curata è sempre piacevolmente baciata.
   d. anche chi ha una dentatura imperfetta va ascoltato.

6° TEST
Prova di Comprensione dell'Ascolto

2° testo

Traccia 17 — AUDIO

6. Michele e la sua famiglia erano andati
   a. in montagna.
   b. al mare.
   c. in campagna.
   d. al lago.

7. Ad un certo punto Michele ha cominciato a fare i capricci perché
   a. voleva un gelato.
   b. aveva fame e voleva mangiare al ristorante.
   c. non voleva stare sotto l'ombrellone.
   d. desiderava fare un giretto sul lago.

8. Allora il papà di Michele, Luigi Gregoris, per non sentirlo più piagnucolare
   a. gli ha dato uno schiaffo.
   b. ha affittato un pedalò.
   c. gli ha promesso di comprargli un giocattolo.
   d. ha pensato di lasciarlo giocare con il telefonino.

9. Mentre era insieme a suo figlio, a circa duecento metri dalla spiaggia, Luigi Gregoris
   a. ha capito di essere sul punto di svenire.
   b. ha cominciato a sentire freddo.
   c. non ce la faceva più a pedalare.
   d. si è messo a nuotare in mezzo al lago.

10. Quando Michele ha visto suo padre con gli occhi chiusi
    a. ha pensato di telefonare a sua madre.
    b. ha composto il numero centotredici.
    c. ha pensato che si fosse addormentato.
    d. ha cominciato a urlare.

CELI 3

🔊 Traccia 18

D.2 Dopo aver ascoltato il testo, completi le informazioni con un massimo di quattro parole (il testo verrà ascoltato due volte).

11. C'è chi di ritorno dal Giappone giura di aver ricevuto per strada astronomiche _____

12. E c'è chi in Italia ha assistito a un'estenuante trattativa tra un commesso, cortesemente scettico, e _____

13. Un giapponese chiedeva gliene fosse ridotto a bonsai uno di un considerevole numero di _____

14. Lo stilista ha tenuto di recente a Tokyo _____

15. Penso che il Giappone sia un grande Stato, ma anche un _____

16. Lo si vede dal numero di turisti che scelgono come meta le nostre _____

17. La moda italiana è considerata un vero e proprio status symbol, una chiave d'ingresso _____

18. Bisogna tener conto delle dimensioni diverse dei due paesi e, dunque, _____

19. La mia casa di Milano ha strutture e _____

20. Convivo serenamente con più _____

15 MINUTI

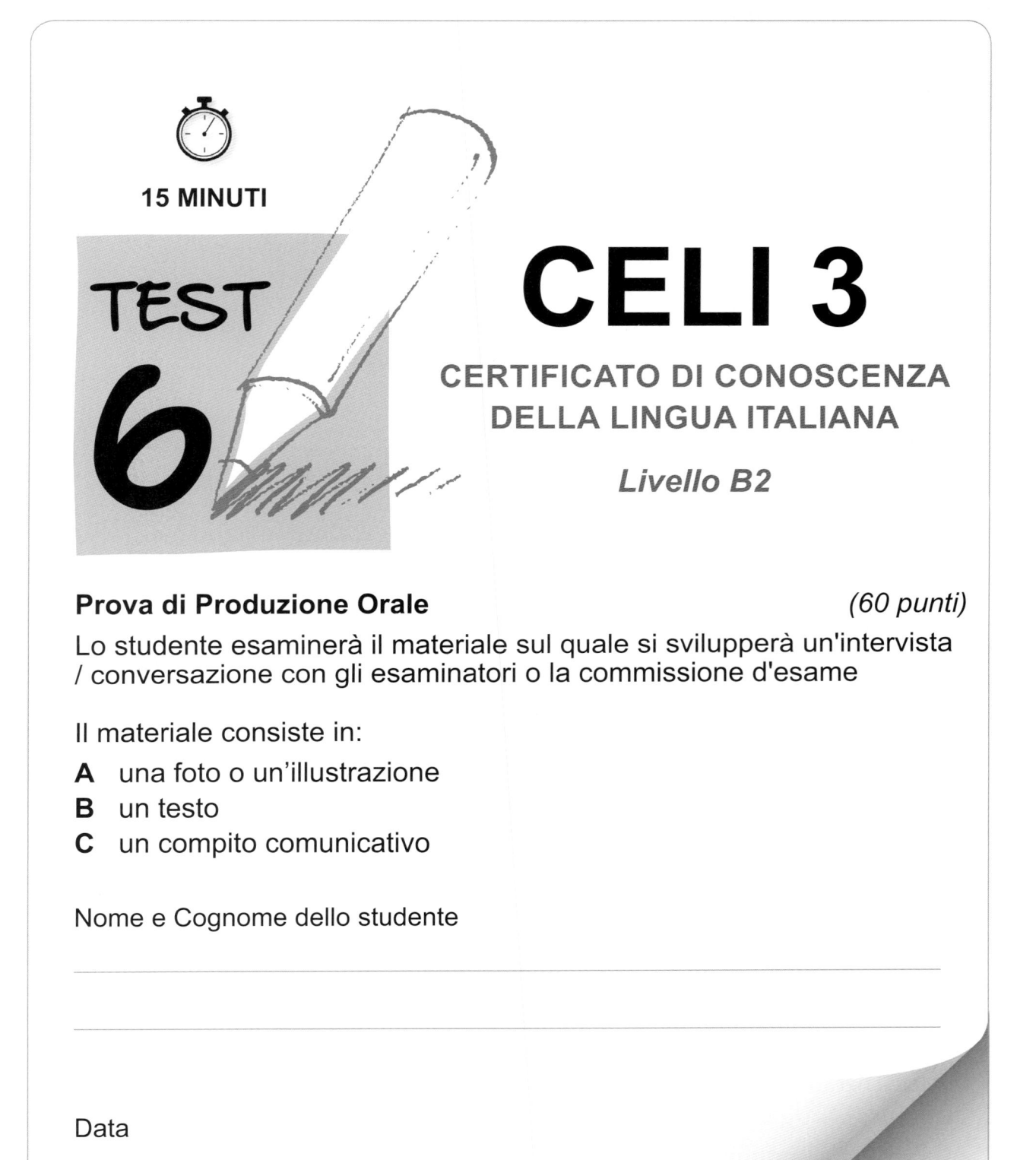

TEST 6

CELI 3

CERTIFICATO DI CONOSCENZA DELLA LINGUA ITALIANA

Livello B2

Prova di Produzione Orale *(60 punti)*

Lo studente esaminerà il materiale sul quale si svilupperà un'intervista / conversazione con gli esaminatori o la commissione d'esame

Il materiale consiste in:

- **A** una foto o un'illustrazione
- **B** un testo
- **C** un compito comunicativo

Nome e Cognome dello studente

_____

_____

Data

_____

_____

CELI 3

A Lo studente dovrà descrivere la foto e rispondere alle eventuali domande che gli verranno poste.

Domande guida

- Descriva quello che è rappresentato nella foto.
- Una delle principali cause di incidenti stradali è la guida in stato di ebbrezza. Esiste tale problema nel Suo Paese? Cosa ne pensa?
- Quali misure si adottano per ridurre il numero degli incidenti causati dall'assunzione di alcool?

6° TEST
Prova di Produzione Orale

B Lo studente, dopo aver letto il testo, deve riassumerlo e rispondere alle domande che eventualmente gli verranno poste.

Perché l'italiano non vuol lavare i piatti

Con il ferro da stiro l'uomo francese è bravissimo, mentre l'inglese preferisce fare il bucato. All'italiano, invece, è bene non chiedere mai di stirare una camicia oppure di lavarsi i calzini: opporrà una fiera resistenza, metterà in dubbio persino la pace coniugale e, al culmine della protesta con la consorte, correrà a rifugiarsi sotto le coperte per fare un sonnellino ristoratore che è poi la sua autentica passione, oltre a quella di manovrare il telecomando della Tv. Questi esempi di vita familiare, visti dall'interno, non sono il frutto di immaginazione e nemmeno di perfidia: rappresentano il risultato di un attento studio sul comportamento degli italiani tra le pareti domestiche e hanno quindi la patente dell'ufficialità. A fornire dati e circostanze ci ha pensato l'Ispes (Istituto per la promozione dello sviluppo economico e sociale) che ha condotto una ricerca proprio sul comportamento degli italiani tra le mura di casa e lo ha messo a confronto con quello delle famiglie di altri Paesi europei.

Da questa ricerca, come vedremo, risulta che i maschi italiani vedono buio quando sono costretti a occuparsi delle faccende domestiche. Ma, in fatto di sesso, sulle coppie italiane sembra proprio che splenda sempre il sole.

Tornando alle cosiddette faccende domestiche, nemmeno le donne italiane, a quanto pare, sembrano entusiaste di lavare i piatti e fare il bucato. Proprio come i maschi, appena se ne presenta l'occasione, preferiscono schiacciare un pisolino: insomma la mitica "pennichella" sembra essere la vera protagonista tra le mura di casa degli italiani. Ma non basta: stando ai risultati della ricerca condotta dall'Ispes, l'interesse per i libri è piuttosto scarso; frequente, invece, la lettura delle riviste e fondamentale il tempo trascorso davanti alla Tv.

Domande guida

- Riassuma il testo.
- Come spiega che il comportamento domestico dell'uomo cambia in rapporto al suo paese d'origine?
- Nel Suo Paese gli uomini "lavano i piatti" e generalmente aiutano nei servizi di casa?

CELI 3

C **Lo studente deve essere in grado di svolgere il compito assegnato, nella seguente situazione.**

Un/Una Suo/Sua amico/a Le dice che è andato/a a vedere un film sugli extraterrestri e ne è rimasto/a molto suggestionato/a. Lui/Lei ritiene che veramente nel cosmo non siamo soli; Lei, invece, pensa che siano tutte storie di fantascienza e che l'essere umano sia l'unico ad abitare l'Universo.

2 ORE E 15 MINUTI

TEST 7

CELI 3

CERTIFICATO DI CONOSCENZA DELLA LINGUA ITALIANA

Livello B2

A Prova di Comprensione della Lettura *(40 punti)*

B Prova di Produzione di Testi Scritti *(40 punti)*

Nome e Cognome dello studente

Data

CELI 3

A. PROVA DI COMPRENSIONE DELLA LETTURA

A.1 Legga i seguenti brani. Metta una X vicino alla lettera a.b.c.d. che corrisponde all'affermazione precisa tra le quattro che le vengono proposte.

1° TESTO

C'era una volta la bottega

Si spengono le luci su una scena antica come il mondo. Chiudono le ultime botteghe del centro, il negozietto sotto casa, il salumiere, il ferramenta. Lentamente e silenziosamente i nostri paesi, le nostre città stanno cambiando volto. Spariscono, giorno dopo giorno, i piccoli commercianti. Fioriscono i grandi centri commerciali, gli ipermercati e i supermercati. Per favorire folle di clienti, nascono nuove strade intorno alle città, parcheggi, si modifica il paesaggio, rendendolo più brutto. Così il commercio cambia aspetto. I piccoli commercianti se la prendono con i grandi magazzini, con lo Stato (13 diverse tasse pesano sui negozi) e con i clienti che hanno ridotto i consumi.
La debolezza delle aziende italiane nella grande distribuzione e lo spazio ancora libero hanno spinto i gruppi internazionali a fare grossi investimenti nel nostro Paese.
Intanto si cerca di correre ai ripari frenando l'invasione di centri commerciali, supermercati e iper. Sono infatti state approvate nuove leggi per la programmazione delle grandi strutture di vendita. Si tratta di leggi simili a quelle già approvate all'estero. Oltre a ragioni economiche, queste scelte nascono dalla necessità di evitare la "desertificazione" dei centri storici con conseguenze negative sulla vita sociale degli abitanti delle città. In effetti, negli Stati Uniti, che in questo campo possiamo considerare il futuro, si è arrivati al paradosso. A Baltimora le vie rimaste deserte dopo la chiusura definitiva dei piccoli commercianti erano diventate un campo di battaglia delle bande giovanili. Qui le amministrazioni comunali hanno aperto finti negozi con impiegati che fingono di essere il proprietario e che vendono ridicoli oggetti ricordo, per tenere accese le luci.
Arriveremo a questo limite anche in Italia? Qualcosa di simile è accaduto in un villaggio del Trentino. A Massimeno, un comune alpino di soli 101 abitanti, il Comune ha salvato l'unico negozio di generi alimentari. Qui da sempre c'era, come in ogni piccolo centro alpino, la bottega che vendeva un po' di tutto. Quando nel 1983 l'anziana titolare andò in pensione, nessuno voleva rilevare l'attività. Molti dei pochissimi abitanti preferivano usare la macchina e recarsi al super del paese vicino. Così il negozio rimase chiuso fino al 1987 finché il Comune non decise di assegnare in uso gratuito un locale, compresi la luce e il riscaldamento, a chi avesse riaperto la bottega.
Se con il sostegno Comune la bottega di Massimeno sopravvive, in altre città, la dura legge di mercato, oltre a provocare la strage di negozi, ha trasformato per sempre gli ultimi salumieri. Ciò che è accaduto nel centro di Milano è simbolico. La centralissima via della Spiga, centro della moda, fino a non molti anni fa, poteva contare tre salumerie, altrettanti fruttivendoli, due panettieri e un paio di macellai. Oggi quegli spazi sono occupati dai negozi di lusso degli stilisti. Un'antica salumeria, quando il titolare è andato in pensione, ha rischiato di diventare un negozio di scarpe. Ma sono arrivati due salumieri ormai in pensione che hanno aperto una bottega di generi alimentari che somiglia a una gioielleria. E può succedere che al posto della signora Maria con la borsa della spesa, entri un principe arabo e acquisti 24 bottigliette di aceto balsamico a 150 euro ciascuna. Qui i cartellini dei prezzi sono scritti anche in giapponese. Che si deve fare per non chiudere bottega!

7° TEST
Prova di Comprensione della Lettura

1. **In conseguenza dello sviluppo economico stanno cambiando**
   a. le abitudini degli italiani.
   b. le grandi città.
   c. i consumi degli italiani.
   d. le vie storiche al centro delle città.

2. **Le nuove leggi**
   a. aprono il mercato italiano anche ai gruppi internazionali.
   b. hanno lo scopo di proteggere i piccoli commercianti.
   c. riducono il numero delle tasse a carico dei commercianti.
   d. favoriscono la costruzione di nuovi centri commerciali.

3. **A Massimeno**
   a. la bottega del paese ha chiuso a causa del trasferimento della proprietaria.
   b. dopo la chiusura della bottega del paese, le strade deserte erano diventate pericolose.
   c. gli abitanti erano costretti a fare la spesa nel supermercato del paese vicino.
   d. il Comune ha incoraggiato la riapertura della bottega del paese.

4. **Nel centro di Milano molte botteghe**
   a. si trovano accanto a negozi di lusso.
   b. sono state sostituite da boutique di alta moda.
   c. hanno il sostegno della Pubblica Amministrazione.
   d. sopravvivono solo in alcuni settori (salumerie, fruttivendoli, panettieri, macellai).

5. **Per non chiudere, gli ultimi salumieri**
   a. presentano i prodotti alimentari come fossero oggetti preziosi.
   b. scrivono i prezzi anche in giapponese.
   c. abbinano la vendita di generi alimentari alla tavola calda.
   d. hanno trasformato la bottega in una gioielleria.

2° TESTO

L'acqua, risorsa e fonte di vita

Chi non conosce la formula chimica H_2O? L'acqua è la condizione essenziale per la vita di tutti gli esseri, tanto che dalle indagini geologiche è risultato essere il luogo dove la vita stessa si è formata. E non solo: il rapporto acqua-vita era stato già intuito in molti miti della creazione, in particolare presso le civiltà che si svilupparono intorno ai grandi fiumi, ed era alla base della filosofia naturale. Con l'acqua abbiamo un contatto continuo. L'acqua, infatti, partecipa a molti aspetti della vita quotidiana: basti pensare al piano religioso, dove l'acqua è sentita spesso come virtualità assoluta, origine e fondamento di ogni cosa esistente. Ciò è evidente, in molte mitologie: nel mito greco, per esempio, in cui l'Oceano, il fiume che circonda la Terra, è "origine degli dei", "origine di tutto". Lo stesso concetto di acqua come "generatrice" compare nel pensiero filosofico occidentale: secondo Talete, infatti, tutto nasce dall'acqua, ed Ippocrate sosteneva già nel 460 a.C. che "la salute deriva da un delicato equilibrio interno e da situazioni esterne, in particolare dalla qualità dell'acqua".
Inoltre le risorse idriche sono fondamentali anche per l'agricoltura, per le condizioni igieniche e per una sana alimentazione: un campo coltivato e privato dell'irrigazione non dà alcun prodotto e porta alla carenza di cibo, un individuo che non vive nell'attenzione delle norme igieniche, è ad elevato rischio di malattie, un'alimentazione con uno scarso consumo d'acqua e irregolare è dannosa all'organismo. Purtroppo però, come tutte le risorse essenziali per la vita, l'acqua non è inesauribile, anzi comincia già a scarseggiare: secondo L'Organizzazione mondiale della Sanità nel 2025 essa potrebbe essere insufficiente per due persone su tre. A questo si potrebbe rimediare minimizzando gli sprechi locali, soprattutto per quanto riguarda le inefficienze in agricoltura (dato che le destiniamo il 70% dell'acqua) e le semplici perdite delle tubature, ma anche evitando le contaminazioni attraverso la salvaguardia ambientale.
Difatti in molte zone del mondo l'acqua è sporca e portatrice di funghi e batteri, che, se introdotti nell'organismo, conducono alla morte: in Bangladesh, per esempio, si beve acqua contaminata dalle fognature senza sapere che basterebbe scavare dei pozzi più profondi per risolvere gran parte del problema.
In Italia si è provveduto alla stimolazione delle piogge con un sistema che, attraverso dei piccoli aerei, libera alla base dei sistemi nuvolosi alcune particelle microscopiche di "ioduro d'argento", accelerando così il processo di condensazione che trasforma il vapore in pioggia. A questo sistema hanno deciso di ricorrere anche sia i Paesi più sviluppati al mondo, come gli Stati Uniti, sia quei Paesi che hanno adottato la tecnologia italiana come Israele. Per concludere è quindi necessario sottolineare l'emergenza con cui ognuno dovrebbe operare, nel suo piccolo, affinché la situazione non degeneri e non metta in pericolo l'umanità.

7° TEST
Prova di Comprensione della Lettura

6. L'acqua è un elemento
   a. che troviamo all'origine delle antiche civiltà di montagna.
   b. che ritroviamo in tutte le antiche civiltà.
   c. fondamentale per le civiltà sorte vicine ai corsi d'acqua.
   d. indispensabile per la nascita e lo sviluppo delle antiche civiltà.

7. L'acqua è una riserva
   a. dipendente dallo sviluppo agricolo.
   b. che può risultare dannosa all'organismo.
   c. fondamentale nell'industria alimentare.
   d. indispensabile per il rispetto delle norme igieniche.

8. La carenza di acqua può essere affrontata
   a. riducendo al minimo i consumi.
   b. evitandone lo spreco nell'irrigazione dei campi.
   c. grazie alla contaminazione dell'ambiente.
   d. solo dall'Organizzazione Mondiale della Sanità.

9. I Paesi più sviluppati al mondo
   a. hanno ridotto il consumo di acqua.
   b. hanno dato particolare attenzione all'emergenza idrica.
   c. utilizzano la tecnologia italiana per stimolare la pioggia.
   d. hanno risolto gran parte del problema.

CELI 3

A.2 Legga i due brani indicati rispettivamente con la lettera A e B. Abbini successivamente le frasi sottoelencate segnando A quando la frase si riferisce al brano A, segnando B quando la frase si riferisce al brano B.

Vacanze, natura e cultura

TESTO A	TESTO B
Il Cilento, terra di forti antitesi, di fascino unico, seduce il visitatore con la bellezza di monti e colli vicino al mare, dove si raccolgono paesini di straordinaria bellezza. Siamo distanti dal caos delle metropoli: qui si entra in una dimensione in cui si vive all'antica maniera, in un universo in cui l'esistenza è accompagnata dal ritmo straordinario delle stagioni. Per chi ama soggiorni caratterizzati da un contatto diretto con la natura e con la cultura, esiste a Paestum un'oasi di tranquillità, un albergo accogliente come una seconda casa, una villa d'altri tempi con la luce che si riflette sulle ceramiche e sulle porcellane, il fresco naturale dei grandi spazi dai soffitti alti e dai muri spessi, i mobili di legno antico dove souvenir e pezzi d'arte di rara bellezza, richiamano alla mente racconti del Grand Tour; la villa è sulla spiaggia, a cui si accede attraverso il profumato giardino mediterraneo, ma è anche nel pieno centro, vicino alla zona archeologica: dal viale privato è possibile raggiungere i negozi a piedi per lo shopping e le passeggiate serali.	Potremmo sintetizzare il nostro modo di fare le vacanze con la frase "un viaggio con le gambe, con la testa, con il cuore". Organizziamo vacanze nella natura con una cura particolare dell'alimentazione (vegetariana con pesce e soprattutto biologica) e sempre nuove proposte di attività per il benessere e la salute. Le nostre vacanze sono allegre, si svolgono in un'atmosfera piacevole, ma con un grande rispetto per gli spazi privati. Proponiamo cibo sano, preparato con cura, e attività per scoprirsi ed esprimere creatività, come yoga, massaggi, meditazione, danza, teatro, scrittura creativa, osservazione delle stelle, tai chi, pittura, Fiori di Bach per adulti e bambini, erbe officinali e escursioni nella natura. Le attività in programma sono tante, tutte libere e facoltative; il nostro consiglio è di scegliere tra le varie proposte senza cercare di fare tutto. Una vacanza è un breve momento nella vita di ognuno di noi. Può essere relax, l'occasione per nuove amicizie, paesaggi da ricordare... dalle nostre vacanze si riparte sempre con qualche nuova scoperta.

7° TEST
Prova di Comprensione della Lettura

10. Si dà particolare importanza alla cucina e alla qualità degli alimenti che sono naturali.

    A   B

11. È possibile apprezzare il fascino della collina insieme a quello del mare.

    A   B

12. L'ambiente aiuta a dimenticarsi della confusione e del traffico della città.

    A   B

13. Si trascorrono dei giorni felici in relax in un ambiente sereno e divertente.

    A   B

14. Si dà la possibilità di conoscere usi e tradizioni del territorio.

    A   B

15. È possibile dedicarsi a esercizi creativi per il corpo e per la mente che aiutano a ritrovare se stessi.

    A   B

16. Non mancano passeggiate alla scoperta di luoghi ricchi di fascino a diretto contatto con la natura.

    A   B

17. Negli ambienti interni c'é un'atmosfera fresca e rilassante.

    A   B

18. È possibile prendere il sole sulla spiaggia che si trova accanto alla villa.

    A   B

19. È anche un'occasione per conoscere nuovi amici con cui trascorrere giorni indimenticabili.

    A   B

CELI 3

A.3 Legga il seguente testo e poi risponda alle domande poste.

La tecnologia ci aiuta, sfruttiamola

Puntuale come l'inizio della scuola, a Milano, con l'autunno arriva lo smog. Si sa, le Alpi costituiscono una gigantesca barriera naturale che ci protegge dai venti freddi del Nord. Ma proprio l'assenza del vento impedisce il rapido riciclo dell'aria e di conseguenza diventa più difficile ridurre l'inquinamento dell'aria. L'unica variabile su cui agire rimane dunque il traffico, ma anche quello ormai sembra essere diventato parte del paesaggio.

Risolvere il problema con provvedimenti parziali, come la limitazione della circolazione nelle ore di punta, si è rivelato poco efficace. Se si vuol prendere il toro per le corna, bisogna considerare quanto sia veramente necessario l'uso dei mezzi di trasporto. Vale la pena chiedersi se gli enormi flussi di automobili che entrano ed escono dalla città, siano poi indispensabili. La radice del problema sta lì; tutte queste formichine che si agitano e buttano un pezzo della loro vita in lunghe attese, non sarebbero più contente di passare le ore di traffico nel proprio letto oppure a casa con la famiglia?

E allora, facciamo partire il telelavoro, le teleconferenze che evitano tante riunioni inutili, intere giornate perse per dieci minuti di parole, diamo incentivi alle imprese per le assunzioni in prossimità del luogo di lavoro, e per chi proprio si deve muovere, facciamo abbonamenti "stagionali" ai trasporti urbani. Le merci sono, invece, più esigenti, devono entrare e uscire dalla città quando servono, e servono quasi sempre. Ma quanti furgoni sono quasi vuoti e si muovono con un pacco quando potrebbero trasportarne cento nella stessa via? L'informatica può esserci di grande aiuto, permettendoci di ottimizzare il servizio insieme ai corrieri, muovendo meno mezzi.

E poi il motore elettrico è oramai una realtà. L'auto elettrica è un veicolo silenzioso a emissioni zero che si può caricare anche con i pannelli fotovoltaici, che forse un giorno copriranno i tetti dei parcheggi. E di "Città elettrica" si parlerà proprio a Milano da lunedì, al Forum internazionale sull'innovazione tecnologica per lo sviluppo della mobilità e del trasporto pubblico.

20. Perché diventa più difficile ridurre l'inquinamento atmosferico?

(da un minimo di 7 a un massimo di 11 parole)

21. Come è possibile risolvere il problema dell'inquinamento atmosferico alla radice?

(da un minimo di 7 a un massimo di 13 parole)

22. Quale aiuto possiamo dare alle aziende per ridurre il traffico nelle ore di punta?

(da un minimo di 13 a un massimo di 18 parole)

23. Come può aiutarci l'informatica?

(da un minimo di 5 a un massimo di 12 parole)

B. PROVA DI PRODUZIONE DI TESTI SCRITTI

B.1 Svolga una delle composizioni, scegliendola tra le due proposte:

1. Il rapporto tra l'uomo e l'ambiente diventa ogni giorno più problematico, in particolare per quanto riguarda le risorse idriche, dato che il nostro pianeta è composto per la maggior parte di acqua. Rifletta sulle caratteristiche di un elemento così essenziale per la vita.

   (Da un minimo di 120 a un massimo di 180 parole)

2. Lo sport è attività agonistica da professionisti, competizione da dilettanti, gioco, divertimento, ricerca di bellezza fisica e di muscoli. Quale di queste funzioni ritiene prevalente nella società, quale per i giovani e quale per Lei?

   (Da un minimo di 120 a un massimo di 180 parole)

B.2 Svolga uno dei compiti proposti, scegliendolo tra i seguenti:

1. **Un caro amico dopo alcuni anni di attività, ha deciso di cambiare lavoro per essere così più vicino alla natura. Gli scriva una lettera in cui:**

   - esprime i Suoi dubbi sul passo che intende fare;
   - espone il Suo punto di vista sulla sua scelta;
   - dà alcuni consigli sulle possibili conseguenze nella sua vita personale.

   (Da un minimo di 80 a un massimo di 100 parole)

2. **Un Suo lontano parente che vive all'estero ha deciso di trascorrere le vacanze di Pasqua nel Suo Paese. Gli scriva una lettera in cui:**

   - si rallegra della sua decisione;
   - gli racconta come e dove trascorrere il periodo di vacanza;
   - gli dà alcuni pratici consigli su alcune cose da fare prima della partenza.

   (Da un minimo di 80 a un massimo di 100 parole)

CELI 3

3. Ha deciso di migliorare la Sua conoscenza della lingua italiana, perciò ha fatto una rapida ricerca su Internet, dove ha trovato le seguenti informazioni:

NOTIZIA 1
Scuola di lingua e cultura italiana

PM ha l'obiettivo di promuovere la lingua e la cultura italiana attraverso numerosi tipi di corsi e di attività integrative e ricreative.

La nostra sede è Milano, città di grande tradizione culturale ed economica, ospite di importanti fiere internazionali e capitale italiana della moda e del design.

La grande esperienza nell'insegnamento dell'italiano per stranieri e la presenza di docenti qualificati, consentono alla Scuola di garantire un apprendimento efficace in un ambiente sereno e accogliente.

PM offre anche programmi di studio specifici, stage in azienda e perfezionamento del linguaggio per il business. (info@scuolapm.it)

NOTIZIA 2
Scuola di italiano

Dal 1981 ti offriamo la possibilità di studiare l'Italiano in una delle zone più belle della Toscana. Come sedi della nostra scuola abbiamo infatti scelto Pisa e Viareggio, due piccole e tranquille città prive di turismo di massa, dove il contatto con il mare, le bellezze artistiche e la naturale ospitalità della gente, ti renderanno il soggiorno di studio una piacevole occasione di vacanza ed un'esperienza indimenticabile. Per questo ogni anno ragazzi e ragazze da tutto il mondo vengono qui ad imparare la lingua, la cultura e lo stile di vita italiani. (info@ scuola_di_italiano.it)

NOTIZIA 3
Corsi avanzati di lingua e cultura italiana

Il Centro di Ateneo per la promozione della lingua e della cultura italiana, dell'Università di Milano, organizza ogni anno Corsi estivi di lingua e cultura italiana a cui partecipano studenti, insegnanti, dipendenti di ambasciate e consolati, estimatori e cultori della materia provenienti da tutto il mondo.

Sono dei corsi di approfondimento e per parteciparvi bisogna avere una buona conoscenza della lingua italiana.

Si tengono ogni anno tra luglio e agosto nel Palazzo Feltrinelli di Gargnano (BS) sul lago di Garda, durano tre settimane e prevedono oltre alla didattica della lingua, anche conferenze e attività ricreative. (info@unimi.it)

Scrive una e-mail ad uno dei centri linguistici in cui:
- chiede informazioni sulla scuola e sui corsi;
- spiega quale tipo di corso intende seguire;
- comunica il periodo della Sua permanenza in Italia;
- invita a comunicarLe le notizie per lettera.

(Da un minimo di 80 a un massimo di 100 parole)

45 MINUTI

TEST 7

CELI 3

CERTIFICATO DI CONOSCENZA
DELLA LINGUA ITALIANA

Livello B2

C **Prova di Competenza Linguistica** *(20 punti)*

Nome e Cognome dello studente

Data

CELI 3

C.1 Completi i testi, inserendo una sola parola.

1. Economia e ambiente

"Lo Sviluppo sostenibile è uno sviluppo che soddisfa i bisogni del presente senza mettere in pericolo la possibilità delle generazioni future di soddisfare i propri bisogni". Questa dichiarazione (1) _____ con poche parole, in maniera molto chiara, alcuni aspetti importanti del (2) _____ tra lo sviluppo economico, l'equità sociale e il rispetto dell'ambiente. (3) _____ tratta della famosa regola dell'equilibrio delle tre "E": ecologia, equità, economia. (4) _____ definizione, però, parte da una visione antropocentrica; infatti (5) _____ centro della questione non è tanto (6) _____ ecosistema, e quindi la sopravvivenza e il benessere di (7) _____ le specie viventi, ma piuttosto le generazioni umane.

Negli (8) _____ anni, l'UNESCO ha esteso il concetto di sviluppo sostenibile, indicando (9) _____ la diversità culturale è necessaria per l'umanità (10) _____ la biodiversità per la natura. La diversità culturale, infatti, è una (11) _____ radici dello sviluppo, inteso non solo come crescita economica, ma (12) _____ come un mezzo per condurre un' (13) _____ più soddisfacente sul piano intellettuale, emozionale, morale e spirituale.

2. Il futuro del mondo

È ormai prossima la pubblicazione di una guida sulla responsabilità sociale che ha lo (14) _____ di responsabilizzare tutti i tipi di organizzazioni sull'impatto delle loro attività sulla società e sull'ambiente. Tali attività (15) _____, quindi, essere svolte in accordo con la legge, devono cioè (16) _____ su un comportamento etico, rispettoso degli (17) _____ della società e dello sviluppo sostenibile. La manutenzione dell'ambiente può rappresentare una (18) _____ per il futuro del mondo, stimolando i cittadini a conservare, a ridurre lo spreco, ad agire in sicurezza, a (19) _____ un'esistenza sostenibile che renda vivibili le nostre (20) _____ ed efficienti le nostre fabbriche, nel rispetto dell'ambiente e della vita umana. La cultura del mantenimento (21) _____ l'unica alternativa allo sviluppo incontrollato (22) _____ attività produttive che porterà al disastro (23) _____ umanità.

7° TEST
Prova di competenza linguistica

C.2 Colleghi le frasi in modo da ottenere un unico periodo con le forme di collegamento adatte. In caso di necessità, elimini o sostituisca alcune parole (trasformi, dove lo riterrà necessario, i verbi nella forma, nel modo e nel tempo opportuni).

24. • Giovanni aveva finito il suo lavoro.
    • Giovanni poteva andarsene.
    • Giovanni preferì aspettare il ritorno dei compagni.

25. • All'entrata del museo c'era una miniatura.
    • La miniatura era antica.
    • La miniatura era di gran valore.

26. • Roberto salutò gli amici.
    • Roberto la mattina seguente aveva intenzione di partire di buon'ora.
    • Roberto rimandò la partenza.
    • Roberto era stanco.

27. • Teresa voleva fare una gita al lago.
    • Dario voleva andare al cinema con Teresa.

28. • Minacciava di piovere.
    • Federica preferì rimanere a casa.
    • Federica vide un film in TV.
    • Federica rinunciò ad andare in pizzeria con Vincenzo.

29. • Salvatore voleva comprare una macchina usata.
    • Angelo consigliò Salvatore di acquistare la macchina del suo amico.
    • Quella macchina aveva un motore perfetto.

30. • Giacomo pregò Mario di comprare dei fiori.
    • I fiori dovevano essere rose e garofani.
    • A Giacomo, Mario comprò i fiori.

CELI 3

C.3 Completi le frasi con la parola opportuna (verbo, sostantivo, aggettivo, avverbio), formandola da quella data, scritta a lettere maiuscole.

31. Tutti sanno che la _____ arricchisce la mente.
    LEGGERE

32. Elisabetta di Valois è stata una principessa francese la cui intelligenza politica, la _____ e la bellezza vennero apprezzate in tutta Europa.
    DOLCE

33. Una _____ può essere rappresentata da un semplice muro, da un edificio oppure da un'opera pubblica.
    COSTRUIRE

34. Dopo l'anno del clima dobbiamo adesso pensare alla salvaguardia delle specie con _____ istituzionali.
    INTERVENIRE

35. L'amicizia è un qualcosa di profondo che va oltre ogni _____ e che rompe ogni barriera dell'anima.
    SENTIRE

25 MINUTI

TEST 7

CELI 3

CERTIFICATO DI CONOSCENZA
DELLA LINGUA ITALIANA

Livello B2

D **Prova di Comprensione dell'Ascolto** *(40 punti)*

Nome e Cognome dello studente

Data

CELI 3

🔊 Traccia 19 **AUDIO**

D.1 Dopo aver ascoltato il testo, segni con una X la lettera a.b.c.d. che corrisponde all'affermazione precisa tra le quattro che Le vengono proposte (il testo verrà ascoltato due volte).

1° testo

1. Il giornalismo ai nostri giorni affronta
    a. una crisi causata dalla globalizzazione.
    b. una crisi economica mondiale.
    c. una crisi tutta italiana.
    d. una crisi particolarmente difficile.

2. Quando ci si trasferisce da un posto all'altro bisogna
    a. spiegare alla gente quello che succede ogni giorno.
    b. dare consigli su come affrontare i propri problemi.
    c. portare con sé anche i propri figli.
    d. imparare ad ascoltare e a capire i problemi delle persone.

3. Per un giornale è importante
    a. interpretare gli avvenimenti.
    b. prendere posizione sui fatti che avvengono quotidianamente.
    c. denunciare quello che succede ogni giorno.
    d. presentare i fatti in modo chiaro e facilmente comprensibile.

4. Ai nostri giorni trovano ampio spazio sui giornali
    a. quelli che rispettano le regole e pagano regolarmente il biglietto.
    b. coloro che si fanno sentire di più.
    c. quei fatti che interessano alla maggioranza delle persone.
    d. le notizie sportive.

5. Le notizie sui quotidiani parlano
    a. del futuro del Paese.
    b. del mondo della scuola.
    c. dello scontro ideologico.
    d. di cose pratiche.

7° TEST
Prova di Comprensione dell'Ascolto

2° testo

6. Caterina da Siena
   a. è la primogenita della famiglia.
   b. ha vissuto sempre con il conforto della sorella gemella.
   c. era una persona che cercava la solitudine.
   d. da piccola era una bambina come tutte le altre.

7. In famiglia
   a. passa parte del suo tempo in compagnia della sorella sposata.
   b. la madre faceva molti debiti.
   c. il padre era disoccupato.
   d. Caterina disprezzava il lavoro.

8. Caterina
   a. dopo la morte della sorella può dedicarsi alle preghiere.
   b. raramente andava a qualche festa.
   c. decide di andare via di casa quando muore la sorella.
   d. non andava d'accordo con la sorella.

9. Caterina diventando suora
   a. andrà in giro per il mondo, viaggiando fino a Gerusalemme.
   b. rimane chiusa per tre anni in convento.
   c. aiuta i frati durante la messa.
   d. continua a parlare con Dio sempre più spesso.

10. Il Papa
    a. torna a Roma su richiesta di Caterina.
    b. scrive a Caterina una lettera con accuse terribili.
    c. chiede a Caterina di andare a trovarlo.
    d. riceve una lettera da Caterina, in cui è accusato di corruzione.

CELI 3

Traccia 21 AUDIO

D.2 **Dopo aver ascoltato il testo, completi le informazioni con un massimo di quattro parole (il testo verrà ascoltato due volte).**

11. Da qui si scorgevano il mare lontanissimo, _____

12. Aveva i muri larghi per _____

13. Scuro di pelle e con _____

14. Era sempre stato contadino e sapeva ogni cosa per _____

15. Era un uomo _____

16. Da quarant'anni la sua famiglia _____

17. Si era tolto perciò il pane dalla bocca, raccoglieva dai muri per accendere il fuoco.
_____

18. Tutti gli uomini sarebbero morti e i palazzi scomparsi, ma la terra, _____

19. Era piccola e magra di corpo, con _____

20. Aveva, tuttavia, le palme delle mani _____

160

15 MINUTI

TEST 7

CELI 3

CERTIFICATO DI CONOSCENZA DELLA LINGUA ITALIANA

Livello B2

Prova di Produzione Orale *(60 punti)*

Lo studente esaminerà il materiale sul quale si svilupperà un'intervista / conversazione con gli esaminatori o la commissione d'esame

Il materiale consiste in:

- **A** una foto o un'illustrazione
- **B** un testo
- **C** un compito comunicativo

Nome e Cognome dello studente

Data

CELI 3

A Lo studente dovrà descrivere la foto e rispondere alle eventuali domande che gli verranno poste.

Domande guida

- Descriva quello che è rappresentato nella foto.
- I terremoti sono una dimostrazione dell'impotenza dell'uomo di fronte alle forze della natura. Com'è sentito questo problema nel Suo Paese?
- Spieghi brevemente come viene affrontata l'emergenza terremoti e quali misure sono prese per limitare i danni causati da scosse sismiche.

7° TEST
Prova di Produzione Orale

B Lo studente, dopo aver letto il testo, deve riassumerlo e rispondere alle domande che eventualmente gli verranno poste.

Incontro con Taizé

Dal 28 dicembre al primo gennaio, quasi mezzo milione di ragazzi si riverseranno a Stoccarda, in Germania, per il sesto Incontro europeo dei giovani, promosso dalla comunità ecumenica di Taizé. Nata nel 1940 per volere di padre Roger Schutz, questa organizzazione, che ha sede in Borgogna (Francia), ha come obiettivo la pace nel mondo, attraverso l'opera dei giovani. Così, ragazzi di ogni paese si danno appuntamento ogni anno per testimoniare il desiderio di fratellanza fra i popoli. Oltre ai giovani, parteciperanno all'incontro anche gli ottanta monaci della comunità, cattolici e protestanti, impegnati attivamente nelle zone più povere della terra. «Sarà un pellegrinaggio di fiducia» spiega padre Roger, oggi ottantenne ma non per questo meno attivo. Sotto la sua direzione, Taizé è diventata meta non solo di credenti (di qualsiasi confessione), ma anche di chi sente il bisogno di guardare dentro sé. Per partecipare al grande raduno, si può telefonare alla segreteria della comunità, che organizza viaggi per raggiungere Stoccarda. Chi, invece, fosse interessato a ricevere *Lettera Taizé*, periodico della comunità, deve contattare la liberia "Le procure".

Domande guida

- Riassuma il testo.
- Ha mai sentito parlare di tali comunità religiose? Cosa ne pensa delle manifestazioni che mirano a sviluppare il sentimento di fratellanza fra i popoli di tutte le razze?
- Cosa si fa nel Suo Paese per affrontare il problema del razzismo? E Lei quali proposte concrete suggerisce?

CELI 3

C **Lo studente deve essere in grado di svolgere il compito assegnato, nella seguente situazione.**

Una Sua amica ha un bambino di cinque anni. Le telefona per chiederLe se è disposta a tenergli compagnia durante il prossimo fine settimana, poiché con suo marito desidera andare a fare una gita. Lei accetta e le chiede dei gusti alimentari di suo figlio, in che modo il bambino ama trascorrere la sua giornata e a che ora deve metterlo a letto.

2 ORE E 15 MINUTI

TEST 8

CELI 3

CERTIFICATO DI CONOSCENZA DELLA LINGUA ITALIANA

Livello B2

| **A** | Prova di Comprensione della Lettura | *(40 punti)* |
| **B** | Prova di Produzione di Testi Scritti | *(40 punti)* |

Nome e Cognome dello studente

Data

CELI 3

A. PROVA DI COMPRENSIONE DELLA LETTURA

A.1 Legga i seguenti brani. Metta una X vicino alla lettera a.b.c.d. che corrisponde all'affermazione precisa tra le quattro che le vengono proposte.

1° TESTO

È il rione Sanità o Hong Kong?

Tutte le mattine all'alba, Peppino percorre le strette stradine del rione Sanità, uno dei quartieri della Napoli storica. Gira su per una stradina e arriva in una piazzetta con i muri rovinati, continuamente bloccata da una decina di macchine parcheggiate sotto un vistoso cartello di divieto di sosta. È la Napoli in rovina del centro storico, con un indice di abitanti per chilometro quadrato che è il doppio di quello di Hong Kong e con la disoccupazione giovanile che tocca il 55 per cento. Peppino, con la sua impresa nascosta nel cuore di Napoli, è uno dei protagonisti del vasto mondo dell'economia illegale. Peppino dice che solo nel rione Sanità di fabbriche come la sua ce ne sono almeno venticinque: producono vestiti, jeans, biancheria, un po' di tutto, e spesso fanno i turni di notte, come del resto fa anche lui, quando ci sono ordini urgenti da consegnare.

Facciamo i conti in tasca a questo giovane imprenditore: ogni giorno Peppino incassa duemila euro, ne spende settecentocinquanta per i lavoratori e altrettanto per le materie prime. Poi ci sono l'affitto, le spese di confezione e di distribuzione, le mance. Alla fine il giovane porta a casa quasi duecentocinquanta euro al giorno, più di cinquemila al mese. Ma se dovesse pagare le tasse, non ce la farebbe mai. Dovrebbe ingrandirsi, andare a Grumo Nevano, dove ci sono fabbriche illegali che producono più di mille paia di scarpe al giorno, ma ha paura. Dice Peppino: «Io sono della Sanità, la criminalità qui non mi dà fastidio, mi lascia lavorare. Là, in quell'altro mondo, non lo so».

In quell'altro mondo, nell'immenso territorio campano che è la capitale dell'economia illegale italiana, Ciro è uno dei trecento microimprenditori di San Giuseppe Vesuviano, che con i paesini attorno conta più di mille fabbrichette irregolari. Ciro, in una moderna palazzina illegale, fabbrica jeans e camicette. Quasi tutte imitazioni, falsi.

Il professor Luca Meldolesi, professore di economia all'Università di Napoli, sostiene che il fenomeno dell'economia illegale non appare nelle statistiche ufficiali. A Gragnano ci sono settanta imprese che producono più di un quinto di tutti i costumi da bagno italiani, ma nei censimenti di statistica non esistono. Nel Vesuviano, poi, sono migliaia le ditte fantasma di abbigliamento. Dice che dai dati in suo possesso, può intuire che più di metà della forza lavoro manuale campana opera nell'illegalità. Vale a dire: i più che ogni mattina vanno al lavoro, sono irregolari.

Né Peppino né Ciro, né le migliaia dei loro colleghi del sommerso e dell'imitazione sanno di essere già passati alla storia. Nel senso che molti dei loro prodotti sono ospitati dal Museo del falso, a Salerno. Accanto ai disegni di prodotti mai realizzati come divise militari, fuoristrada, biscotti, volanti d'auto, è possibile vedere le confezioni di falsi detersivi o di shampoo Clear, false lattine di olio Cuore, di latte in polvere o false confezioni di Nutella e di maionese Kraft, falsi medicinali, persino falsi dizionari di italiano, latino, greco e falsi libri. Un documentario sul museo girato dalla tv giapponese è stato visto da trenta milioni di spettatori. Peppino, Ciro e gli altri sono ormai noti anche all'estero.

8° TEST
Prova di Comprensione della Lettura

1. **Nel rione Sanità**
   a. per le strade sono sempre parcheggiate poche auto in divieto di sosta.
   b. i mezzi di trasporto sono molto affollati.
   c. è vietata la circolazione delle auto.
   d. molti ragazzi restano senza lavoro.

2. **Nella fabbrica di Peppino**
   a. si producono abiti bianchi.
   b. arrivano molti ordini di calzature.
   c. spesso si lavora di notte.
   d. lavorano i suoi familiari.

3. **Peppino**
   a. non paga regolarmente le tasse.
   b. non paga l'affitto perché il locale è di sua proprietà.
   c. vorrebbe trasferirsi a Grumo Nevano.
   d. lavora per la camorra.

4. **In Campania secondo le indagini del professor Meldolesi**
   a. ci sono molte persone che lavorano per periodi brevi.
   b. è possibile ricavare statistiche ufficiali valide.
   c. non ci sono imprese che producono costumi da bagno.
   d. gli imprenditori non pagano regolarmente i contributi.

5. **A Salerno nel museo del falso**
   a. sono raccolti oggetti d'imitazione come divise e biscotti.
   b. si possono ordinare oggetti d'imitazione.
   c. è stato girato un documentario.
   d. sono stati denunciati per falso alcuni imprenditori veri.

CELI 3

2° TESTO

L'era dei giochi scientifici. Così si impara giocando

Nelle vetrine dei negozi di giocattoli su cui frequentemente posiamo gli occhi, fanno sempre più spesso capolino strumenti scientifici, un tempo presenti unicamente nei laboratori delle scuole, oppure in alcuni musei. Chissà se quei giochi scientifici, versioni semplificate e plastificate di quelli dei musei, possano, come gli oggetti presenti in tante favole, far pensare; chissà se il loro destino non sia tanto cambiato perché oggi tanti bambini possono toccarli, maneggiarli, osservarli, usarli in mille modi, non sempre propri, mentre un tempo solo poche persone potevano osservarli da lontano, maneggiati da uno scienziato o da un anziano professore.

Alla base di questo cambiamento stanno certamente due diversi meccanismi: da un lato una generalizzata necessità di possesso e dall'altro un diverso atteggiamento educativo nell'avvicinare i più giovani alla scienza secondo un metodo che li spinge a mettere le mani sulle cose e a provare tutto in prima persona.

La scienza ha certamente affascinato grandi e piccini dai tempi più antichi ed è entrata a fare parte anche dei salotti più raffinati. Sono tanti e appartenenti a culture diverse i dipinti di qualche secolo fa che mostrano scienziati intenti a illustrare ad un pubblico di non addetti ai lavori qualche strabiliante fenomeno scientifico. La scienza quindi, come il gioco, ha sempre incuriosito. La scienza, come il gioco, con le sue regole precise, è materia adatta al bambino.

A Firenze, caso unico in Italia, la Fondazione scienza e tecnica gestisce una collezione di strumenti scientifici, spiegando e illustrando diversi fenomeni scientifici in ogni dettaglio.

Nello straordinario repertorio della collezione Salvemini, è possibile trovare tra l'altro una lanterna magica del 1850. Si tratta di una scatola cilindrica di metallo. Da una porticina è possibile introdurre una lampada ad olio. Il tutto è completato da un obiettivo e da varie lenti che consentono di proiettare le immagini di alcune lastre contenenti scenette comiche.

E se questo non vi basta, esiste addirittura un oggetto con un particolare cristallo che si mette in moto grazie ad un motorino a celle solari. Potete applicarlo alla finestra e svariati arcobaleni in movimento riempiranno la stanza! Chi riuscirà dopo un simile spettacolo a dimenticare come si scompone la luce del Sole e a non farsi domande su come si formi l'arcobaleno? Ma non è tutto: se amate andare a spasso nelle giornate di pioggia, nella sede della Fondazione, potete acquistare un ombrello su cui è rappresentata fedelmente la volta celeste. Vi incanterete nell'osservarlo mentre aspettate l'autobus e certamente sarete facilitati nel riconoscere le costellazioni nelle notti stellate.

Accanto a tutto questo, sono disponibili decine di kit per fare cristalli, esperimenti di fisica, di chimica, di biologia, ecologia e di ogni altra branca della scienza. Grazie a tutti questi giochi i bambini si porranno probabilmente più domande di tipo scientifico e affineranno le capacità tecniche. Attenzione però: la scienza non è fatta solo di ricette e non è sempre facile e pronta! Per fare scienza in tenera età basta anche solo un po' di curiosità, di fantasia e di voglia di farsi domande e soprattutto di provare e riprovare con rigore e serietà.

8° TEST
Prova di Comprensione della Lettura

6. **I giocattoli presenti nelle vetrine dei negozi**
   a. permettono a tutti i bambini di avvicinarsi alla scienza.
   b. sono una copia di oggetti usati nelle favole.
   c. riproducono strumenti scientifici esposti nei musei.
   d. hanno cambiato il destino dei bambini.

7. **Ai nostri giorni**
   a. mancano giocattoli che facciano pensare.
   b. i giocattoli spingono i bambini a scoprire la scienza.
   c. i bambini ricevono troppi regali.
   d. alcuni giocattoli finiscono nei musei.

8. **Un cristallo molto particolare**
   a. fa parte di un giocattolo che è possibile regalare ai bambini.
   b. funziona grazie a un piccolo motore a pile.
   c. è in grado di creare degli arcobaleni artificiali.
   d. permette di vedere delle scene comiche.

9. **Nelle giornate piovose è possibile**
   a. provare nel museo un ombrello molto speciale.
   b. vedere come funziona un ombrello speciale.
   c. ripararsi dalla pioggia con un ombrello speciale del museo.
   d. comprare nel museo Salvemini ombrelli speciali.

CELI 3

A.2 Legga i due brani indicati rispettivamente con la lettera A e B. Abbini successivamente le frasi sottoelencate segnando A quando la frase si riferisce al brano A, segnando B quando la frase si riferisce al brano B.

Noi e la tecnologia

TESTO A	TESTO B
Parte da Techlovers.it l'idea di comunicare sul Web i propri sentimenti e le proprie esperienze web-sociali in un vero e proprio documentario intitolato "Italiani 2.0", il primo docu-web della storia prodotto interamente con materiali ed esperienze generate e sviluppatesi su Internet, esplorando le relazioni tra la gente e la tecnologia. Tra le tantissime storie di felicità e infelicità tecnologica caricate dagli utenti sul sito, sono state scelte quelle che verranno approfondite e saranno le protagoniste del docu-web "Italiani 2.0". Storie molto diverse tra loro, perfette per rappresentare la società italiana nell'era del Web 2.0. Diverse ma anche legate da un comune filo conduttore: ogni storia nasce e si sviluppa interamente sul Web e grazie al Web. La felicità tecnologica è rappresentata da avvincenti successi imprenditoriali, come quelli di un editore on line o del creatore di un sito di incontri o storie d'amore nate sul Web, come quella di Daniele, innamoratosi in chat della sua fidanzata. Ma il Web non è solo felicità. Protagoniste del docu-web anche storie di infelicità tecnologica, di sogni e difficoltà di chi solo grazie al web può continuare a lavorare da casa, per gravi problemi familiari.	Parlare con le macchine usando lo stesso linguaggio con cui comunichiamo tra umani è già possibile. Grazie alla semantic intelligence è stato realizzato un software con un compito ambizioso: fornire ai computer la capacità di comprendere il contenuto all'interno di un testo. Potremo uscire dal rigido schema della keyword che considera il testo per le parole di cui è composto senza attenzione al contenuto logico e dà luogo ad equivoci: se inseriamo in un motore di ricerca la parola "espresso" otterremo risultati su un treno, un giornale, un caffè. La tecnologia semantica permette l'analisi grammaticale, logica e concettuale del testo, proprio come avviene tra le persone. I calcolatori, grazie a particolari algoritmi, selezionano e organizzano ciò che hanno trovato, avendo cura del contesto in cui frasi e parole sono state inserite. L'ultimo software si chiama Cogito: ingegneri, programmatori, nonché linguisti ed umanisti, hanno analizzato le strutture logiche delle frasi e formulato algoritmi che rendono possibile estrarre le informazioni contenute in qualsiasi tipo di testo (documenti, pagine web, email, sms).

8° TEST
Prova di Comprensione della Lettura

10. Presenta vicende quotidiane della realtà italiana che sono nate su Internet.
    A   B

11. Si tratta anche di vicende vissute con tristezza da persone che usano Internet.
    A   B

12. Per il computer sarà molto più facile "capire" quello che cerca di comunicare un testo.
    A   B

13. Racconta storie che hanno avuto successo grazie a Internet.
    A   B

14. Viene data particolare importanza ai criteri logici proprio per evitare malintesi.
    A   B

15. La nuova tecnologia utilizza gli stessi criteri che usano le persone per capire quello che "vuol dire" un testo.
    A   B

16. Dietro alla nuova tecnologica ci sono esperti di vari campi scientifici.
    A   B

17. Cerca di capire se le persone hanno una relazione facile o difficile con la tecnologia.
    A   B

18. Permette di far conoscere agli altri le proprie emozioni e i momenti più importanti della propria vita.
    A   B

19. I computer terranno conto delle circostanze e della relazione delle parole le une con le altre.
    A   B

CELI 3

A.3 Legga il seguente testo e poi risponda alle domande poste.

Europa senza frontiere e mercato del lavoro

L'ISFOL, un istituto romano specializzato nei problemi della formazione e del lavoro, presenta ogni anno un rapporto sull'evoluzione della situazione italiana. Il rapporto recentemente presentato, lancia un appello piuttosto allarmato su due o tre questioni basilari che rischiano di incidere pesantemente sullo sviluppo italiano.

In primo luogo, le preoccupazioni dell'istituto sono rivolte al destino di molti italiani in Europa. La libera circolazione professionale dei nostri giovani nel continente senza frontiere è in pericolo. Il problema degli standard del livello formativo, infatti, rischia di mettere in pericolo l'interscambio tra i paesi della Comunità Europea. Da questo punto di vista l'Italia è in forte ritardo.

Ma il rapporto ISFOL non si limita a tracciare un identikit del sistema della formazione professionale in Italia. C'è un dato più importante di tutti: si tratta del calo dell'occupazione giovanile. Stavolta, esso non dipende soltanto da un'insufficiente offerta di lavoro, bensì anche dal calo demografico degli ultimi anni. Per la prima volta, quindi, calano in contemporanea sia gli occupati sia i disoccupati.

I più colpiti dalla disoccupazione sono i giovani diplomati (31,2 per cento) e quelli senza titolo di studio o in possesso della sola licenza elementare (31,8 per cento). Ad essere colpita, poi, dalla diminuzione del numero degli occupati è soprattutto la forza lavoro maschile. Per le donne, invece, si registra una crescita della loro presenza nel mondo del lavoro, ma, al contempo, anche un maggior livello di disoccupazione. La loro difficoltà d'inserimento deriva sia dalla mancanza di manodopera in determinati settori sia da fattori culturali.

Il dato nuovo nel mondo produttivo femminile è l'aumento del grado di scolariz-zazione: oggi le donne rappresentano il 40 per cento della forza lavoro laureata.

Dallo studio dell'ISFOL, comunque, emergono anche gli sforzi compiuti dallo Stato per sostenere l'occupazione giovanile. Per la prima volta, le regioni meridionali hanno avviato al lavoro più del 10 per cento del totale dei giovani che hanno potuto seguire questa via di ingresso nel mondo produttivo.

20. Che cosa rischia di mettere in pericolo l'interscambio tra i paesi della Comunità Europea?

(da un minimo di 7 a un massimo di 11 parole)

21. Da cosa dipende il calo dell'occupazione giovanile?

(da un minimo di 10 a un massimo di 15 parole)

22. Quali sono le categorie piu colpite dalla disoccupazione

(da un minimo di 13 a un massimo di 16 parole)

23. Qual è il dato nuovo nel mondo produttivo femminile?

(da un minimo di 6 a un massimo di 12 parole)

B. PROVA DI PRODUZIONE DI TESTI SCRITTI

B.1 Svolga una delle composizioni, scegliendola tra le due proposte:

1. Nonostante tutto, nella nostra società si continua a considerare le donne un tantino inferiori agli uomini... Lei cosa ne pensa?

   (Da un minimo di 120 a un massimo di 180 parole)

2. La televisione offre informazione, cultura e spettacolo. Secondo Lei, queste tre finalità incidono positivamente o negativamente sulla società attuale?

   (Da un minimo di 120 a un massimo di 180 parole)

B.2 Svolga uno dei compiti proposti, scegliendolo tra i seguenti:

1. **Ha conosciuto una persona durante un viaggio all'estero. Vuole conoscerla meglio, perciò le scrive una lettera in cui:**

   - domanda se crede nell'oroscopo e se lo legge frequentemente sui giornali;
   - descrive le caratteristiche del Suo segno zodiacale che secondo Lei corrispondono al Suo carattere;
   - propone un nuovo incontro.

   (Da un minimo di 80 a un massimo di 100 parole)

2. **È venuto/a a conoscenza del fatto che un amico/a d'infanzia di cui non aveva notizie da molti anni, vive in un altro Paese. Gli/Le scriva una lettera in cui:**

   - esprime il desiderio di rivederlo/la;
   - gli/le racconta di un episodio della Sua infanzia che avete vissuto insieme;
   - gli/le parli delle Sue attuali attività (lavoro, studi, tempo libero).

   (Da un minimo di 80 a un massimo di 100 parole)

CELI 3

3. Ha deciso di invitare un/un'amico/a a passare una serata insieme. Ha fatto quindi una ricerca su Internet, per decidere dove andare, con i seguenti risultati:

Notizia 1
Il delitto Pasolini

Sull'omicidio di Pier Paolo Pasolini esistono tante verità. Una rappresentazione teatrale del Teatro Ck. dal titolo "Delitto Pasolini. Una considerazione inattuale", vi racconterà il caso Pasolini come non lo avete mai sentito prima. Ma in fondo questo spettacolo è solo la storia di uno scrittore.
Importante: È obbligatorio presentare la tessera associativa del Teatro dell'Orologio. Costo 2€, durata 4 mesi. Il costo della tessera non è compreso nel prezzo del biglietto.
Prenota il tuo biglietto/tel. 06/5890736

Notizia 2
We Will Rock You

Musical ideato dai Queen che da 7 anni riscuote un successo clamoroso in Gran Bretagna e nei 14 Paesi dove è stato finora rappresentato.
Scritto e diretto da Ben Elton, con Brian May e Roger Taylor come supervisori, *We Will Rock You* comprende 24 tra i maggiori successi dei Queen e riflette le performance live della storica band.
Lo spettacolo che vedremo in Italia vede la partecipazione attiva di buona parte dello staff originale che suonerà dal vivo le canzoni di *We Will Rock You*: queste saranno cantate in inglese mentre i dialoghi verranno recitati in italiano.
Prenotazioni 06/7951238

Notizia 3
Walking with dinosaurs

Dopo 65 milioni di anni i dinosauri riappaiono sulla Terra. I giganti della preistoria hanno fatto ritorno e presto approderanno in Italia con uno spettacolo sorprendente che avrà come protagonisti dinosauri a grandezza naturale. Non si tratta né di un film né di una mostra paleontologica!
Walking with Dinosaurs – The Live Experience è uno spettacolo teatrale vero e proprio, della durata di 96 minuti, suddiviso in due atti. Grazie all'uso di nuove tecnologie, un narratore guiderà gli spettatori con passione ed entusiasmo attraverso le ere, fornendo loro informazioni e raccontando la storia di questi esseri giganteschi, dalla loro comparsa sulla terra fino alla loro estinzione.
Prenotazione biglietti 06/8316459

Scrive quindi un messaggio al/alla Suo/a amico/a per proporgli/le di recarvi insieme a una delle tre manifestazioni. Nel messaggio:
- parla dei Suoi gusti per quanto riguarda le manifestazioni di carattere culturale;
- spiega perché vale la pena di andare alla manifestazione che ha scelto;
- fa delle proposte su ciò che ha intenzione di fare dopo lo spettacolo.

(Da un minimo di 80 a un massimo di 100 parole)

45 MINUTI

TEST 8

CELI 3

CERTIFICATO DI CONOSCENZA
DELLA LINGUA ITALIANA

Livello B2

C **Prova di Competenza Linguistica** *(20 punti)*

Nome e Cognome dello studente

Data

CELI 3

C.1 Completi i testi, inserendo una sola parola.

1. Non sparate sui compiti a casa

Il telegiornale ha trasmesso un (1) _____ sui compiti delle vacanze, con commenti di bambini (2) _____ li giudicano eccessivi e genitori che (3) _____ «si dovrebbe lavorare a scuola, non a (4) _____». È vero, la maggior parte del lavoro (5) _____ essere svolto a scuola, con il controllo dell'insegnante: la vacanza è vacanza. Ma ci (6) _____ dovrebbe rendere conto anche che la scuola oggi fatica (7) _____ lavorare con alunni sempre più fragili, distratti, catturati da altri interessi, già semplici consumatori, capaci di ragionamenti altrettanto semplici. La scuola prepara la (8) _____ futura, il che non è facile. La tv si ricorda della scuola solo per accusarla, dimostrare come sia superata, tiranna verso le povere vittime. Siamo sicuri che questi ragazzi (9) _____ vittime della scuola e non degli interessi, o del disinteresse, di altri? Comprese, spesso, le famiglie? Le famiglie sono distratte, i genitori spesso lavorano tutti e due, seguire un bambino non è facile, ancora meno un adolescente. D'altra parte la pubblicità martella i giovanissimi senza pudore e senza sosta. I genitori si spaventano e/o (10) _____ annoiano a seguire i figli, a collaborare alla loro educazione. Genitori che vorrebbero evitare tutto (11) _____ che per i loro figli è impegnativo, non solo i compiti, ma anche educazione sessuale, educazione stradale, che tutto avvenga (12) _____ dai loro occhi e dall'impegno di correggere, rinforzare, tollerare, richiamare. La scuola resta centrale nella costruzione della personalità di un giovane con il sapere che impartisce e con la disciplina che richiede. Ma il compito della scuola rischia di vanificarsi se non è integrato dall'azione delle (13) _____. I "compiti per le vacanze" alla fine sono meno preoccupanti della cattiva pubblicità.

2. "Billionairexchange", il sito d'aste per soli ricchi

Uno *yacht* da 2,7 milioni di dollari; una Ferrari Enzo del 2003 da 1,5 milioni di dollari; un iPhone tempestato di diamanti dal valore di più di 12 mila euro. C'è davvero l'imbarazzo della scelta. Ma l'accesso a questo particolare sito d'aste online è riservato ad un club molto esclusivo: di soli milionari. Non poteva che chiamarsi *Billionairexchange* il primo sito di aste privato sul web (14) _____ a tutti i milionari che, messi in (15) _____ dalla crisi economica, cercano di recuperare liquidità, cedendo al miglior offerente beni di lusso, come mega-yacht, fuoriserie e gioielli di famiglia. Il portale è una via di mezzo (16) _____ il più popolare e-Bay e la prestigiosa casa d'aste *Sotheby's*. (17) _____ davvero di tutto. E c'è chi giura che l'affare è dietro l'angolo. Naturalmente soltanto per (18) _____ se lo può permettere. Infatti, ai possibili (19) _____ viene chiesto il possesso di un patrimonio verificabile di almeno 2 milioni di dollari. Il successo sembra garantito: la società fa pagare a chi vende il 5% delle vendite. «A causa delle attuali condizioni economiche vediamo un (20) _____ di gente che ha bisogno in realtà di vendere certi beni di lusso e (21) _____ ha bisogno di un luogo discreto e privato, in modo (22) _____ non doversi vergognare o imbarazzare», ha spiegato all'agenzia *Reuters* il cofondatore della compagnia, affermando di avere tra gli iscritti già 26 mila (23) _____ «multimilionari» e circa «una dozzina» di miliardari. Non mancherebbero i nomi celebri come sportivi professionisti e attori famosi.

8° TEST
Prova di competenza linguistica

C.2 Colleghi le frasi in modo da ottenere un unico periodo con le forme di collegamento adatte. In caso di necessità, elimini o sostituisca alcune parole (trasformi, dove lo riterrà necessario, i verbi nella forma, nel modo e nel tempo opportuni).

24. • Ora ho spedito una lettera.
    • Ho spedito una lettera per tuo padre.

25. • Stasera non vengo a teatro.
    • Stasera vado subito a letto.

26. • Il caffè è una bevanda.
    • Il caffè dà la carica.
    • Il caffè è dannoso alla salute.
    • Il caffè fa male alla salute quando è bevuto in grandi quantità.

27. • Vorrei andare al cinema.
    • Al cinema danno un film noioso.
    • Resto a casa.

28. • Non stimo più quelle persone.
    • Non trovo simpatiche quelle persone.
    • Evito quelle persone.

29. • Mangio il primo.
    • Non mangio il secondo.
    • Non posso mangiare altro.

30. • La polizia ha fermato i ragazzi.
    • La polizia ha interrogato quei ragazzi.
    • I ragazzi erano sospettati di una cosa.
    • La cosa era che avevano rubato.

CELI 3

C.3 Completi le frasi con la parola opportuna (verbo, sostantivo, aggettivo, avverbio), formandola da quella data, scritta a lettere maiuscole.

31. Il _____ si differenzia dal parlato, come la musica si differenzia dal rumore.
    CANTARE

32. Tutti coloro che amano il _____, potranno recarsi a Viareggio dove, come ogni anno, si apre il sipario di un particolare e straordinario teatro a cielo aperto, in cui si svolgerà il Carnevale di Viareggio.
    DIVERTIRE

33. Quando si perdono i sensi, si verifica la perdita della _____ di sé e dell'ambiente esterno.
    CONSAPEVOLE

34. È raro trovare nel panorama delle tradizioni folkloristiche italiane una festa di origini così antiche come è la _____ dei Ceri di Gubbio ed al tempo stesso così intensamente vissuta da un'intera cittadina.
    CORRERE

35. Per vedere i nuovi film in 3D, occorre utilizzare gli appositi occhiali, ritirati _____ alla cassa.
    PRECEDENTE

25 MINUTI

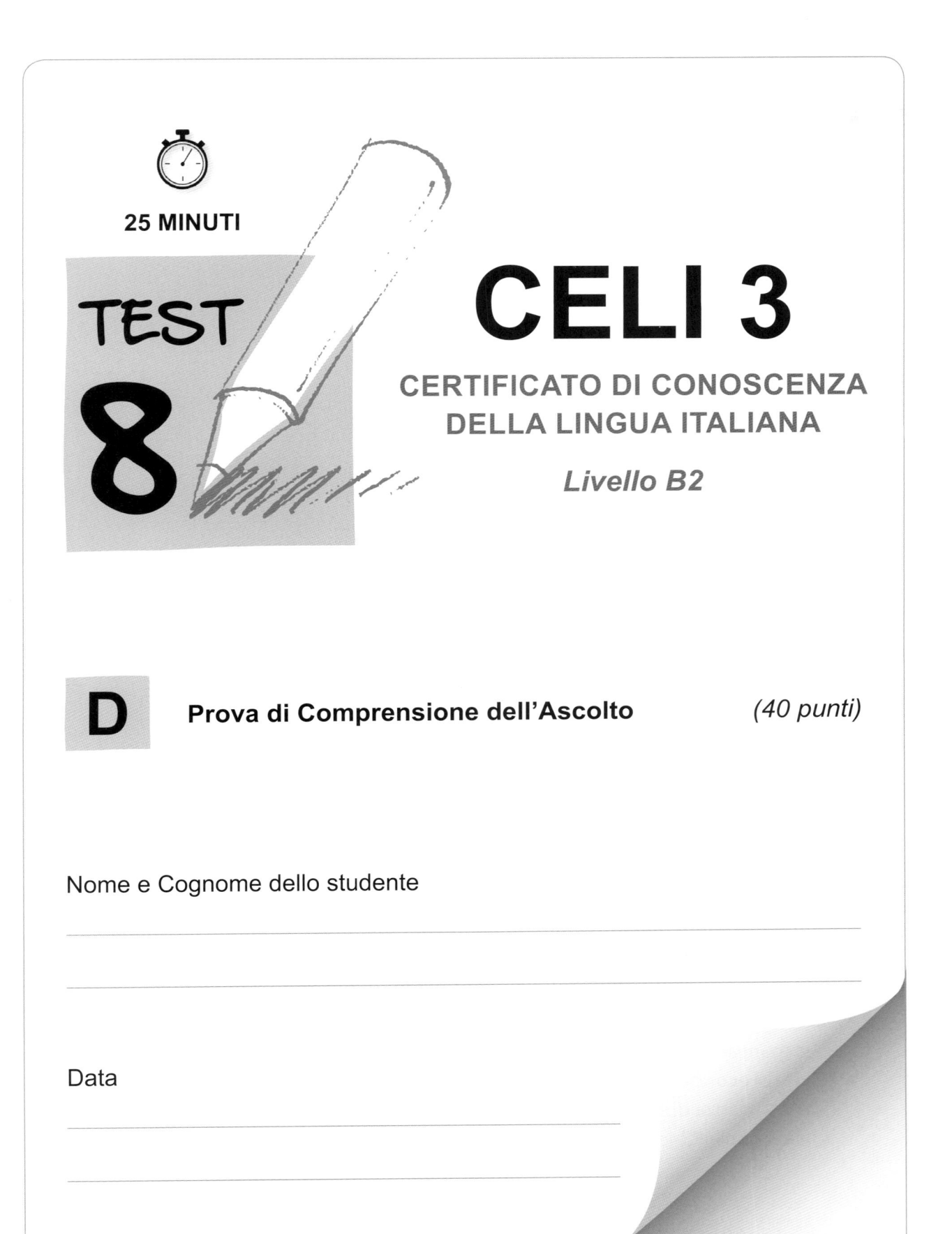

TEST 8

CELI 3

CERTIFICATO DI CONOSCENZA DELLA LINGUA ITALIANA

Livello B2

D   **Prova di Comprensione dell'Ascolto**   *(40 punti)*

Nome e Cognome dello studente

Data

CELI 3

Traccia 22 AUDIO

D.1 Dopo aver ascoltato il testo, segni con una X la lettera a.b.c.d. che corrisponde all'affermazione precisa tra le quattro che Le vengono proposte (il testo verrà ascoltato due volte).

1° testo

1. Per venire incontro alle famiglie
    a. sono state avviate più di 500 pratiche di sfratto.
    b. lo Stato ha assicurato un assegno di sostegno.
    c. sono stati ridotti gli affitti.
    d. è stato creato un conto bancario per i casi più gravi.

2. Una famiglia in particolare
    a. è in ritardo nel pagamento dell'affitto.
    b. ha chiesto in anticipo i soldi dell'affitto.
    c. ha affittato la casa ad un prezzo fuori legge.
    d. ha chiesto ospitalità.

3. Molti giovani credono che
    a. in futuro ci sarà più libertà.
    b. non si sposeranno perchè hanno paura.
    c. in futuro saranno meno liberi.
    d. la libertà spesso sia a portata di mano.

4. Ai nostri giorni
    a. molti giovanni sono disoccupati.
    b. hanno paura di lasciare i genitori.
    c. non vanno in Chiesa.
    d. hanno fiducia nel futuro.

5. La causa profonda della crisi dei valori della famiglia è
    a. la mancanza di lavoro.
    b. la crisi economica.
    c. la mancanza di speranza nel futuro.
    d. la crisi della Chiesa.

8° TEST
Prova di Comprensione dell'Ascolto

2° testo

Traccia 23

6. **Le donne milanesi**
   a. hanno paura di mettere al mondo dei figli.
   b. hanno paura della morte.
   c. sono al centro di indagini antropologiche e psicanalitiche sul fumo.
   d. sono sorprese dai risultati dell'indagine sul fumo.

7. **La campagna contro il fumo che si è svolta a Milano**
   a. ha avuto grande successo tra le donne.
   b. ha avuto grande successo tra la popolazione maschile.
   c. ha visto le donne protagoniste.
   d. ha messo in evidenza che l'emancipazione femminile ha anche conseguenze negative.

8. **Le donne fumano molto perché**
   a. sono protagoniste del progresso e dello sviluppo economico e sociale.
   b. sono particolarmente affaticate dal lavoro.
   c. ne hanno bisogno.
   d. non credono che i danni siano poi così gravi.

9. **L'aspetto**
   a. conta più per gli uomini che per le donne.
   b. per le donne, è meno importante che in passato.
   c. rimane al centro degli interessi dell'universo femminile.
   d. dipende dal reddito.

10. **Per convincere le donne a non fumare**
    a. si dovrebbero prendere a pretesto spiegazioni legate all'istinto.
    b. si dovrebbe spiegare in modo più semplice il rapporto tra tumore e fumo.
    c. si dovrebbe diminuire il prezzo di alcune terapie.
    d. si dovrebbe dare più spazio alle campagne antifumo.

CELI 3

Traccia 24 AUDIO

D.2 Dopo aver ascoltato il testo, completi le informazioni con un massimo di quattro parole (il testo verrà ascoltato due volte).

11. Rivedo nella mia fantasia _____ da toletta

12. La corsa verso il treno… e, infine, _____, l'immagine della donna

13. Trasforma ogni mio viaggio _____

14. Sistemare i libri, gli occhiali e una rivista _____

15. Cercai di distrarmi con un _____ il collo della bottiglia d'acqua minerale nell'apposito sostegno di plastica sulla parete

16. Si riconosce l'anima del vero viaggiatore _____

17. Un viaggiatore, così esperto, non aprirà mai un finestrino _____

18. Spesso mi ero divertito a confondere i miei casuali _____, lasciandoli nel dubbio

19. Si era già seduta _____ sulle gambe

20. A qualcirsi, sotto il peso della borsa, buttata, _____ una sull'altra.

15 MINUTI

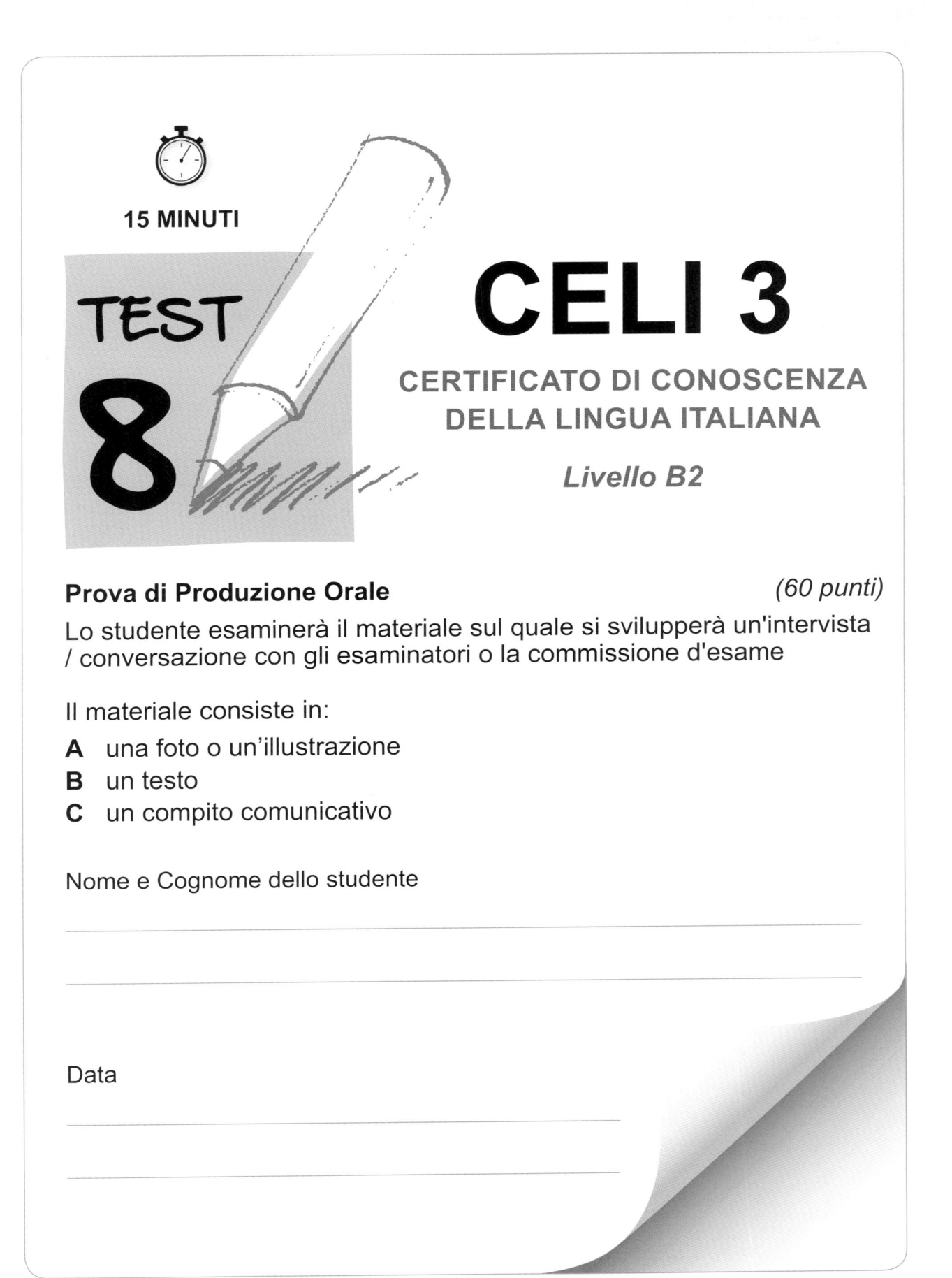

TEST 8

CELI 3

CERTIFICATO DI CONOSCENZA DELLA LINGUA ITALIANA

Livello B2

Prova di Produzione Orale *(60 punti)*

Lo studente esaminerà il materiale sul quale si svilupperà un'intervista / conversazione con gli esaminatori o la commissione d'esame

Il materiale consiste in:

- **A** una foto o un'illustrazione
- **B** un testo
- **C** un compito comunicativo

Nome e Cognome dello studente

Data

CELI 3

A Lo studente dovrà descrivere la foto e rispondere alle eventuali domande che gli verranno poste.

Domande guida

- Descriva quello che è rappresentato nella foto.
- Sono sempre più i vacanzieri che cercano di lasciarsi alle spalle stress e inquinamento per ricaricarsi di energia fisica e mentale. Ha mai fatto una simile vacanza? Cosa ne pensa?
- Quali sono, nel Suo Paese, le regioni che permettono vacanze di questo genere, a diretto contatto con la natura?

8° TEST
Prova di Produzione Orale

B Lo studente, dopo aver letto il testo, deve riassumerlo e rispondere alle domande che eventualmente gli verranno poste.

Come superare il disagio giovanile

Come reagiscono gli adolescenti agli eventi che generano stress a scuola, in famiglia, nel confronto con l'altro sesso? Una tesi svolta per il corso di laurea in Scienze dell'Educazione cerca di analizzare il disagio giovanile, attraverso l'analisi del *coping*, la strategia che gli adolescenti elaborano per affrontare le situazioni che causano maggiori problemi e vere e proprie crisi nel periodo della crescita e dello sviluppo. Il significato letterale di *coping* è far fronte, fronteggiare. Il *coping* è una strategia fondamentale per il raggiungimento del benessere individuale. Il primo capitolo della tesi «Le strategie di coping nell'adolescenza» esamina le diverse teorie sul concetto di benessere e sui suoi aspetti psicologici, a cominciare dalla salute mentale positiva. Sotto questo profilo diventa fondamentale esaminare come nell'adolescente si sviluppano le capacità di crescere, di svilupparsi e autorealizzarsi, di nutrire atteggiamenti positivi verso sé e gli altri, di esercitare il controllo nell'ambiente e nelle relazioni sociali. Nel secondo capitolo viene sviluppato più in dettaglio il concetto di *coping*, con le teorie di vari studiosi. Il terzo e ultimo capitolo della tesi presenta le risposte, i comportamenti e le strategie di *coping* messe in atto dai ragazzi contro le situazioni stressanti che affrontano nella loro particolare fase di vita. L'adolescenza non viene considerata nei suoi aspetti di età di transizione e di povertà di valori, ma come un momento ben definito, dove i ragazzi che si trovano di fronte a cambiamenti fisici, mentali e sociali si ricostruiscono la propria identità. Vengono poi analizzate le differenze di genere e la diversa modalità di affrontare le situazioni difficili, l'influenza sociale, la cultura e il contesto. Tra le situazioni tipiche esaminate: gli insuccessi scolastici, i problemi all'interno del nucleo familiare e con il gruppo di pari.

Domande guida

- Riassuma il testo.
- Spesso gli adulti giustificano il "disagio giovanile" come il bisogno sfrenato di un ragazzo di seguire la moda. Si dice che un ragazzo è inquieto perché vuole fare parte di un gruppo di coetanei, seguire le loro mode, farsi piacere anche musiche, canzoni, che non capisce. A questo disagio, è poi collegata l'inevitabile conseguenza dell'incomprensione. Ma le cose stanno veramente così?
- I giovani sono degli incompresi? Lo sono realmente o lo sono diventati a furia di sentirselo dire da tutti, genitori, parenti, amici più grandi, insegnanti, educatori?
- I Quali sono, secondo Lei, le cause che nella società moderna generano l'incomprensione tra giovani e adulti?

CELI 3

C **Lo studente deve essere in grado di svolgere il compito assegnato, nella seguente situazione.**

È in vacanza in una città d'arte italiana, in compagnia di un'amica. Propone, di conseguenza, di passare l'intero pomeriggio al museo. La Sua amica non è d'accordo perché preferirebbe andare in giro per i negozi del centro per fare acquisti.
Cerchi di convincerla ad andare insieme al museo, chiarendo quali sono gli aspetti più interessanti di tale visita.

2 ORE E 15 MINUTI

TEST 9

CELI 3

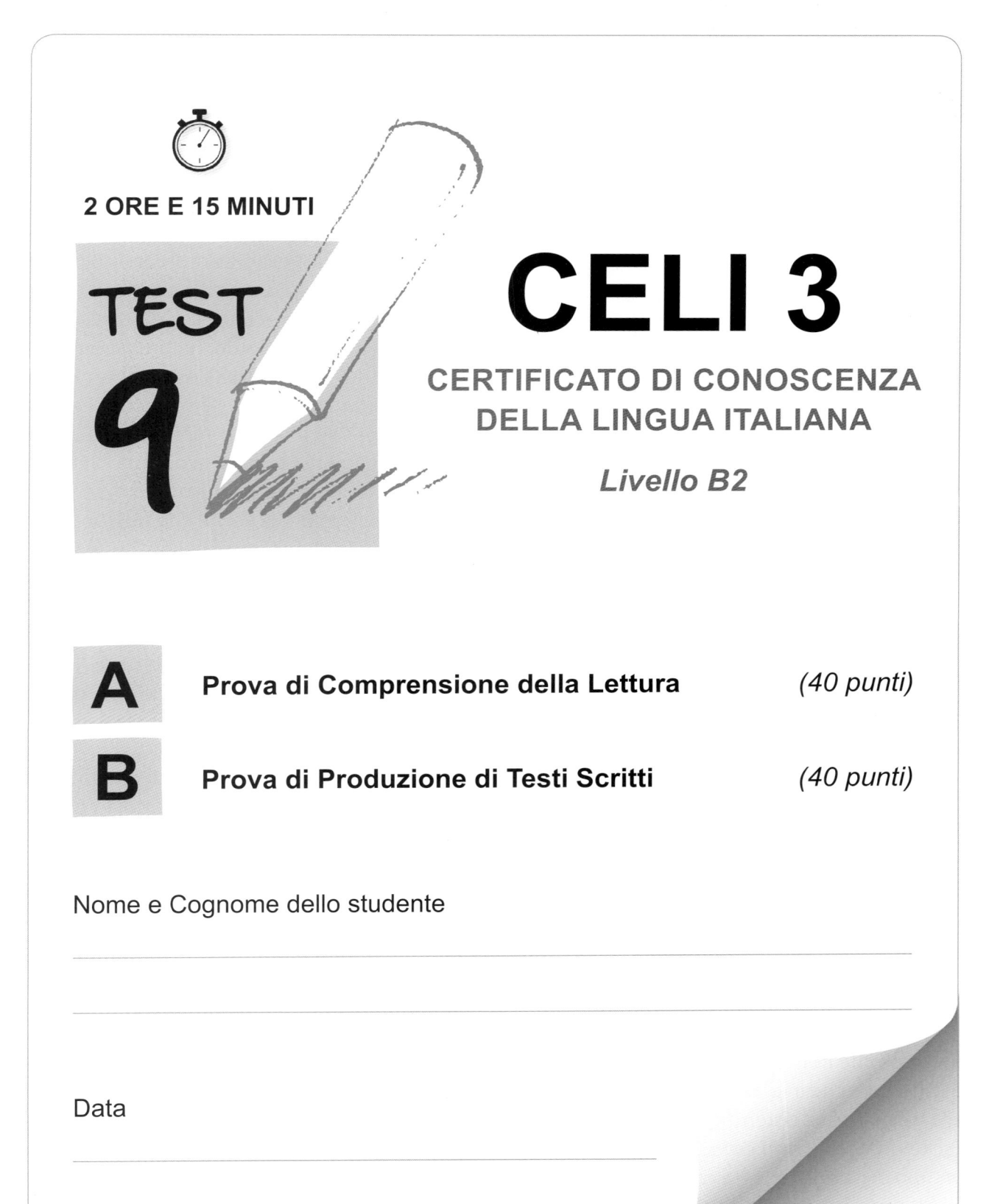

CERTIFICATO DI CONOSCENZA DELLA LINGUA ITALIANA

Livello B2

A   **Prova di Comprensione della Lettura**   *(40 punti)*

B   **Prova di Produzione di Testi Scritti**   *(40 punti)*

Nome e Cognome dello studente

Data

CELI 3

A. PROVA DI COMPRENSIONE DELLA LETTURA

A.1 Legga i seguenti brani. Metta una X vicino alla lettera a.b.c.d. che corrisponde all'affermazione precisa tra le quattro che Le vengono proposte.

1° TESTO

Slow Economy

Esempio numero uno. Sono fermo in coda in tangenziale. Io e migliaia di altre automobili. Bloccati. Stiamo facendo tardi al lavoro, i nostri appuntamenti stanno saltando, contiamo nella nostra mente i giorni di vita che passiamo in queste condizioni. Risultato in termini economici: sto consumando benzina, ho pagato il biglietto in autostrada. Il Pil, Prodotto interno lordo, ha un incremento. Esempio numero due. Sono un neolaureato, ho davanti a me due strade: fare l'insegnante perché lo sento come una missione oppure andare a lavorare in una banca d'affari. Se scelgo la seconda strada, i guadagni che otterrò e farò ottenere alla mia società incideranno molto di più sul Pil rispetto a uno stipendio statale da insegnante. Risultato: è meglio in termini economici vendere prodotti finanziari che insegnare filosofia, storia o diritto ai cittadini di domani. Insomma, secondo i criteri di valutazione correnti, la qualità della vita individuale, oppure le scelte che possono incidere sulla collettività e cambiare in meglio la società, sono al di là di ogni ragionevole buon senso. Meglio chiusi in macchina in tangenziale. Meglio guadagnare tanto e rinunciare a ogni ideale e forse alla propria felicità.

È stata chiamata "dittatura del Pil". L'Europa sta correndo ai ripari poiché si è capito che i parametri per misurare la qualità della vita di una nazione non possono essere solo i fattori economici. È nato il Fil, Felicità interna lorda. È un'idea orientale. È nata nel Bhutan, primo Stato a introdurre questa rivoluzione. Questo è il punto di partenza per parlare del nuovo libro *Slow Economy*. Da San Francisco a Pechino e ora a New York, l'autore negli ultimi anni ha lavorato a stretto contatto con le due superpotenze, quella americana, ormai una signora in preda a una profonda crisi di mezza età, e quella cinese, millenaria, ma rinata a nuova adolescenza dopo l'ingresso nel mercato. In questo mondo anfibio, è più facile vedere al di là dei pregiudizi e dei timori, le cose che possono essere prese a modello per una società occidentale sempre più affaticata.

Quali? Torniamo all'esempio del traffico. Quante volte è capitato nelle città americane di vedere sfrecciare accanto ai taxi incolonnati, biciclette-calesse guidati da ragazzi e ragazze in forma smagliante che portano uno o due passeggeri a destinazione, lasciando gli altri bloccati nel traffico? Anche quella dei *risciò* è un'idea orientale. Prima era simbolo di sfruttamento coloniale, trapiantata in America è diventata un'altra cosa: risparmio, velocità, emissioni zero, stress zero. In altre parole, esiste in Oriente un modello di sviluppo che, nonostante la furia del neocapitalismo e l'ansia di un Paese che non ha ancora sconfitto la povertà di massa, ha in sé fattori molto diversi dal modello occidentale che in questi ultimi anni ha mostrato tutti i suoi limiti, dalla distruzione dell'ambiente alla demolizione sistematica dei diritti del lavoro.

Esiste una *new green economy* che parla cinese, nonostante la corsa di Pechino al petrolio. Esiste un tipo di consumo che a causa della crisi l'Occidente sta riscoprendo che è moderato, nonostante il Made in China viva sul nostro consumismo. Esiste in tutta l'Asia un'idea di futuro che è ottimista, nonostante i gravi problemi di povertà e malnutrizione ancora aperti. Esiste un modo giapponese di affrontare il mercato del lavoro che dimostra che nel paese più tecnologico del mondo la manodopera aumenta anziché essere sostituita dalle macchine. Tutto questo è *Slow*, ma non è lento per niente. Succede, succederà, sta succedendo.

9° TEST
Prova di Comprensione della Lettura

1. **Secondo l'articolo**
   a. fare l'insegnante assicura alle società un futuro migliore.
   b. guardare al futuro fa parte delle responsabilità degli insegnanti.
   c. per migliorare le società occorre aumentare lo stipendio degli insegnanti.
   d. considerare unicamente il guadagno mette in pericolo il futuro delle società.

2. **Al giorno d'oggi le società sono spinte**
   a. dalla necessità di guadagnare sempre di più.
   b. dal buon senso.
   c. dal bisogno di migliorare la qualità della vita.
   d. dallo sviluppo economico.

3. **L'autore del libro *Slow Economy***
   a. si è reso conto che gli odierni parametri economici sono esatti.
   b. ha avviato una rivoluzione contro la Dittatura in Bhutan.
   c. ha analizzato le più grandi economie del Pianeta.
   d. ha proposto una soluzione alla crisi americana.

4. **Nel testo si parla di**
   a. mezzi di trasporto alternativi alle automobili che sono spesso bloccate nel traffico cittadino.
   b. mezzi di trasporto che rappresentano lo sfruttamento coloniale.
   c. nuovi mezzi di trasporto in Cina, dopo l'ingresso nel mercato.
   d. opportunità di sviluppo dei mezzi di trasporto per i Paesi del mondo occidentale.

5. **Lo sviluppo economico dei Paesi orientali**
   a. fra qualche anno supererà quello dei Paesi occidentali.
   b. presenta dei parametri diversi da quelli dei Paesi occidentali.
   c. ha sconfitto la povertà.
   d. ha già mostrato i suoi limiti.

CELI 3

2° TESTO

Darwin ha ragione anche in medicina

Negli Stati Uniti si sta facendo sempre più strada una nuova "medicina alternativa". Ma non è altra nel senso più comune del termine. Non si tratta dell'ennesima pratica orientale e millenaria, bensì di un modo nuovo di considerare la salute e la malattia dell'uomo: è la "medicina darwiniana", così chiamata in quanto si ispira ai principi della selezione naturale di Charles Darwin. Se la salute è il risultato dell'adattamento della nostra specie all'ambiente, perché non possono esserlo anche alcune malattie? È questa la provocatoria questione su cui si basa la teoria: contrariamente alla medicina tradizionale non guarda all'uomo come a un insieme di organi funzionali, che di tanto in tanto si guastano dando luogo alle malattie, ma come a un membro della specie umana. La nostra specie si è evoluta e adattata biologicamente alla savana del Pleistocene: la comparsa delle "patologie della civilizzazione" (malattie cardiovascolari, cancro, allergie, asma) si spiega perciò con il fatto che l'organismo umano non è adatto all'ambiente in cui oggi vive e che muta velocemente sotto la spinta della società e della cultura moderne. Niente che non fosse già stato detto, dunque. Ma due biologi Randolph Nesse e George Williams hanno dato ordine alle idee, proponendo, addirittura, di istituire specifici corsi universitari sulla teoria evoluzionista nelle facoltà di medicina degli Stati Uniti. Su tre aree principali si muove la lettura medico-darwiniana: le malattie infettive e immunologiche, quelle ereditarie, quelle psichiatriche. Si vede così, ad esempio, che il cancro è il prezzo che dobbiamo pagare per avere sviluppato dei meccanismi che riparano i tessuti; che i disordini immunitari è quanto dobbiamo in cambio di un sistema immunitario raffinato; che l'ansia è il corrispettivo della risposta adattiva ai pericoli. Alcune abitudini "sbagliate" avrebbero contribuito a far saltare i meccanismi di adattamento: la dieta ricca di grassi e di sali, ad esempio, è in contraddizione con l'uomo pleistocenico che è in noi, nato per sopravvivere a periodi di carestia, cosicché ne ricaviamo malattie cardiovascolari, cancro, disturbi alimentari (anoressia, bulimia) e obesità. Da questo punto di vista, sembrerebbe più saggio agire sull'ambiente piuttosto che accanirsi sulle malattie: vivere in ambienti più naturali significa anche vivere in modo più "fisiologico". L'invito rivolto ai medici è di guardare ai meccanismi patologici con più rispetto e di non forzare troppo la natura. Perché curare i sintomi che spesso sono invece la risposta dell'organismo alla causa stessa della malattia? Non bisogna, allora, riconsiderare molte strategie terapeutiche? Gli psichiatri, ad esempio, dovrebbero essere più attenti nell'uso di psicofarmaci che bloccano le emozioni, anche se si esprimono attraverso forme depressive, dato che queste originano da meccanismi di difesa ancora sconosciuti. Con il progresso delle tecnologie mediche, c'è il rischio di andare a modificare senza volerlo funzioni benefiche per l'umanità: in futuro la terapia genica potrebbe eliminare le malattie ereditarie. Ma studiando la loro origine, per esempio, si è visto che i portatori del gene dell'anemia non si ammalano di malaria.

9° TEST
Prova di Comprensione della Lettura

6. **La medicina darwiniana**
   a. ha avuto origine migliaia di anni fa.
   b. adotta terapie che sostituiscono quelle della medicina tradizionale.
   c. segue i criteri espressi da Charles Darwin.
   d. considera il rapporto tra salute e malattia in modo tradizionale.

7. **L'organismo umano**
   a. è un insieme di organi soggetti alle malattie.
   b. è sensibile all'evoluzione dell'ambiente.
   c. ai nostri giorni si ammala meno spesso che nel passato.
   d. si trasforma in conseguenza delle malattie.

8. **All'origine delle malattie ci sono**
   a. adattamenti dell'organismo all'inquinamento.
   b. le risposte dell'ambiente ai meccanismi di adattamento.
   c. lo sviluppo, da parte dell'uomo, di meccanismi di difesa raffinati.
   d. l'evoluzione biologica.

9. **Per curare le malattie i medici dovrebbero focalizzare l'attenzione**
   a. sui meccanismi patologici.
   b. sui sintomi prima che sia troppo tardi.
   c. sull'ansia che ai nostri giorni colpisce molte persone.
   d. eliminando quei medicinali che creano dipendenza psicologica.

CELI 3

A.2 Legga i due brani indicati rispettivamente con la lettera A e B. Abbini successivamente le frasi sottoelencate segnando A quando la frase si riferisce al brano A, segnando B quando la frase si riferisce al brano B.

Musica e giovani

TESTO A	TESTO B
Può esistere l'adolescenza senza musica? Probabilmente no, visto che la musica ha sempre occupato uno spazio importante nel mondo giovanile, soprattutto negli ultimi cinquant'anni. Ma oggi le cose sono cambiate, ragionano un musicista e uno psicoterapeuta: dalla contestazione e la disobbedienza degli anni Sessanta e Settanta, si è passati all'utilizzo vero e proprio degli adulti come dispensatori di risorse, un fenomeno sempre più forte negli ultimi due decenni. E la musica, peraltro, resta a fare da scenario, più che da elemento di trasformazione di sé, o viene utilizzata come elemento di competizione, la stessa che il mondo degli adulti spesso richiede: e a cui si adeguano. "I giovani e la musica. Da Woodstock ai giorni nostri" è il titolo dell'incontro che si terrà oggi alle 21 alla scuola di Psicoterapia Comparata. Protagonisti del confronto sono Gianni Martini, per 18 anni collaboratore di Giorgio Gaber, presidente della scuola di musica genovese *Music Line*, che da sempre accompagna l'attività di insegnamento e di palco ad una costante riflessione su tutto ciò che costituisce il mondo della musica, e Gianni Nobile, psicoterapeuta e docente presso la scuola di Psicoterapia Comparata.	Quattro giorni di concerti gratuiti, dal 20 al 24 giugno. Milano torna a celebrare i suoni dal mondo con la quarta edizione della Festa della Musica, la rassegna che l'anno scorso portò centomila giovani in piazza Duomo con l'esibizione di Manu Chao. «Abbiamo subìto dei tagli sui finanziamenti da parte del Comune» spiega Viviana, ideatrice della manifestazione e presidente dell'Associazione Festa della Musica. Tra le novità annunciate ci sarà Cesaria Evora, da Capo Verde e due artisti del Mali, Ballakè Sissoko e Rokia Traorè. Un'altra presenza assai interessante, per la prima volta nella nostra città, è quella dell'orchestra di Abdel Gadir Salim, dal Sudan. Tutti i concerti, come di consueto, saranno gratuiti, alcuni ancora in cerca di uno spazio definitivo in strade e piazze del centro. Grazie alla collaborazione con Messaggerie Musicali, da ieri è anche disponibile il nuovo sito Internet della rassegna (www.festadellamusica.it): organizzato sia per fornire informazioni, dettagli e aggiornamenti sul programma, sia per dare la possibilità ai gruppi musicali di prenotare già da ora un'esibizione.

9° TEST
Prova di Comprensione della Lettura

10. La musica è particolarmente importante per i giovani.
    A   B

11. L'incontro ha suscitato particolare interesse anche grazie alla visibilità sui mezzi di comunicazione di massa.
    A   B

12. La musica rappresenta la colonna sonora che ha accompagnato i cambiamenti storici degli ultimi cinquant'anni.
    A   B

13. Negli ultimi decenni i musicisti hanno prodotto musica destinata per lo più a un pubblico adulto.
    A   B

14. L'incontro avviene nel momento in cui l'autore scrive l'articolo.
    A   B

15. Uno dei protagonisti dell'incontro si è fermato a ragionare sulla trasformazione del mondo della musica.
    A   B

16. Ci sono stati degli aiuti di carattere economico anche se minori del previsto.
    A   B

17. Ci sarà un'orchestra dal Sudan.
    A   B

18. Per ascoltare i musicisti che si esibiranno ai concerti, non sarà necessario pagare il biglietto.
    A   B

19. Alcuni artisti si esibiranno all'aperto.
    A   B

CELI 3

A.3 Legga il seguente testo e poi risponda alle domande poste.

L'era della *politica pop*, la nuova Repubblica fondata sul televoto

Oh, finalmente! Meglio tardi che mai! I professori di scienza politica prendono atto che la politica è così com'è e la definiscono *pop*: *politica pop*, per l'esattezza. Acceso dunque lo schermo, ecco che l'indagine degli specialisti può concentrarsi sull'importanza della televisione. Nel nuovo libro *Politica pop* il professor Mazzoleni analizza la terribile potenza della televisione che mette insieme realtà e finzione. Cinque secoli dopo Machiavelli, la politica ha perso la sua autonomia e si scopre dipendente dall'industria della cultura e dal mercato dell'intrattenimento. Se in passato la politica si imponeva con la forza delle idee, dei progetti, delle identità, oggi si scopre prigioniera delle emozioni. L'estetica ha preso il posto dell'etica. In Italia, a partire dagli anni Ottanta, la politica è sempre più diventata commedia. Con pazienza l'autore cerca di mettere ordine a una materia che sembra più che altro una marmellata. Vengono analizzati ben 25 programmi televisivi con grafici e tabelle. Si tratta in ogni caso di uno sguardo tanto più utile quando più arriva a esaminare gli effetti che tutto questo ha creato sul sistema democratico. E le conclusioni appaiono come minimo problematiche, perché se c'è una scuola di pensiero che esprime preoccupazione di fronte al matrimonio tra politica e divertimento, esistono anche studiosi che ritengono invece la *politica pop* perfettamente in linea con la cultura della partecipazione e la democrazia. La nuova frontiera politica sta ovviamente nel *reality*, ma c'è già chi propone il Grande Fratello come laboratorio di un consenso da esprimersi con il televoto. E allora non sai bene se pure le scienze umane si sono fatte *pop*, o se finalmente gli studiosi hanno smesso di perdere tempo.

20. Perché secondo l'articolo la televisione ha una potenza "terribile"?

(da un minimo di 6 a un massimo di 10 parole)

21. Come è cambiata la politica rispetto al passato?

(da un minimo di 7 a un massimo di 20 parole)

22. Quali sono gli aspetti interessanti della ricerca svolta dall'autore?

(da un minimo di 7 a un massimo di 13 parole)

23. Cosa hanno messo in luce le conclusioni della ricerca?

(da un minimo di 11 a un massimo di 17 parole)

B. PROVA DI PRODUZIONE DI TESTI SCRITTI

B.1 Svolga una delle composizioni, scegliendola tra le due proposte:

1. I ragazzi moderni sono attratti da nuove professioni, da nuovi tipi di lavoro: che cosa sogna Lei per il Suo avvenire?

   (Da un minimo di 120 a un massimo di 180 parole)

2. Un bene prezioso, per ognuno di noi, è rappresentato dalla buona salute: che cosa fa Lei per mantenersi in forma?

   (Da un minimo di 120 a un massimo di 180 parole)

CELI 3

B.2 Svolga uno dei compiti proposti, scegliendolo tra i seguenti:

1. Ha deciso, insieme ad alcuni amici, di fare qualcosa in favore dei delfini che spesso, rimangono catturati nelle reti dei pescatori. Perciò scrive un breve tazebao, cioè un annuncio, in cui:

   - espone il problema dei delfini;
   - propone delle soluzioni realistiche.

   (Da un minimo di 80 a un massimo di 100 parole)

2. Un/una Suo/Sua collega di lavoro è indeciso/a se trasferirsi negli Stati Uniti per seguire un corso di specializzazione. Avendo già fatto tale esperienza, gli/le scriva una lettera in cui:

   - parla delle differenze tra la vita in una città europea ed in una città statunitense;
   - gli/le presenta alcuni vantaggi o svantaggi cui va incontro;
   - esprime il Suo punto di vista, dandogli/le dei consigli.

   (Da un minimo di 80 a un massimo di 100 parole)

3. Un/un' amico/a che abita in Italia, ha deciso di iscriversi a un'associazione per la salvaguardia della natura, Le ha chiesto un consiglio. Scrive quindi una lettera al/alla Suo/Sua amico/a per esprimergli/le il Suo punto di vista. Nella lettera:

   - esprime la Sua opinione sulla distruzione dell'ambiente in generale;
   - comunica il Suo punto di vista sulla necessità di iscriversi a una associazione ambientalista;
   - gli/le consiglia a quale associazione iscriversi.

   (Da un minimo di 80 a un massimo di 100 parole)

45 MINUTI

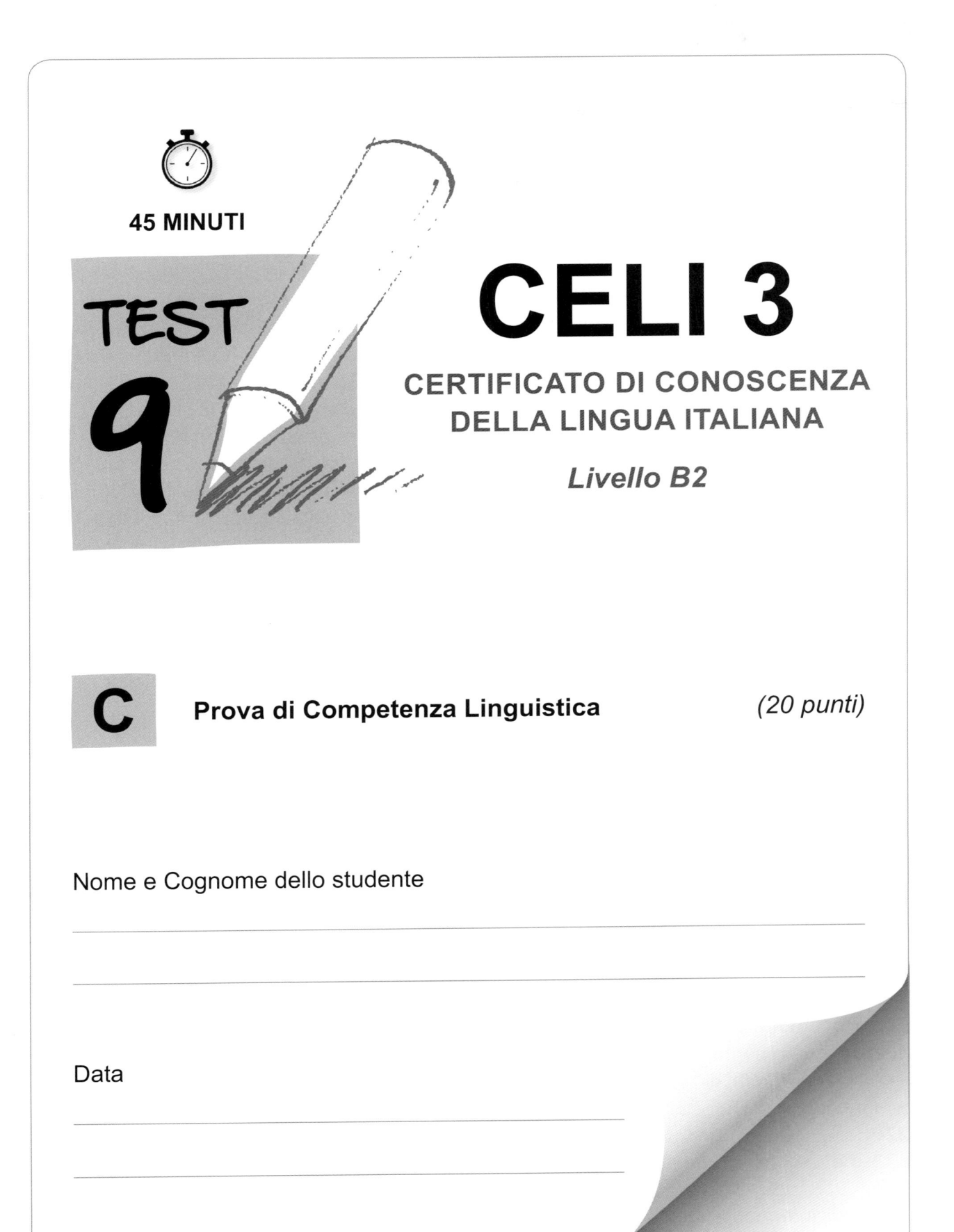

TEST 9

CELI 3

CERTIFICATO DI CONOSCENZA DELLA LINGUA ITALIANA

Livello B2

C Prova di Competenza Linguistica (20 punti)

Nome e Cognome dello studente

Data

CELI 3

C.1 Completi i testi, inserendo una sola parola.

1. Ditelo con la tecnologia. Ecco i *gadgets* del cuore

La passione fra gli italiani e la tecnologia si consuma a Natale. O meglio, (1) _____ dieci giorni che lo precedono. Poco meno di due (2) _____ che per i negozi di tecnologia valgono il 23% di tutte le vendite annuali. C'è solo un'altra festa (3) _____ può vantare record simili, ed è quella di San Valentino che (4) _____ la sua parte. A San Valentino vanno molto di moda (5) _____ apparecchi portatili come i lettori Mp3, le macchine fotografiche digitali, i navigatori satellitari, gli immancabili telefonini. Cose relativamente economiche da poter (6) _____ alla propria partner senza troppi sacrifici. Già, perché (7) _____ 70% dei casi sono gli uomini a comprare apparecchi tecnologici per San Valentino. (8) _____ da qualche anno diverse aziende del settore hanno cominciato a proporre i loro (9) _____ per la "festa degli innamorati" cercando di dargli un tocco di romanticismo. Operazioni di *marketing*, che in genere hanno lo scopo di sedurre le donne conquistando prima il portafoglio dei mariti e dei fidanzati. Qualche esempio? (10) _____ va dagli auricolari *bluetooth* (tecnologia che (11) _____ il collegamento con il cellulare senza bisogno di cavi) impreziositi da cristalli *Swarovski*, ai lettori *Mp3* rifiniti con (12) _____ sgargianti (in un caso si chiamano "Valentina") passando (13) _____ le macchine fotografiche digitali compatte, fino ai cellulari griffati o alle penne *usb* in metalli preziosi. Apparecchi da indossare, nella maggior parte dei casi. Oggetti tecnologici che (14) _____ travestono, o almeno ci provano, da accessorio alla moda. Magari da (15) _____ *online*, dove lo scorso anno le vendite nei giorni precedenti il 14 febbraio sono aumentate del 10% circa rispetto all'anno precedente.

2. La rivoluzione verde cambia il lavoro: 8 milioni di posti in più

Nell'arco di vent'anni 8 milioni di posti di lavoro nel mondo e 100 mila in Italia. È la spinta per (16) _____ dalla crisi economica e ambientale che l'energia verde è in grado (17) _____ assicurare puntando sulle fonti rinnovabili e sull'efficienza energetica. Lo afferma l'ultimo rapporto di *Greenpeace*. Un eccesso di ottimismo? Proviamo a spostarci indietro di qualche anno. Nel 2004 *Greenpeace*, assieme all'industria europea dell'eolico, ha previsto un incremento di (18) _____ dal vento, indicando anno per anno le stime di crescita. All'inizio l'aumento è un po' più (19) _____ del previsto, poi il mercato parte e accelera il passo fino a raggiungere una velocità superiore a quella immaginata. Analoghe sorprese ha rivelato il settore del fotovoltaico superando in un paio di occasioni le previsioni di *Greenpeace*. Succederà anche con quest'ultimo rapporto? I 100 mila nuovi posti di lavoro al 2030 rappresentano l'82 per cento di crescita rispetto allo scenario di riferimento. I tre quarti di questi nuovi occupati (20) _____ lavoro nel campo delle rinnovabili, gli altri nel settore dell'efficienza energetica. Con il boom dell'energia verde si svilupperanno nuove (21) _____: ecomanager, ricercatori per mettere a punto i brevetti, senza i (22) _____ l'innovazione è morta; certificatori per misurare i livelli di efficienza delle case e degli elettrodomestici; tecnici specializzati nel montaggio di pannelli solari; artigiani (23) _____ di costruire cappotti isolanti per le case; giardinieri per la manutenzione dei tetti verdi; informatici per regolare a distanza l'equilibrio della rete elettrica allargata con le *smart grid*.

9° TEST
Prova di competenza linguistica

C.2 Colleghi le frasi in modo da ottenere un unico periodo con le forme di collegamento adatte. In caso di necessità, elimini o sostituisca alcune parole (trasformi, dove lo riterrà necessario, i verbi nella forma, nel modo e nel tempo opportuni).

24. • Riordino la stanza.
    • Tu puoi dormire.

25. • Credo che sia tardi.
    • Riordino la stanza.
    • Arriva il medico.

26. • Ho finalmente conosciuto i tuoi amici.
    • Tu l'anno scorso hai fatto un viaggio con i tuoi amici.

27. • L'imputato non aveva commesso il reato.
    • L'imputato fu assolto.

28. • La domenica di solito dormiva fino a mezzogiorno.
    • Era pigro.
    • Durante la settimana si alzava prestissimo.

29. • Sergio segue una dieta rigorosa.
    • Sergio durante le feste ha mangiato e bevuto più del necessario.
    • Sergio è ingrassato.

30. • Conosco bene i tuoi amici.
    • I tuoi amici non mi sembrano così simpatici.
    • Tu dici una cosa.
    • La cosa è che i tuoi amici sono simpatici.

CELI 3

C.3 Completi le frasi con la parola opportuna (verbo, sostantivo, aggettivo, avverbio), formandola da quella data, scritta a lettere maiuscole.

31. Secondo le teorie scientifiche l'_____ consiste in un processo psichico che permette di imparare un nuovo comportamento.
APPRENDERE

32. Anche se era triste e delusa, le sue parole di conforto la potevano _____.
CONSOLAZIONE

33. L'articolo parla di un episodio _____ che l'autore ha vissuto nella sua infanzia.
UOMO

34. La maggioranza degli uomini, conosciute le esigenze dei tempi, fa ogni sforzo per migliorare _____.
ONESTO

35. La *Somma Teologica* di San Bonaventura da Bagnorea raccoglie le sue idee. Pregio dell'opera, pubblicata verso il 1257, è l'estrema _____, unita alla capacità di sintesi.
CHIARO

25 MINUTI

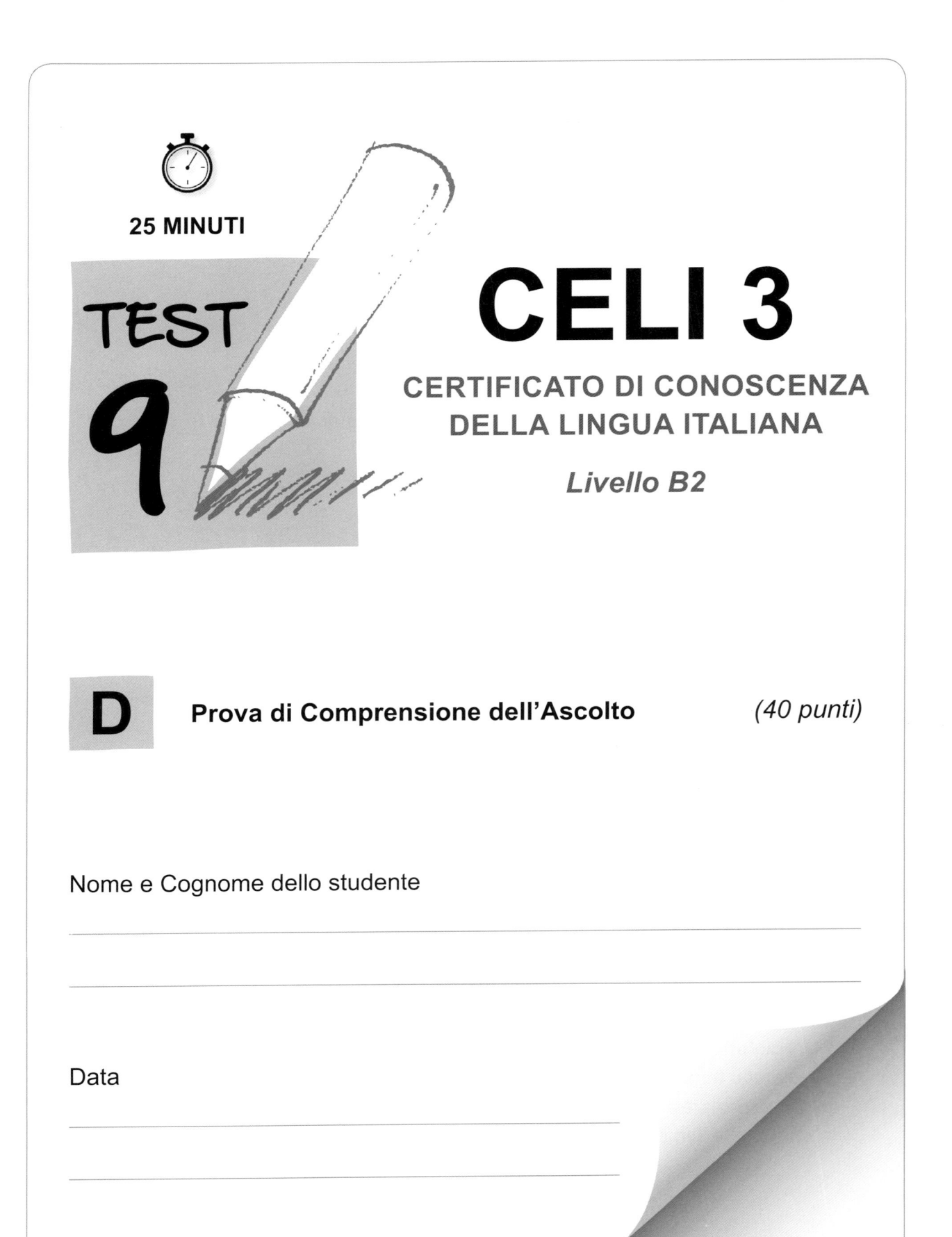

TEST 9

CELI 3

CERTIFICATO DI CONOSCENZA DELLA LINGUA ITALIANA

Livello B2

D **Prova di Comprensione dell'Ascolto** *(40 punti)*

Nome e Cognome dello studente

Data

CELI 3

Traccia 25 AUDIO

D.1 Dopo aver ascoltato il testo, segni con una X la lettera a.b.c.d. che corrisponde all'affermazione precisa tra le quattro che Le vengono proposte (il testo verrà ascoltato due volte).

1° testo

1. Il personaggio intervistato racconta che quando era giovane
   a. non voleva trasferirsi a New York.
   b. voleva produrre calzature con un marchio di fabbrica suo.
   c. non voleva iscriversi all'Università.
   d. ha rispettato i desideri di suo padre, per quanto riguarda gli studi.

2. I suoi familiari
   a. sono di nobili origini.
   b. vivevano nella stessa casa del nonno.
   c. si occupano di calzature da più generazioni.
   d. avevano aperto un'osteria di successo al paese di suo nonno.

3. Suo padre
   a. si è dedicato al lavoro con grande passione e rispetto per quello che faceva.
   b. un giorno ha deciso di mettersi in proprio.
   c. ha trasformato la casa in un laboratorio.
   d. spesso era assente a causa dei viaggi di lavoro.

4. L'intervistato sostiene che la dignità significa
   a. rispettare fino in fondo i valori in cui crediamo.
   b. divertimento.
   c. rispettare i propri figli.
   d. che ogni cosa ha il suo prezzo.

5. Parlando dei propri figli afferma che
   a. ha piu' attenzioni da dedicargli rispetto al passato.
   b. ha meno tempo da dedicargli, di quanto ne avesse quando era giovane.
   c. da' particolare attenzione ai nipotini.
   d. continua a dedicargli tempo come una volta.

9° TEST
Prova di Comprensione dell'Ascolto

2° testo

Traccia 26

6. L'aumento della temperatura della Terra
   a. ha ridotto le inondazioni.
   b. è avvenuto in meno di dieci anni.
   c. ha provocato un aumento dell'intensità delle piogge.
   d. ha causato la siccità in alcune regioni interne della Spagna.

7. L'equilibrio del clima del pianeta Terra
   a. è sconvolto.
   b. reagisce in modo appena percettibile.
   c. ne risente relativamente.
   d. provoca fenomeni che in fondo sono prevedibili.

8. L'aumento di mezzo grado della temperatura del Pianeta
   a. non è preoccupante per il momento.
   b. fa sviluppare i batteri più rapidamente.
   c. in Costa Rica blocca le zanzare all'interno del Paese.
   d. fa espandere i batteri e i virus in zone più ampie.

9. L'innalzamento della temperatura
   a. è provocato dallo strato di gas che si trova intorno al pianeta.
   b. è provocato dall'aumento delle radiazioni termiche che provengono dal sole.
   c. è un problema scientifico di relativamente facile soluzione.
   d. è la conseguenza dello sviluppo delle serre.

10. Il responsabile principale del riscaldamento naturale
    a. è l'effetto serra.
    b. è l'anidride carbonica.
    c. è il vapore acqueo.
    d. sono i combustibili fossili.

CELI 3

🔊 Traccia 27 **AUDIO**

D.2 Dopo aver ascoltato il testo, completi le informazioni con un massimo di quattro parole (il testo verrà ascoltato due volte).

11. Erano sempre attenti a non tradirsi o _____

12. Da ogni minimo episodio _____ di qualche importanza per le loro vite.

13. Il bagno era l'unico spazio _____

14. Non mettevo a fuoco _____, ma oltre.

15. Dopo una settimana ho trovato sul lavandino _____

16. Fiorenza teneva il suo shampoo in _____ da un litro

17. Dopo il cartello, ho preso a usarne molto più di _____

18. Le stavo consumando tutto lo shampoo e che _____ di quella situazione.

19. Stava aggrappato alla macchina da scrivere, in attesa che qualcuno _____

20. Quando siamo arrivati, abbiamo lasciato la macchina in un parcheggio, poi _____ a piedi.

15 MINUTI

TEST 9

CELI 3

CERTIFICATO DI CONOSCENZA DELLA LINGUA ITALIANA

Livello B2

Prova di Produzione Orale *(60 punti)*

Lo studente esaminerà il materiale sul quale si svilupperà un'intervista / conversazione con gli esaminatori o la commissione d'esame

Il materiale consiste in:

- **A** una foto o un'illustrazione
- **B** un testo
- **C** un compito comunicativo

Nome e Cognome dello studente

Data

CELI 3

A Lo studente dovrà descrivere la foto e rispondere alle eventuali domande che gli verranno poste.

Domande guida

- Descriva quello che è rappresentato nella foto.
- È all'ordine del giorno la battaglia tra coloro che indossano pellicce autentiche e le associazioni di animalisti che propongono pellicce sintetiche. Secondo Lei, la pelliccia è oggi un tabù nel Suo Paese?
- Cosa ne pensa degli animali da pelliccia uccisi crudelmente?

9° TEST
Prova di Produzione Orale

B Lo studente, dopo aver letto il testo, deve riassumerlo e rispondere alle domande che eventualmente gli verranno poste.

Il deserto: da luogo disprezzato a oasi dello spirito

Nell'Ottocento i geografi, segnalando i punti pericolosi della Terra, disegnavano sulle carte, chiamate carte della martirologia del deserto, delle icone come bare e croci. E l'area più pericolosa di tutte risultava sempre quella nord africana, fin dove arrivava il Sahara, che era piena di croci. Anche nello stretto di Drake, a sud di Capo Horn, che era considerato il mare più tempestoso del mondo, non mancavano i naufragi segnalati da disegni di navi in posizione verticale. Ma il Sahara manteneva la testa della classifica perché ai morti famosi bisognava aggiungere tutti gli sconosciuti, quei poveretti ignorati dalla grande storia e anche da quella minore, che non erano più tornati. Per millenni, il deserto ha attirato la curiosità degli uomini così come oggi viene attirata dai buchi neri nello spazio. Tutti sapevano che qui la morte arrivava lenta per la sete o per la fame. E dietro le dune c'erano predoni che non facevano prigionieri. Eppure fin dall'antichità il Sahara è stato attraversato da mercanti che trasportavano a sud il sale necessario a non morire di disidratazione, scambiandolo con schiavi, oro e avorio. Gli europei che capitavano da quelle parti adoperavano un unico termine per descrivere il Sahara: un luogo di desolazione. Tuttavia, a inizio Novecento, qualcosa del modo in cui gli europei si accostavano al deserto cominciò a cambiare. Scrittori come T. E. Lawrence descrivevano il fascino di sedersi all'alba intorno al fuoco per bere il tè bollente, mentre il cielo da nero diventava blu scuro e le montagne lontane sembravano merletti. In pochi decenni la desolazione diventò qualcosa di simile a un'oasi. Un posto dove le signore eleganti, scendendo dal gigantesco fuoristrada, raggiungevano l'estasi davanti alle dune a perdita d'occhio, mormorando: «Divino».

Domande guida

- Riassuma il testo.
- Si dice che un viaggio nel deserto sia un'avventura che ci porta al di fuori della solita vita e ci permette di vivere emozioni e sensazioni forti e sconosciute. È d'accordo con questa affermazione?
- Lei farebbe un viaggio nel deserto e perché? Quali sono secondo Lei gli aspetti positivi e quelli negativi di un tale viaggio?

CELI 3

C Lo studente deve essere in grado di svolgere il compito assegnato, nella seguente situazione.

Ha seguito in televisione una trasmissione sulla donna, in cui, si definivano le donne come "operaie delle casa" e si chiedeva che fossero retribuite dallo Stato, con un salario. Tale dichiarazione ha provocato la viva reazione di un Suo parente di sesso maschile che si trovava in quel momento in casa Sua, che ha cominciato a denigrare il lavoro domestico svolto dalla donna. Avvii una discussione in cui esprime la sua opinione personale e formuli delle possibili soluzioni allo sfruttamento delle casalinghe.

2 ORE E 15 MINUTI

TEST 10

CELI 3

CERTIFICATO DI CONOSCENZA DELLA LINGUA ITALIANA

Livello B2

A   **Prova di Comprensione della Lettura**   *(40 punti)*

B   **Prova di Produzione di Testi Scritti**   *(40 punti)*

Nome e Cognome dello studente

_____

_____

Data

_____

_____

CELI 3

A. PROVA DI COMPRENSIONE DELLA LETTURA

A.1 Legga i seguenti brani. Metta una X vicino alla lettera a.b.c.d. che corrisponde all'affermazione precisa tra le quattro che Le vengono proposte.

1° TESTO

Se l'Islam fa paura agli ignoranti

La Democrazia diretta, come il referendum che è stato indetto nella Confederazione elvetica, alcune volte provoca errori. È accaduto domenica: il referendum contro i minareti ha ottenuto più del 57 per cento dei sì. Che cosa vuol dire? Che si accolgono volentieri i musulmani in territorio svizzero, purché si rendano invisibili, discreti fino a scomparire dal paesaggio. Evitando l'uso di qualsiasi segno o simbolo che possa rivelare la loro presenza. Vuol dire che l'islam continua a far paura. E che il sospetto e la paura si basano sull'ignoranza. I manifesti, diffusi dagli organizzatori della campagna per il referendum, sono chiari: raffigurano minareti neri a forma di missili, piantati su una bandiera svizzera accanto a una donna in burqa. Il burqa, però, è solo una tradizione di alcune tribù afgane (poche) o pachistane che non ha nulla a che vedere con l'islam, anche se ci sono persone che continuano a confonderlo con una religione. Quel manifesto è ai limiti del razzismo: suggerisce idee e pericoli che il buon cittadino percepisce come una minaccia. Quanto al voto, non risolverà nulla, ma al contrario non farà che aumentare i contrasti tra la comunità musulmana, diversa e simile, e gli elvetici. Eliminare i minareti vuol dire attaccare un simbolo che non ha in sé nulla di aggressivo, né di politico. E che non mette in pericolo i "diritti fondamentali in Svizzera", secondo quanto affermano alcuni populisti. Come ha detto alla televisione francese una giovane musulmana: ieri il velo, oggi il burqa, ed ecco anche il minareto! È vero che il disagio esiste: l'islam, anche quello pacifico – che costituisce la maggioranza - continua a dar fastidio. Meglio allora rileggere i testi e non ascoltare i provocatori che spingono all'odio tra i popoli. Con quest'attacco ai minareti, la Svizzera prende di mira il simbolo di una religione che vorrebbe far scomparire. Ma il referendum, invece di raggiungere il suo scopo, non fa che aumentare le tensioni, anche al di là dei confini elvetici. In Francia, il Fronte nazionale ha applaudito al risultato del voto e si augura di poter utilizzare in futuro questa forma di democrazia diretta e popolare per esprimere il rifiuto dell'islam in Francia. Anche il dibattito che avviene in Italia, sul crocifisso nelle scuole, è dello stesso tipo: un simbolo che non fa male a nessuno, ma nel momento in cui si vuole caricarlo di altri messaggi tutto si complica e si politicizza. Come nel caso del dibattito francese sull'"identità nazionale", che arriverà anche in Italia. Questo problema appare quando si avverte un cambiamento negli abitanti di un dato Paese. È una questione che riguarda tutta l'Europa, perché dovunque l'immigrazione è una realtà e i figli degli immigrati sono europei, ma anche musulmani o senza religione. Bisogna pure accettarla, questa realtà. Non serve a nulla organizzare votazioni per eliminarla o correggerla. Evidentemente, la convivenza è qualcosa che si impara. E questo è possibile solo nel rispetto reciproco, che è anche rispetto delle leggi e del diritto.

10° TEST
Prova di Comprensione della Lettura

1. **Secondo l'autore dell'articolo, il referendum**
   a. ha confermato che i musulmani, in Svizzera, non raggiungono il 50% della popolazione.
   b. ha evidenziato che i minareti mettono in pericolo il paesaggio svizzero.
   c. è uno strumento politico democratico, che a volte può essere pericoloso.
   d. costringerà i musulmani ad abbandonare la Svizzera.

2. **All'origine della paura dell'islam troviamo**
   a. la mancanza di conoscenza storica e politica.
   b. l'uso del burqa.
   c. la minaccia della presenza musulmana.
   d. la diffusione di un sentimento di disprezzo per i valori del Paese.

3. **La campagna per il referendum**
   a. ha suggerito un uso alternativo della politica.
   b. ha messo in ridicolo i simboli dell'Islam.
   c. in fin dei conti, non modificherà la presenza della popolazione di origine islamica.
   d. produrrà conflitti tra la popolazione.

4. **Il referendum**
   a. ha chiaramente denunciato la religione islamica.
   b. è all'origine di una diffusione di conflitti che va oltre i confini elvetici.
   c. ha portato a ridefinire le tensioni all'interno dei confini elvetici.
   d. ha avuto origine in Francia.

5. **L'immigrazione di uomini e donne di religione islamica**
   a. è un problema politico che riguarda il Medio Oriente.
   b. è ormai una realtà da accettare.
   c. è un chiaro segnale che mette in crisi la democrazia.
   d. provoca spesso un sentimento di rifiuto popolare.

CELI 3

2° TESTO

Curatevi con i fiori: ritroverete equilibrio e armonia

La tesi è che la malattia è un disagio dell'anima che si esprime nel corpo. Nasce da un conflitto psichico: per curare il fisico, quindi, occorre prima curare la mente. Anche con i fiori. La floriterapia, un metodo semplice e naturale che utilizza le essenze dei fiori per ristabilire l'equilibrio e l'armonia, nasce nel 1928 ad opera di Edward Bach, medico omeopata inglese. Quella di Bach è una storia interessante. Medico immunologo, studiava tutto ciò che poteva rafforzare i meccanismi naturali di autodifesa dell'organismo allo scopo di trovare una medicina che potesse curarli tutti senza effetti nocivi. Nel 1917, a 32 anni, gli fu diagnosticato un tumore. Gli diedero tre mesi di vita. Bach intensificò il suo lavoro e alla fine guarì. Questo lo spinse ad analizzare più a fondo il rapporto fra psiche e soma: cominciò ad occuparsi di omeopatia ed elaborò la terapia secondo la quale la malattia del corpo non era che il risultato di stati d'animo negativi. Ne individuò sette: paura, incertezza, solitudine, apatia, ipersensibilità, scoraggiamento, altruismo eccessivo. Si ritirò a vivere in campagna e regalò tutto quello che aveva. Per sé tenne soltanto i libri. Ma, giunto nella sua nuova casa, si accorse che la valigia che aveva con sé non conteneva libri, ma scarpe. Lo interpretò come un segno del destino. Capì che il suo compito era quello di "camminare". Cominciò a cercare i fiori e a studiarli. Giunse alla conclusione che l'azione terapeutica dell'omeopatia era limitata e i fiori entrarono a far parte dei suoi sistemi di cura.

Bach non condivideva gli orientamenti della medicina del suo tempo, indirizzata a curare solo i risultati della malattia, ignorando i pensieri e le emozioni del malato; definì la malattia "lo stadio terminale di un disordine molto più profondo": la vera malattia, egli sosteneva, è costituita da difetti come l'orgoglio, la crudeltà, l'odio, l'egoismo, l'ignoranza, l'avidità e l'instabilità. Bach, attraverso l'osservazione dei suoi simili si era convinto che tutti gli uomini, pur essendo diversi l'uno dall'altro, potevano essere raggruppati in tipi fissi per morfologia, atteggiamenti, espressione del volto e voce. La floriterapia può essere usata insieme ad altre terapie, agendo come potenziatore terapeutico. E ha un ruolo anche nelle malattie incurabili. Nei malati gravi di tumore, per esempio, dà forza, serenità, tranquillità. Nei casi di AIDS rafforza il sistema immunitario. Se usata da sola non bisogna avere fretta. È l'atteggiamento mentale che bisogna modificare, lo stato d'animo. Come questo avvenga non si sa. Non c'è niente di dimostrabile scientificamente. Però funziona. Come sostiene Giuliana Margani, esperta in naturopatia: noi pensiamo di dover sempre spiegare tutto e questo sciupa quello che non è comprensibile. Se si mantiene uno stato d'animo positivo, se si sta bene con se stessi, ci si ammala di meno. Curarsi quando si sta male è un criterio molto occidentale. In Oriente ragionano diversamente: ricorrono ai rimedi naturali per evitare di ammalarsi. Filosofia, dieta, pensieri positivi: questo è il segreto.

10° TEST
Prova di Comprensione della Lettura

6. **Secondo l'autore dell'articolo, la malattia va curata**
   a. prima di tutto, individuando gli organi che ne sono colpiti.
   b. con terapie alternative.
   c. usando soprattutto rimedi per curare la nostra mente.
   d. affrontando il conflitto che nasce dal dolore.

7. **La guarigione di Bach fu il pretesto per capire**
   a. che aveva bisogno di approfondire lo studio tradizionale della botanica.
   b. che l'omeopatia offriva terapie efficaci.
   c. che le malattie sono il segno del destino.
   d. che gli stati d'animo hanno un ruolo chiave nelle malattie.

8. **E. Bach crede che le malattie**
   a. abbiano origine nei sentimenti.
   b. spesso siano provocate dall'ignoranza.
   c. siano causate da disfunzioni del sistema immunitario.
   d. provochino atteggiamenti negativi.

9. **Il successo della terapia dipende**
   a. dallo stadio della malattia.
   b. dalla fiducia nelle possibilità di guarire.
   c. dalla rapidità d'intervento.
   d. dalla capacità di riconoscere il proprio orgoglio.

CELI 3

A.2 Legga i due brani indicati rispettivamente con la lettera A e B. Abbini successivamente le frasi sottoelencate segnando A quando la frase si riferisce al brano A, segnando B quando la frase si riferisce al brano B.

Tecnologia e società

TESTO A	TESTO B
Non è solo la povertà a generare emarginazione. Anche le nuove tecnologie vi concorrono, creando quel mondo di esclusi che sono le persone anziane, le quali con difficoltà accedono al computer, al telefonino, al bancomat, e, a sentire le cronache di questi giorni, anche alla televisione, per via del passaggio dall'analogico al digitale. Le persone anziane, che nella civiltà occidentale costituiscono il 30 per cento della popolazione, vivono legate alle loro abitudini acquisite nel passato. Le nuove tecnologie invece guardano al futuro e perciò investono sui giovani e non sui vecchi, i quali, di fronte a ogni novità tecnologica, si sentono progressivamente esclusi, spinti sempre più in là, fino alla periferia del mondo sociale, che sempre più rifluisce nel mondo telematico e virtuale. E se al futuro non possiamo rinunciare, possiamo almeno evitare, nell'euforia del progresso, di dimenticarci di quelle persone che rimangono ai margini della strada, che tutti di corsa percorriamo, senza accorgerci di loro.	La chiamano net generation, quella cresciuta a pane e new media. Secondo le ultime ricerche è la generazione che spinge i consumi verso l'accesso a Internet e l'intrattenimento digitale. Ma come vivono, sognano, comunicano, apprendono e consumano i giovani? Da un'indagine della Doxa, svolta su un campione di 1400 ragazzi, emerge il profilo di una generazione che si muove con leggerezza dal cellulare al pc e dalla tv all'ipod. I giovani consumatori sono interconnessi, hanno un cellulare di ultima generazione con cui ascoltano musica e si collegano a Internet. Anche se amano Internet e telefonino, non significa che gli altri mezzi di comunicazione siano disprezzati. Al contrario, la Doxa registra un aumento nell'uso di tutti i media, anche la più tradizionale tv. I giovani usano la televisione in media 110 minuti al giorno, anche se più del 60 per cento dice di fare altro mentre lo schermo è acceso. Questi consumatori di media, sono però poco attratti dai quotidiani: solo il 26% degli intervistati ha affermato di aver letto almeno una volta un giornale.

10° TEST
Prova di Comprensione della Lettura

10. Non sottovalutano l'uso di tutti i mezzi di informazione disponibili.
   A   B

11. Si tratta di una generazione che ha un rapporto quotidiano con il computer.
   A   B

12. Per molte persone risulta difficile cambiare le proprie abitudini.
   A   B

13. Passano molte ore davanti alla televisione.
   A   B

14. Un terzo dei cittadini italiani è costituito da persone anziane.
   A   B

15. La tecnologia causa l'isolamento e l'emarginazione di alcuni cittadini.
   A   B

16. Mentre le immagini scorrono sul piccolo schermo si occupano di altre attività.
   A   B

17. Leggono raramente un quotidiano.
   A   B

18. Dobbiamo ricordarci di coloro che non sono più in grado di correre verso il futuro.
   A   B

19. In conseguenza dell'innovazione tecnologica molte persone si trovano ai margini della società.
   A   B

CELI 3

A.3 Legga il seguente testo e poi risponda alle domande poste.

Sui miei banchi studia l'Italia del futuro

Chiara Conti è preside da dodici anni. Nelle sue passeggiate quotidiane fra le case popolari della periferia Ovest milanese, Chiara incontra donne velate e gruppi di fattorini peruviani, che organizzano le consegne della giornata. Passa fra portoni e scale di condomini dove sempre di più si parla arabo, cinese, romeno. La preside Conti, 60 anni, quasi quaranta passati a insegnare, non ha dubbi: «Scuole come la mia elementare di via Narcisi, dove il 60 per cento dei ragazzini sono stranieri, sono il futuro - dice - nelle classi trovo quella società colorata e armoniosa che da ragazza avevo osservato per la prima volta, con stupore, sulla metropolitana di Londra». Ma la Milano vera non è la Londra dei ricordi. E le famiglie italiane che abitano in zona, quando si tratta di iscrivere i figli in prima, preferiscono le altre due elementari: la Ugo Pisa e la Anemoni, dove gli stranieri sono uno su cinque, uno su quattro al massimo. Alla notizia del tetto obbligatorio del 30 per cento di "non italiani" in classe, Chiara reagisce con un sorriso preoccupato e tante domande: «Cosa faremo? Dovremo rifiutare le iscrizioni alle famiglie straniere? Abbiamo passato settimane, prima di Natale, a mostrare la scuola alle famiglie, abbiamo presentato loro la nostra offerta didattica, le abbiamo guidate fra le aule. E ora, a meno di due mesi dalla chiusura delle iscrizioni, tutto cambia. Nelle sue cinque scuole, per seguire oltre 400 ragazzini stranieri di decine di nazionalità diverse, la preside ha a disposizione una sola insegnante esperta nell'insegnare l'italiano partendo da zero a quelli da poco arrivati in Italia. Se davvero si vuole aiutare l'integrazione servono risorse, investimenti, personale. I risultati, con fatica, arrivano. E sono commoventi. A scuola, oltre alle materie, i ragazzi imparano cosa sarà la società di domani. Quella società che la preside aveva sognato sul vagone di una metropolitana quarant'anni fa, e che ora rivive ogni mattina nelle strade del quartiere Lorenteggio.

20. Che tipo di persone incontra Chiara quando fa la sua passeggiata quotidiana?

   (da un minimo di 6 a un massimo di 12 parole)

21. Qual è la caratteristica più evidente agli occhi di Chiara, quando entra nelle classi?

   (da un minimo di 5 a un massimo di 10 parole)

22. Cosa ha fatto Chiara nelle settimane che hanno preceduto il Natale?

   (da un minimo di 6 a un massimo di 13 parole)

23. Cosa può facilitare l'integrazione dei bambini, figli di immigrati, nella società italiana?

   (da un minimo di 6 a un massimo di 12 parole)

B. PROVA DI PRODUZIONE DI TESTI SCRITTI

B.1 Svolga una delle composizioni, scegliendola tra le due proposte:

1. Tutti, o quasi, nella nostra società dedicano attenzioni e cure particolari al proprio aspetto fisico. Lei, quale importanza attribuisce al Suo corpo?

   (Da un minimo di 120 a un massimo di 180 parole)

2. Come si divertono i giovani durante l'estate? Esponga la Sua esperienza in proposito.

   (Da un minimo di 120 a un massimo di 180 parole)

CELI 3

B.2 Svolga uno dei compiti proposti, scegliendolo tra i seguenti:

1. Ha seguito, in una trasmissione televisiva, la storia di un Suo connazionale che, emigrato in Italia, ha fatto fortuna. Decide di intervenire alla stessa trasmissione, perciò scrive una lettera in cui:

    - racconta la storia di qualcuno che ha fatto carriera grazie a un'idea originale;
    - ricorda quali sono le sue esperienze di lavoro.

    (Da un minimo di 80 a un massimo di 100 parole)

2. È appena ritornato/a da un viaggio. Scriva una lettera al Suo amico che vive in Italia, in cui gli racconta:

    - del viaggio che ha da poco concluso, parlando brevemente delle città che ha attraversato;
    - quanto è durato il viaggio e quali usi e abitudini ha trovato nei diversi luoghi;
    - quali inconvenienti le sono capitati durante il viaggio.

    (Da un minimo di 80 a un massimo di 100 parole)

3. Un/una Suo/sua caro/a amico/a italiano/a che intende partecipare ad un concorso sulla cucina italiana, Le ha chiesto qualche suggerimento. Scrive quindi una lettera al/alla Suo/a amico/a in cui:

    - gli/le consiglia di fare una ricerca in Internet;
    - gli/le dà alcuni suggerimenti per vincere il concorso;
    - esprime il Suo punto di vista sulla cucina italiana.

    (Da un minimo di 80 a un massimo di 100 parole)

45 MINUTI

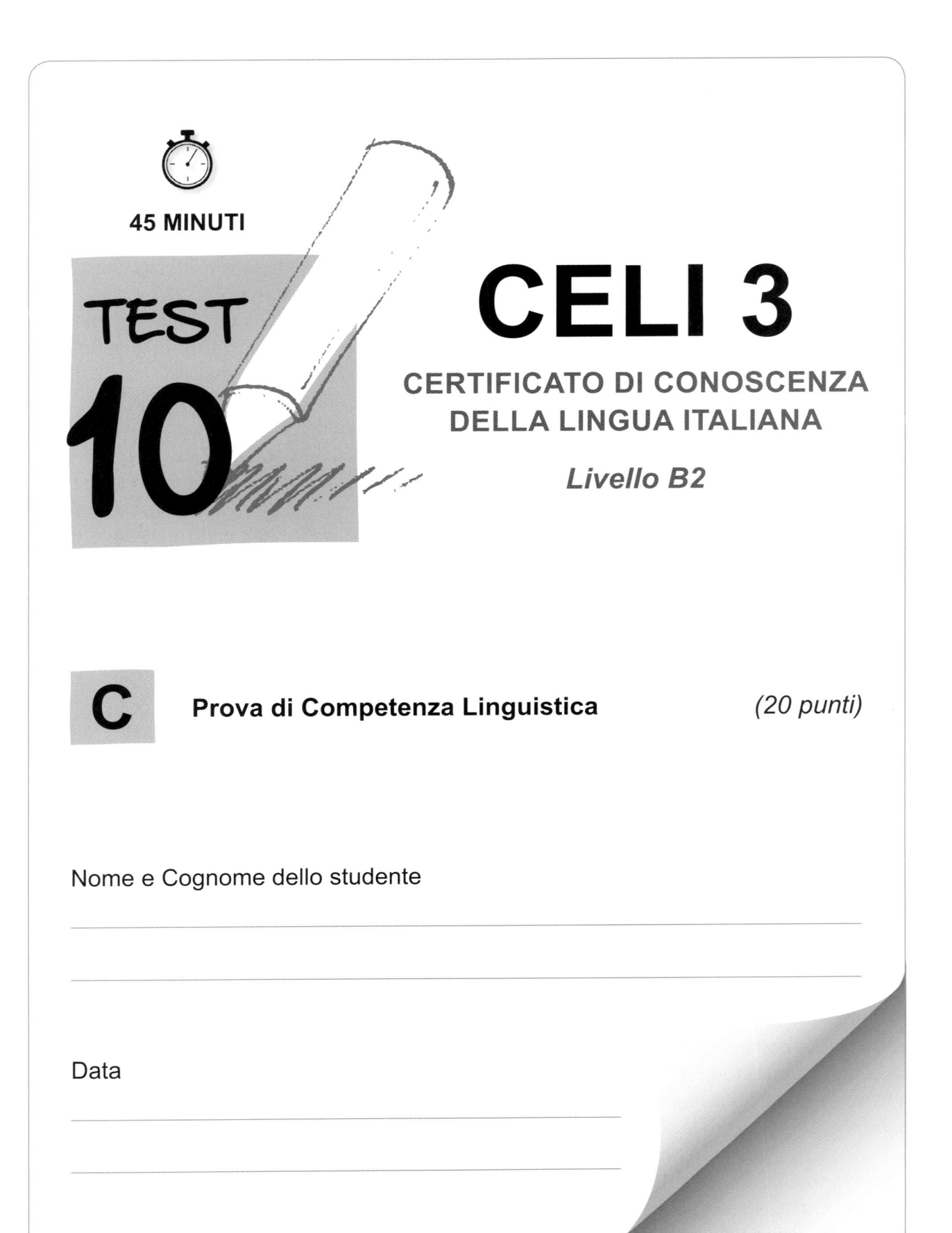

TEST 10

CELI 3
CERTIFICATO DI CONOSCENZA DELLA LINGUA ITALIANA
Livello B2

C **Prova di Competenza Linguistica** *(20 punti)*

Nome e Cognome dello studente

Data

CELI 3

C.1 Completi i testi, inserendo una sola parola.

1. Veronica, la sfida sportiva alla vita

Il meraviglioso sorriso sul suo volto è come se non avesse tempo. Anzi, è come se nella breve esistenza fin qui vissuta da Veronica F. mancassero le coordinate spazio-tempo. Non basta aver trascorso dodici dei ventott'anni fin qui vissuti su una sedia a rotelle. Non basta avere una figlia (Serena) di quasi sei anni a cui dover raccontare perché la (1) _____ non è in piedi come le altre mamme. Non basta aver (2) _____ un incidente tragico, per pensare di dover rimettere in sesto la propria (3) _____. «Non ci sono ricette o segreti. Io prendo tutto con normalità. Questa è la mia condizione e la mia (4) _____ non si chiede ancora perché la sua mamma non è come le altre. Certo, la mia vita è cambiata (5) _____, ma ho conquistato e conquisto giorno dopo giorno la mia assoluta autonomia». Non (6) _____ strano, quindi, che Veronica abbia le sue crisi d'ansia durante e prima della gara. Questa campionessa italiana di tiro con l'arco pensa che sia giusto aver fatto (7) _____ sport la sua ragione essenziale di vita. «Se (8) _____ per me, alle gare non vorrei nessuno dei miei amici, né dei miei parenti. Non vorrei Gaspare (suo marito) né nessun altro. Vorrei tirare da sola, perché (9) _____ emoziono. Se ho raggiunto il successo lo devo anche al mio maestro Guglielmo, che è l'allenatore della Nazionale italiana del Comitato Paraolimpico. Ma tutte le volte che (10) _____ a una gara penso anche alla mia amica Roberta, che mi ha fatto conoscere il tiro con l'arco, mentre iniziavo la terapia di riabilitazione (11) _____ l'incidente. Io sogno le Olimpiadi - conclude - ma non le Paraolimpiadi, le Olimpiadi quelle vere. Ci proverò con tutta me stessa».

2. Pistorius: «Perché il *super body* sì e le mie protesi no?»

Oscar Pistorius cammina per le strade del centro di Roma con una sacca blu. Lì dentro ci sono le famose protesi in carbonio, quelle che gli permettono di battere i record ma gli impediscono di partecipare alle Olimpiadi. «Le vedete? Queste sono considerate *doping* tecnologico, ma il *body*, costume dei nuotatori no, perché? È ovvio che (12) _____ un vantaggio per chi lo indossa, (13) _____ è ammesso ai Giochi». L' (14) _____ sudafricano se lo chiede con il sorriso sulle labbra, perché lui ci spera ancora: per la Iaaf, la Federazione internazionale di atletica, quelle protesi rappresentano un vantaggio, ma entro due settimane (15) _____ il verdetto decisivo del Tribunale arbitrale di Losanna. «I giudici stanno facendo un (16) _____ lavoro, devo solo aspettare. In caso di ammissione dovrò allenarmi molto: sono sopra di un secondo coi tempi dei 400 metri per entrare alle Olimpiadi». E sull'ipotesi di boicottare i Giochi: «Per un politico è facile parlare, ma un atleta perderebbe quattro anni di lavoro». Poco prima Pistorius aveva raccontato la sua storia (17) _____ studenti romani in un incontro nel (18) _____ non sono mancate domande, autografi e (19) _____ risate: «Le mie prime protesi, da bambino, sembravano le scarpe di Topolino». Quelle con cui gareggia le ha tirate fuori dalla (20) _____ per farle passare di mano in mano: «Toccatele pure ragazzi. Poi però ridatemele, mi servono». Tra un allenamento e una conferenza, Oscar è (21) _____ anche ai fornelli: «Amo cucinare, sperimentare piatti nuovi. Posso preparavi un pollo in cinquanta modi diversi». Non male, visto (22) _____ la sua ragazza, racconta, non saprebbe (23) _____ che parte cominciare: «Almeno non rischio di ingrassare per colpa sua».

10° TEST
Prova di competenza linguistica

C.2 Colleghi le frasi in modo da ottenere un unico periodo con le forme di collegamento adatte. In caso di necessità, elimini o sostituisca alcune parole (trasformi, dove lo riterrà necessario, i verbi nella forma, nel modo e nel tempo opportuni).

24. • Gli sarebbe piaciuto tornare in quella città.
    • In quella città aveva trascorso parte della sua infanzia.

25. • Ho spedito i tuoi bagagli.
    • Tu puoi viaggiare più comodamente.

26. • Molti fra il pubblico erano perplessi.
    • Si poteva indovinare una cosa.
    • La cosa era la freddezza degli applausi.

27. • Era piovuto tanto.
    • L'umidità era salita a valori intollerabili.
    • Era piena estate.

28. • I genitori non vogliono questa cosa.
    • I figli non devono sposarsi.
    • Prima di sposarsi i figli devono terminare gli studi.

29. • La donna di oggi ama di più fare carriera.
    • La donna di oggi non preferisce stare ai fornelli.

30. • In Italia ci sono otto milioni di bambini da 0 a 14 anni.
    • Questi bambini rappresentano il futuro dell'umanità.
    • Il loro presente è pieno di difficoltà.

CELI 3

C.3 Completi le frasi con la parola opportuna (verbo, sostantivo, aggettivo, avverbio), formandola da quella data, scritta a lettere maiuscole.

31. Invece di parlare, dovremmo cercare di aiutare _____ coloro che hanno bisogno del nostro aiuto.
    CONCRETO

32. Il lusso e la _____ rendono quei ragazzi così belli, che si direbbero d'una pasta diversa da quella dei figli della mediocrità e della povertà.
    SPENSIERATO

33. Nessuno sa essere tanto modesto da non considerarsi migliore di quanto _____ sia.
    EFFETTIVO

34. Freud e i suoi allievi concepivano il _____ *psicoanalitico* come una cura impartita da una persona sana a una persona malata.
    TRATTARE

35. Come _____ le costellazioni? I luoghi comuni su questo argomento sono tantissimi, ma la verità potrebbe non essere stata ancora scoperta.
    NASCITA

25 MINUTI

TEST 10

CELI 3

CERTIFICATO DI CONOSCENZA DELLA LINGUA ITALIANA

Livello B2

D Prova di Comprensione dell'Ascolto   *(40 punti)*

Nome e Cognome dello studente

Data

CELI 3

D.1 Dopo aver ascoltato il testo, segni con una X la lettera a.b.c.d. che corrisponde all'affermazione precisa tra le quattro che Le vengono proposte (il testo verrà ascoltato due volte).

🎧 Traccia 28

1° testo

1. **Vedere uno spettacolo alla Scala di Milano**
   a. è possibile a partire dal 17 dicembre.
   b. costa molto però ne vale la pena.
   c. è alla portata di tutte le tasche, per tutti.
   d. è più facile per i giovani *under* trenta.

2. **È possibile**
   a. trovare più di 15 mila giovani che sono fan del Teatro alla Scala di Milano.
   b. trovare moltissimi amanti della Scala su *Facebook*.
   c. prenotare un biglietto telefonicamente, in pochi minuti.
   d. inviare una richiesta di informazioni grazie a *Facebook*.

3. **Portare gli spettacoli all'estero**
   a. richiede il sostegno dei giovani.
   b. è un costo enorme per lo Stato italiano.
   c. significa che si mettono in viaggio quasi 400 persone.
   d. non è una novità.

4. **La maggior parte degli abbonati del Teatro alla Scala**
   a. abita non molto lontano dal teatro.
   b. viene da molto lontano.
   c. è costituita per lo più da cittadini dell'Unione Europea.
   d. sono giovani.

5. **Il Teatro alla Scala è frequentato**
   a. per la maggior parte da stranieri.
   b. in buona parte da italiani.
   c. da milanesi.
   d. soprattutto da cinesi.

10° TEST
Prova di Comprensione dell'Ascolto

2° testo

Traccia 29

6. **Per fare la psicanalisi**
   a. è utile considerarla una cosa semplice.
   b. è richiesta una particolare cura.
   c. è indispensabile essere distesi.
   d. bisogna recarsi da un medico specialista.

7. **Dire la verità**
   a. può togliere dall'imbarazzo.
   b. rende tutto più semplice.
   c. a se stessi è più facile.
   d. alle spalle del prete, può essere più semplice.

8. **Il protagonista del racconto**
   a. detesta il lettino dello psicanalista.
   b. si è lamentato con il suo psicanalista dell'uso del lettino.
   c. ha dato un dispiacere al suo psicanalista.
   d. ha un grande rispetto per il suo psicanalista.

9. **La moglie del protagonista considera le visite dallo psicanalista**
   a. inutili.
   b. un dispiacere.
   c. un motivo di paura e tensione.
   d. un'occasione per guadagnare tempo.

10. **La moglie del protagonista**
    a. aveva studiato psicanalisi in passato.
    b. non si arrabbiava mai.
    c. è egoista.
    d. non voleva perdere tempo.

225

CELI 3

Traccia 30

D.2 Dopo aver ascoltato il testo, completi le informazioni con un massimo di quattro parole (il testo verrà ascoltato due volte).

11. Neanch'io in paese _____

12. L'acqua del fiume passa davanti alla chiesa prima di allargarsi _____

13. Si sentivano le macchine, _____

14. I ragazzi che correvano tra _____

15. C'era di nuovo che, una volta, con i pochi soldi _____

16. Me n'ero andato dalla valle quando _____

17. Aveva poi per dieci anni suonato il clarino _____ e a tutti i balli della vallata.

18. Da un anno, tutte le volte che passo dal paese, _____

19. Il clarino _____

20. E così, dopo dieci anni di festa, _____

226

15 MINUTI

TEST 10

CELI 3

CERTIFICATO DI CONOSCENZA DELLA LINGUA ITALIANA

Livello B2

Prova di Produzione Orale *(60 punti)*

Lo studente esaminerà il materiale sul quale si svilupperà un'intervista / conversazione con gli esaminatori o la commissione d'esame

Il materiale consiste in:

A una foto o un'illustrazione
B un testo
C un compito comunicativo

Nome e Cognome dello studente

Data

CELI 3

A Lo studente dovrà descrivere la foto e rispondere alle eventuali domande che gli verranno poste.

Domande guida

- Descriva quello che è rappresentato nella foto.
- Alle fermate dei semafori sempre più bambini testimoniano l'abuso dei genitori che li costringono a lavorare o a chiedere l'elemosina invece di mandarli a scuola. Tale fenomeno si manifesta nel Suo Paese? Cosa ne pensa?
- Quali sentimenti suscita in Lei?

10° TEST
Prova di Produzione Orale

B Lo studente, dopo aver letto il testo, deve riassumerlo e rispondere alle domande che eventualmente gli verranno poste.

Comunicare a cuore aperto

Per una giovane vita che gira intorno al computer è difficile provare le emozioni e i sentimenti che accompagnano l'arrivo della Befana. Quelle emozioni che hanno fatto della Befana la vera festa dei regali, dove il dono rappresenta un modo di comunicare attenzione, riconoscimento, amore. La scelta di ciò che può far felice l'altro è infatti il miglior modo di comunicargli: ti voglio bene. Ai nostri giorni, purtroppo, l'antica festa della Befana, è spesso rappresentata dal consumismo. Invece potrebbe essere un'occasione unica per dare valore alle semplici esperienze, alle piccole e alle grandi gioie del quotidiano. Proprio quelle sane emozioni disprezzate da quella cultura che, ai nostri giorni, ha perso il senso del limite e nella quale il confine fra reale e immaginario viene distrutto. Ma l'arte della felicità, se è ancora possibile parlarne, è l'arte della scoperta delle emozioni, della sorpresa che fa battere il cuore, del momento irripetibile: come un fulmine a ciel sereno la felicità ci illumina dall'interno. Toccando le corde più profonde della nostra anima. Se il consumismo ci spinge a considerare le relazioni umane come merci da comprare e vendere, l'emozione sincera può toccare nel profondo le corde più sensibili di bambini e adolescenti – e perché no, adulti con un sano e vivo bambino interiore – alla vigilia di una festa dimenticata nel suo senso più antico. Se un significato allora lo vogliamo dare a quel poco che è rimasto di sentimenti ed emozioni nel sacco della Befana, proviamo a recuperare, oltre ai regali e ai dolci, quei sentimenti e quelle emozioni che nascono dallo stare insieme, di quel comunicare a cuore aperto che è stato, è e, si spera, sarà sempre l'unica vera ragione dalla Festa dell'Epifania.

Domande guida

- Riassuma il testo.
- Si dice che quando si è giovani la felicità è quella delle "grandi cose", delle "emozioni forti", altre volte si dice invece che la felicità è fatta di piccole cose, che bastano le note di una canzone, le sensazioni di un libro dai colori che scaldano il cuore. Cos'è per Lei la felicità?
- Perché secondo Lei molti giovani ai nostri giorni non sono felici?

CELI 3

C **Lo studente deve essere in grado di svolgere il compito assegnato, nella seguente situazione.**

Ha saputo che Suo nipote, che vive in un piccolo paese di montagna, l'anno prossimo dovrà frequentare la scuola media. Purtroppo manca il servizio del pulmino che trasporta solo gli alunni della scuola elementare, con gran disagio per i ragazzi che ogni giorno d'inverno si devono recare a scuola in bicicletta, perché non hanno ancora l'età per guidare il motorino e la strada è lunga e spesso allagata. Per questo motivo si mette in comunicazione con il Sindaco, a cui fa le Sue rimostranze e richieste.

CELI 3

CERTIFICATO DI CONOSCENZA DELLA LINGUA ITALIANA

Livello B2

Trascrizione dei testi registrati per la prova di comprensione dell'ascolto

CELI 3

1° test

D.1 — 1° testo

Ascolterete ora un testo che tratta del Natale. Due protagoniste del mondo dello spettacolo ci raccontano qual è stato il Natale che ricorderanno per sempre. Ascoltate attentamente senza scrivere. Durante il riascolto, svolgete l'attività indicata nel foglio.

Natale: La ricorrenza più bella e tradizionale dell'anno. A parte i soliti luoghi comuni: "Ci si sente più buoni...", "Siamo tutti fratelli...", "Mi è simpatico pure il vicino...", le feste natalizie finiscono per essere identificate con l'idea di riunione familiare (almeno una volta all'anno...), di grande abbuffata (per un giorno non si pensa alla dieta...) e di "Si può spendere un po' di più" (tanto c'è la tredicesima...). E il consumismo, di solito, finisce per farla da padrone. Ma, per fortuna, ci sono i bambini: Natale è soprattutto la loro festa.

Noi adulti ci scambiamo regali perché si usa o per convenienza, raramente per il piacere di donare. I bambini, invece, impazziscono di felicità quando vedono il dono a lungo desiderato: è un ricordo che resta impresso nella memoria in modo indelebile. Ma... anche i personaggi più in vista sono stati bambini. Qual è stato il Natale più indimendicabile della loro infanzia? Lo chiediamo a due protagoniste del mondo dello spettacolo. Che hanno risposto ....

— *Signora De Sio, ricorda un Natale in particolare?*
— Senza dubbio un Natale che ricordo ancora come molto particolare è stato quello dei miei cinque anni. Mio zio si travestì da Babbo Natale e io, purtroppo, lo riconobbi. Ebbi quindi il classico trauma della caduta delle illusioni infantili. Riuscii a superarlo solo grazie alla gratificazione consumistica della bicicletta che ricevetti in regalo: l'avevo desiderata così a lungo che mi ha fatto dimenticare tutto il resto.
— *E lei, Signora Cuccarini, quale è stato il Natale più bello della sua vita?*
— Ricordo con grande tenerezza il Natale dei miei anni infantili. A scuola, insieme con la maestra, noi bambini avevamo preparato, per la prima volta, la letterina per i genitori. Era bellissima, tutta colorata, c'era scritta una poesia che avevamo composto con l'aiuto dell'insegnante. Quando, il giorno di Natale, salii sulla sedia per declamarla, provai un'emozione spaventosa anche perché la mia è una famiglia molto numerosa, con una marea di cugini e, in quel momento, stavano tutti ascoltando me. Si può dire che quello fu il primo spettacolo della mia vita.

2° testo

Ascolterete ora un testo che tratta dell'ora legale e dei trucchi per affrontare il mini jet-lag. Ascoltate attentamente senza scrivere. Durante il riascolto, svolgete l'attività indicata nel foglio.

Torna l'ora solare. Nella notte tra oggi e domani le lancette dell'orologio vanno riportate indietro di un'ora, dalle 3 alle 2 e si dormirà un'ora in più. I dormiglioni riavranno indietro l'ora di sonno scippata nel marzo scorso, quando è entrata in vigore l'ora legale. **Come riprendersi dal mini *jet-lag*?** I consigli degli esperti per "assorbire" la piccola sindrome da *jet-lag* provocata dal cambiamento dell'ora sono di anticipare alla mezzanotte l'ora in tutti gli orologi di casa, senza aspettare le 3 di notte, fare una cena leggera, cercando di organizzarsi per dormire almeno otto ore di seguito, evitando di bere alcool e caffè. La mattina dopo, una bella doccia alternata caldo-freddo, una colazione con cibi ricchi di L-triptofano come latte e banane e poi una passeggiata all'aria aperta. **Con l'ora legale, inoltre, si risparmia.** Durante i 7 mesi di ora legale, da fine marzo ad ottobre, grazie proprio a quell'ora di luce in più al giorno che permette di ritardare l'utilizzo della luce artificiale, sono stati risparmiati in totale 643 milioni di kilowattora, un valore - spiega Terna, la società responsabile in Italia della gestione dei flussi di energia elettrica sulla rete ad alta tensione - pari alla metà dei consumi domestici annui di un'intera regione grande come il Friuli Venezia Giulia. **Tutto è iniziato nel 1916.** In Italia l'ora legale è stata adottata per la prima volta nel 1916, dal 3 giugno al 30 settembre. Sospesa nel 1920, tornò in vigore nel 1940 e negli anni del periodo bellico, e vi rimase fino al 1948, anno in cui venne nuovamente abolita. L'adozione definitiva risale al 1966, in concomitanza con la crisi energetica. Sono ormai quasi tutti i paesi industrializzati che, proprio in virtù dei risparmi possibili, hanno adottato l'ora legale, secondo un criterio di fissazione delle date di inizio e fine, il più possibile coincidenti, soprattutto per non complicare gli orari degli aerei. Ma c'è anche qualcuno che, come il Giappone, non aderisce all'ora legale. Le lancette non si spostano neanche in gran parte del resto dell'Asia e in Africa.

D.2 **Ascolterete ora un testo che tratta di come essere più efficienti a scuola. Ascoltate attentamente senza scrivere. Durante il riascolto, svolgete l'attività indicata nel foglio.**

Essere più efficienti a scuola? L'abbiamo chiesto al dottor Italo Farnetani, pediatra e autore di *In attesa del medico*, un manuale che spiega ai genitori come gestire le situazioni di emergenza.
— Non ci sono formule magiche, ma l'alimentazione ha un ruolo importantissimo. La dieta ideale comincia al mattino. È questo il momento in cui lo studente deve assimilare l'energia necessaria per affrontare la giornata. La prima colazione, purtroppo ancora sottostimata nel nostro Paese, è fondamentale. Non bisogna mai saltarla o limitarsi a una bevanda calda. Va benissimo il tradizionale caffè e latte con biscotti o con pane e marmellata. Quanto alla merendina da consumare a scuola, invece, la migliore sarebbe una fetta di torta fatta in casa o un panino al prosciutto. Ma i ragazzi hanno le loro mode e non devono sentirsi diversi dai coetanei. Rassegniamoci pure ai dolci confezionati, a patto che, durante i pasti in famiglia, venga ristabilito il giusto equilibrio. Ci sono poi altre "astuzie" che facilitano l'apprendimento. I compiti a casa, per esempio, vanno fatti nel primo pomeriggio; però, tra il pranzo e lo studio, il ragazzo ha bisogno di almeno 30 minuti di svago.
I bambini intorno ai 6 anni di età dovrebbero dormire dieci ore. E il sonnellino del pomeriggio, dopo i quattro anni, non è necessario, anzi è negativo. Meglio un po' di sport.
Infine, il problema del peso eccessivo delle cartelle e della crociata in atto per ridurlo. Venti-trenta chili di libri sulle spalle possono danneggiare la colonna vertebrale. Non a caso il sindaco di Ancona vuole proporre alle case editrici di tornare al testo unico. Il peso medio che lo scolaro può trasportare ogni giorno è di dieci-undici chili. È tra cartella, cinghia e zaino che distribuisce su entrambe le spalle il carico.

2° test

D.1 1° testo

Ascolterete ora un testo che tratta di una vacanza da incubo fatta da alcuni studenti. Ascoltate attentamente senza scrivere. Durante il riascolto, svolgete l'attività indicata nel foglio.
Per molti ragazzi era la prima esperienza in aereo e certamente non pensavano di dover scoprire il mondo dei disservizi nella civilissima Londra. Il volo charter della *Sabre Airways*, che li deve riportare in Sicilia, si prepara al decollo con tre ore di ritardo e, visto che deve per forza rientrare a Londra in giornata, qualcuno pensa bene che si può rimediare, cancellando uno dei due scali previsti: non si scende a Catania, ma si va tutti a Palermo. I 187 passeggeri protestano e il capitano li fa scendere a terra, ripartendo con l'aereo vuoto. Un operatore turistico, Salvatore Zappalà, viene addirittura arrestato e rilasciato dopo alcune ore. Ma racconta che, visto il ritardo, aveva solo chiesto al capitano di scendere per prendere un aereo di linea. In quel momento erano entrati gli agenti e, interpretando il suo atteggiamento come una protesta, gli hanno messo le manette.
Il fuori programma, che ha visto protagonisti anche alcuni minorenni in vacanza-studio, dovrebbe concludersi oggi all'alba, ma la vicenda si è già trasformata in un caso diplomatico. Il console italiano a Londra, Lucio Savoia, butta acqua sul fuoco, promettendo a tutti i passeggeri, compreso Zappalà, il ritorno in Italia con un volo che partirà all'ora italiana e che farà scalo prima a Catania e poi a Palermo alle 4 del mattino. Per quanto riguarda quel che è avvenuto, dice di non avere la ricostruzione ufficiale, poiché le versioni non coincidono. Ci sarà un'indagine amministrativa.
Ma nessuno è disposto a metterci una pietra sopra. I più arrabbiati sono quei genitori che domenica, negli aeroporti di Palermo e Catania, hanno atteso il rientro dei loro figli.
Minacciano azioni legali. Con loro si è schierato anche il presidente della provincia che ha protestato col ministro dei trasporti. Ancora una volta Catania viene considerata una colonia.

CELI 3

2° testo

Ascolterete ora un testo che tratta di un un giorno particolare, il venerdì 17, e di come sfidare la jella. Ascoltate attentamente senza scrivere. Durante il riascolto, svolgete l'attività indicata nel foglio.

Esistono almeno due modi per affrontare un venerdì 17: uno è aggrapparsi alla più celebre delle *leggi di Murphy*, che recita «se qualcosa può andar male, lo farà», e tenere in tasca un corno o un ferro di cavallo. L'altro è affrontare la superstizione una volta per tutte: proprio domani, di venerdì 17, gli scienziati del Cicap, il Comitato italiano per il controllo delle affermazioni sul paranormale, festeggia l'anniversario dei 20 anni dalla sua fondazione. I membri onorari, come Umberto Eco e Rita Levi Montalcini, e garanti scientifici, come Margherita Hack e Silvio Garattini, hanno deciso di metterci alla prova. Come? Indicendo in tutta Italia, anche a Milano, vere e proprie gare, percorsi a ostacoli tra specchi rotti e scale sotto cui passare. Per dimostrare che non c'è niente di vero.

Un'iniziativa spiritosa, ma seria, spiega lo psicologo Massimo Polidoro, segretario e tra i fondatori del Cicap: «Sono comportamenti che hanno un'origine antica, di cui è sopravvissuto solo l'aspetto superstizioso. Per esempio, il sale rovesciato: un tempo il sale era prezioso, tanto che il termine "salario" viene dalla parola sale, e gli stipendi dell'antichità a volte erano pagati proprio in sale. Rovesciarlo era, quindi, una perdita economica. Lo stesso per l'olio. Oggi si è perso il significato originario e versare il sale è irrilevante: ma la superstizione è rimasta».

I milanesi potranno provare il loro scetticismo venerdì 17 a partire dalle ore 17.17, in largo La Foppa: ad attenderli fino alle 22 lo stand del Cicap, con materiale esplicativo sulla nascita delle superstizioni e una vera e propria *Ruota della Sfortuna*. Chi vorrà, potrà sottoporsi alla Ruota, lasciando scegliere alla sfortuna (che come è noto ci vede benissimo, mentre la fortuna è cieca...) la prova da superare: passare sotto una scala, rompere uno specchio, rovesciare sale o olio, aprire un ombrello al chiuso e così via. I coraggiosi riceveranno un attestato con le origini della superstizione affrontata. «Un modo divertente – conclude Polidoro – per conoscere paure ancestrali. Lo iettatore di Totò fa sorridere, ma niente impedisce di essere un po' superstiziosi».

D.2 Ascolterete ora un testo che tratta di un itinerario interessante tra i vigneti per la produzione di ottimi vini. Ascoltate attentamente senza scrivere. Durante il riascolto, svolgete l'attività indicata nel foglio.

Un itinerario molto particolare, e al tempo stesso spettacolare, per il fine settimana, all'insegna dell'enologia con guide d'eccezione. Ve lo proponiamo grazie alla disponibilità che Gianni Zonin, il re del vino, ha dimostrato proprio nei confronti degli ascoltatori del nostro programma. Per loro, infatti, sei tra le più splendide tenute Zonin saranno aperte di sabato, ed esperti enologi spiegheranno tutti i segreti di come si producono ottimi vini. Dal Friuli alla Toscana, passando per il Veneto, Lombardia e Piemonte. In queste cinque regioni si trovano gli oltre duemila ettari di vigneti di proprietà della famiglia Zonin, diventata famosa per il "prodotto da pasto", ma che, nel corso degli anni, ha saputo produrre vini di altissima qualità che oggi sono il vanto dell'enologia italiana nel mondo. Ed è proprio in queste tenute che questi vini Doc vengono prodotti.

A casa del procuratore della Serenissima Repubblica di Venezia, il conte Domenico Bolani, nella tenuta di *Cervignano del Friuli*, nell'agro di Aquileia, si potranno ammirare oltre allo splendore della casa, finemente restaurata, anche la perfetta lavorazione della terra, delle viti e la modernità della cantina. Nella dolcezza delle colline dell'Oltrepò pavese, tra Zenevredo e Stradella, si estende, invece, la tenuta *Il Bosco*.

Vale la pena di visitarla perché si potrà ammirare una modernissima cantina su due livelli, di oltre seimila metri quadrati, dotata di moderne attrezzature tecnologicamente all'avanguardia nel mondo. Dalla Lombardia passiamo al Piemonte, e più precisamente a Portocomaro d'Asti, dove c'è il *Castello del Poggio*. Attorno a questo antico maniero del Seicento ci sono 120 ettari di vigneto che producono vini di grande livello. Le splendide Torri di San Gimignano fanno da sfondo alla Fattoria il *Palagio* e all'Abbazia *Monte Oliveto*, altre due tenute che si possono visitare nei nostri "sabati enologici". Naturalmente, Aquileia, l'Oltrepò pavese, il Monferrato astigiano e il senese garantiscono un turismo di elevato interesse, sia culturale che gastronomico. E il Sud? Gianni Zonin ha da poco acquistato 210 ettari del feudo *Deliella*, appartenuto alla principesca famiglia palermitana dei Lanza di Scalea, a Butera, piccolo centro in provincia di Caltanissetta. Un'altra oasi da visitare.

Trascrizione dei testi

3° test

D.1
1° testo

Ascolterete ora un testo che tratta di un avvenimento accaduto per un album di nozze. Ascoltate attentamente senza scrivere. Durante il riascolto, svolgete l'attività indicata nel foglio.

Ci sono voluti più di quattro anni di attesa e la sentenza del giudice perché due sposini potessero coronare uno dei loro sogni più belli: sfogliare, magari davanti al caminetto acceso, l'album di nozze, con tutte le foto che immortalano quello che per ogni coppia, salvo imprevisti, è "il momento più bello della vita".

Dopo aver ascoltato il verdetto del giudice, Renato Allesina, 30 anni, artigiano di un paese del Novarese, protagonista insieme alla moglie, Barbara Solivo, 24 anni, impiegata, di una storia incredibile, ai confini del surreale, iniziata con le nozze, ha detto che non riesce ancora a credere che tutto sia finito.

Per banali differenze sul prezzo del servizio, l'agenzia fotografica a cui si erano rivolti, la *Photocolor Professional* del paese, si è infatti rifiutata non solo di mostrare alla coppia gli scatti presi durante la cerimonia, ma l'album con i ricordi del giorno più importante della vita è finito addirittura in tribunale dov'è rimasto per tutti questi anni. E dove, solo grazie alla gentilezza di uno dei funzionari, gli sposini hanno avuto l'unica occasione di potergli dare una rapidissima occhiata. Renato ha detto che forse avrebbero dovuto capire dalle premesse che, tra loro e la *Photocolor*, c'era poco *feeling*.

Già, perché i problemi con l'agenzia cominciarono proprio il giorno delle nozze. Quel sabato di settembre, infatti, la macchina del fotografo si ruppe a metà cerimonia. Così il prete, i coniugi, e gli invitati furono costretti a interrompere la funzione per aspettare che il professionista ritornasse dallo studio con un nuovo apparecchio. Quando riuscirono ad uscire dalla chiesa e a raggiungere il ristorante, il pranzo era già rovinato. Ma questo non era niente in confronto alla sorpresa che i neo-sposi avrebbero trovato al rientro dal viaggio di nozze. L'agenzia, alla quale avevano versato un anticipo, gli chiese, a scatola chiusa, senza dargli la possibilità di vedere prima i negativi, un prezzo quasi doppio rispetto a quello stabilito, e, dopo il loro rifiuto, mise subito la pratica in mano ad un avvocato. Un atteggiamento che non era in sintonia con quello inefficiente tenuto durante il loro matrimonio…

L'album con le 60 foto finì, quindi, sul tavolo dei magistrati. Da quel momento sono passati la bellezza di quattro anni e ora finalmente il giudice ha preso una decisione: la coppia, pagando il resto della cifra concordata in origine, potrà portarsi alla fine a casa l'album. E sfogliarselo così in santa pace.

Una vittoria da festeggiare a champagne.

2° testo

Ascolterete ora un testo che tratta di un'intervista ad una grande scienziata, autrice di un saggio dal titolo *L'altra parte del mondo*. Ascoltate attentamente senza scrivere. Durante il riascolto, svolgete l'attività indicata nel foglio.

Saranno le donne a salvare l'umanità: ad affermarlo in un'intervista è stata la grande scienziata e senatrice a vita Rita Levi Montalcini

Non è solo una grande scienziata Rita Levi Montalcini, ma anche una grande donna, attenta ai destini de *L'altra parte del mondo*, come si intitola l'ultimo suo saggio, scritto in collaborazione con Giuseppina Tripodi, in libreria dal 25 settembre. Stiamo parlando dei milioni di donne che vivono nei Paesi più poveri. Attraverso la sua Fondazione, il premio Nobel finanzia progetti come le 25 borse di studio per giovani marocchine che frequentano un corso di Istruzione, Commercio e Industria, la formazione di 30 aspiranti infermiere professionali nel Congo, l'alfabetizzazione di 160 donne in Mozambico. La scienziata e senatrice a vita è convinta che la cultura sia la leva per salvare il sesso femminile dall'emarginazione. E, in fondo, per salvare l'intera umanità.

- *Ne è sicura, professoressa? I governi occidentali non attribuiscono alla cultura la stessa importanza.*
- È un errore che dimostra l'incapacità di avere uno sguardo strategico sul futuro. Oggi quasi 600 milioni

CELI 3

di donne non hanno accesso all'istruzione. Ma in questo modo si sprecano risorse intellettuali preziose. È dimostrato, infatti, che le donne hanno una straordinaria plasticità mentale, riescono a coordinare organizzazioni complesse, dalla famiglia alle aziende. Non solo. Io sono convinta che saranno loro a costruire la pace nel mondo.
- *Nei Paesi industrializzati come il nostro, però, sembra che molte ragazze sognino solo di fare le veline.*
- Io sono ottimista. Le ragazze appariscenti e disinvolte ci sono sempre state. A fare la differenza rispetto al passato sono i mezzi di comunicazione che amplificano il fenomeno. La maggioranza delle donne è diversa. Sono più preparate dei ragazzi all'Università, cominciano a ricoprire ruoli prestigiosi in tutti i settori. È solo questione di tempo, presto avranno il ruolo che meritano.
- *Quali difficoltà incontrano oggi nell'emergere?*
- I soliti vecchi pregiudizi sul sesso fragile. Ma le donne ce la faranno: restando se stesse, senza sacrificare la propria femminilità e senza entrare in competizione con gli uomini.
- *Nei Paesi poveri, però, rischiano di rimanere indietro rispetto alle altre.*
- Al contrario. Sono velocissime, appena assaggiano la conoscenza, nessuno le ferma più. Sono rimasta impressionata alla conferenza mondiale di Pechino sulle donne, nel vedere le rappresentanti africane con i loro fazzolettoni colorati in testa che distribuivano a tutti biglietti da visita con proprio indirizzo e-mail.
- *Cosa c'è di strano?*
- Molte non sapevano neppure leggere, ma qualcuno l'avrebbe fatto al posto loro. Quel che conta è che avevano capito, prima di molti uomini, che Internet era strategico per costruire una rete. Tutto questo grazie all'intuito femminile. Date loro anche un'istruzione e le donne cambieranno il mondo.

D.2 Ascolterete una storia molto famosa che riguarda la presa di coscienza di un professore. Ascoltate attentamente senza scrivere. Durante il riascolto, svolgete l'attività indicata nel foglio.

Il professor Grammaticus, viaggiando in treno, ascoltava la conversazione dei suoi compagni di scompartimento. Erano operai meridionali, emigrati all'estero, in cerca di lavoro: erano tornati in Italia per le elezioni, poi avevano ripreso la strada del loro esilio.
- Io *ho andato* in Germania nel 1958 – diceva uno di loro.
- Io ho andato prima in Belgio, nelle miniere di carbone. Ma era una vita troppo dura.
Per un poco il professor Grammaticus li stette ad ascoltare in silenzio. A guardarlo bene, però, pareva una pentola in ebollizione. Finalmente il coperchio saltò, e il professor Grammaticus esclamò, guardando severamente i suoi compagni:
- *Ho andato! Ho andato!* Ecco di nuovo il benedetto vizio di tanti italiani del Sud di usare il verbo avere al posto del verbo essere. Non vi hanno insegnato a scuola che si dice: "sono andato"?
Gli emigranti tacquero, pieni di rispetto per quel signore tanto perbene, con i capelli bianchi che gli uscivano sotto il cappello nero.
- Il verbo andare –continuò il professor Grammaticus– è un verbo intransitivo, e come tale vuole l'ausiliare essere.
Gli emigranti sospirarono. Poi uno di loro tossì per farsi coraggio e disse:
- Sarà come lei dice, signore. Lei deve aver studiato molto. Io ho fatto la seconda elementare, ma già allora dovevo guardare più alle pecore che ai libri. Il verbo andare sarà anche quella cosa che dice lei.
- Un verbo intransitivo.
- Ecco, sarà un verbo intransitivo, una cosa importantissima, non discuto. Ma a me sembra un verbo triste, molto triste. Andare a cercar lavoro in casa d'altri… Lasciare la famiglia, i bambini.
Il professor Grammaticus cominciò a balbettare.
- Certo… Veramente… Insomma, però… Comunque si dice *sono andato*, non *ho andato*. Ci vuole il verbo "essere": io sono, tu sei, egli è…
- Eh –disse l'emigrante, sorridendo con gentilezza–, io sono, noi siamo!… Lo sa dove siamo noi, con tutto il verbo essere e con tutto il cuore? Siamo sempre al paese, anche se *abbiamo andato* in Germania e in Francia.

Trascrizione dei testi

Siamo sempre là, è là che vorremmo restare, e avere belle fabbriche per lavorare, e belle case per abitare. E guardava il signor Grammaticus con i suoi occhi buoni e puliti. E il professor Grammaticus aveva una gran voglia di darsi dei pugni in testa. E intanto borbottava tra sé: -Stupido! Stupido che non sono altro. Vado a cercare gli errori nei verbi... Ma gli errori più grossi sono nelle cose!

4° test

D.1 1° testo

Ascolterete un testo che parla dei nuovi *teen-ager* del 2000. Ascoltate attentamente senza scrivere. Durante il riascolto, svolgete l'attività indicata nel foglio.

Eccoli sul mercato i nuovi *teen-ager* del 2000: sei milioni di adolescenti, più pragmatici rispetto alla generazione dei primissimi anni Novanta, e oculatissirni nelle spese, visto che acquistano dopo aver consultato cataloghi e avere preso informazioni. Non subiscono ciecamente il fascino delle marche. Infine, hanno meno soldi in tasca: la crisi ha minato i guadagni dei genitori, unica loro fonte di denaro. Nonostante ciò, i *teen-ager* italiani rimangono grandi consumatori, temuti e coccolati da tutti.

Ma che cosa consumano i *teen-ager* della crisi? Come impiegano il denaro a loro disposizione? Le ricerche concordano nel definire consumi giovanili veri e propri, che decrescono con il crescere dell'età, quelli musicali, quelli di abbigliamento, sport e videogiochi. In secondo piano i consumi culturali.

Giuseppe Veronesi, presidente di *Elements*, società che distribuisce *Timberland*, sostiene che i giovanissimi «seguono un *tam tam* che li porta a indossare un capo che li omologa al gruppo. Difficile, dunque, controllarli, non seguono regole codificabili dal mercato adulto. Sono tutto istinto».

Dunque, nonostante siamo di fronte a un gruppo sociale concupito da tutti gli operatori del mercato, non sono pochi quelli che addirittura lo temono. «Evitiamo accuratamente di progettare orologi per *teen-ager*» dice Anna De Capitani, della *Swatch*. «Il pubblico che ci interessa è quello dei venticinquenni: più fedeli nel tempo. I *teen-ager* consumano e bruciano tutto subito».

I nuovi consumi dei *teen-ager* riflettono problemi e miti di una generazione poco incline al sogno, più attratta dalle avventure della realtà virtuale e dai videogiochi che da quelle della vita reale. E soprattutto meno disposta a vivere grandi momenti collettivi. Un esempio? Il mito del motorino, fino a pochi anni fa simbolo della libera uscita di gruppo, è in declino. Già alcuni anni fa l'istituto di statistiche Eurisko segnalava che la percentuale dei possessori di moto era scesa di almeno 6 punti rispetto a quella del decennio precedente. Il sogno oggi è l'auto, meglio se comoda. Prima si associava alle due ruote il concetto di gruppo, di libertà, indipendenza; oggi si vuole comfort.

Insomma, i giovani sono diventati vecchi? «I ragazzini diventano adulti prima, sono già alla ricerca di sicurezze, e lo rivelano soprattutto nei consumi» dice Fabris. «Il loro avvicinarsi al mondo adulto, sognando la macchina, e il loro consumare valori simbolici, un tempo antagonisti, come la musica impegnata e quella disco, segnala l'assenza di ideologie nei consumi. Comprano di tutto, un po' perché costruiscono la loro identità attraverso un *patchwork* di valori, che ai grandi sembra contraddittorio. Riflettono il passaggio da un sistema di valori all'altro. Ma poi, vi sembra che noi adulti siamo molto più coerenti?».

2° testo

Ascolterete ora un testo sulla proposta di adottare un nonno. Ascoltate attentamente senza scrivere. Durante il riascolto, svolgete l'attività indicata nel foglio.

A distanza di pochi giorni dal lancio, l'idea di Giovanni Beghini, 85 anni, architetto di Grattammare, ha preso piede: «Adottate un nonno, se lo tratterete bene potrete avere, alla sua morte, le sue proprietà»: questo lo slogan lanciato da Beghini e, addosso all'anziano professionista in pensione, sono piovute centinaia di richieste. Siamo, perciò, andati a trovare l'architetto marchigiano per verificare quanto la sua idea avesse trovato riscontri.

CELI 3

Beghini, comodamente seduto nella *hall* dell'Hotel Europa, sostiene che non è facile rispondere a centinaia di telefonate che arrivano ogni giorno. Certo un risultato impensabile, se si considera che l'idea è nata solo due settimane prima e ci sono già oltre 500 richieste di adozione da parte di famiglie e 150 proposte di anziani soli che cercano una casa in cui essere ospitati. L'iniziativa è nata quasi per caso, racconta ancora Beghini, sull'onda delle esperienze che ha maturato nel corso dei suoi innumerevoli viaggi all'estero. Negli anni trascorsi, infatti, lui metteva i soldi da parte e con questi viaggiava in Europa e in America per studiare le condizioni di vita degli anziani. Le telefonate che gli arrivano sono per lo più di donne anziane che hanno paura di dormire da sole nelle loro abitazioni. Una in particolare lo ha commosso. «Mi faccia un favore» gli ha detto una signora anziana «io sono stata cresciuta dai nonni, voglio che lei trovi un nonno per mia figlia che non ne ha», ed è scoppiata a piangere.

Parole toccanti, per una iniziativa certamente lodevole e piena di buone intenzioni, ma che riceve una stroncatura netta da parte di uno che di anziani se ne intende. Il professor Mario Antonini, docente di gerontologia e geriatria all'Università di Firenze, dice di essere contrario, e il suo parere è negativo, al di là della indiscutibile onestà e purezza di intenzioni del promotore.

Secondo lui, oggi, venuta a mancare la tollerante cultura patriarcale e contadina, tutto ciò si trasformerebbe in uno sfruttamento a carico dei poveri anziani. E si chiede: «Ma se l'affetto non lo dà il nipote, o il figlio o un fratello, come può un estraneo sostituirsi a loro? Come si può pensare che un estraneo entri in una casa per un contratto di questa natura e non vi sia quantomeno il sospetto che l'ospitante non aspetti altro che l'ospite muoia? Insomma, se andrà bene per uno (e sarà un caso isolato), andrà male, malissimo, per gli altri novantanove».

Una bocciatura secca, ma intanto Giovanni Beghini va avanti e il sasso è stato gettato.

D.2 Ascolterete ora cosa ha detto Brigitte Bardot in un'intervista sugli italiani. Ascoltate attentamente senza scrivere. Durante il riascolto, svolgete l'attività indicata nel foglio.

Gli italiani sono degli adorabili suonatori di mandolino e degli incantevoli mangiatori di pastasciutta. L'immagine è tradizionale, ma a Brigitte Bardot piacerebbe vivere in Italia proprio per questo. Lo ha detto ieri a *France Soir*, nell'ennesima intervista sulle sue *Memorie*, pubblicate dall'editore Grasset. B. B. non è tenera con il suo paese e la Francia trova ben poca grazia ai suoi occhi. Se le cose vanno avanti così, sostiene che preferirebbe lasciare la Francia e venire a vivere in Italia. Lei adora l'Italia. La Francia ha perso il suo fascino. Le cose sono diventate brutte, non ci sono più sentimenti. In Italia, invece, ha l'impressione che ci sia ancora l'allegria, la gente suona il mandolino, fa la pastasciutta. In Francia sono tristi.

Immagine forse un po' trita, non proprio aderente alla realtà, che conferma, tuttavia, il grande amore della Bardot per il nostro paese. Nelle sue *Memorie*, l'ex-attrice e sex-symbol cita molto spesso i suoi viaggi in Italia in termini entusiastici ("Quanto l'amo!"). Quando parla di Roma, lo fa con una passione senza limiti. Afferma che era felice di ritrovare Roma e la magnifica Appia Antica. Le sue rovine, le sue trattorie tipiche e calorose, le sue sontuose tenute, i suoi cipressi, le distese di prati. Era bello, prezioso e raro.

Nelle *Memorie*, nella scelta dei luoghi del nostro paese, è evidente anche la nostalgia di un tempo irrimediabilmente finito. Lo si avverte chiaramente nella descrizione dell'isola del Giglio, dove B.B. fu accolta da Mario Adorf. Quando racconta che arrivarono in un altro secolo, in un'Italia profonda e ancora preservata dal turismo devastatore. Nessuna vettura su quell'isola circolava, solo un taxi d'altri tempi per le commissioni urgenti. Qualche carretta, trainata da adorabili asinelli, qualche bicicletta antidiluviana, niente luce e niente acqua corrente.

Difficile, tuttavia, pensare che la Bardot lasci veramente la Francia. Nelle numerose interviste rilasciate in questi giorni, l'ex-attrice ripete spesso di sentirsi francese ed è difficile immaginarla lontana dal suo paese e soprattutto dalla sua Fondazione per la protezione degli animali, alla quale si dedica con grande energia da molti anni. Vantare la bellezza dell'Italia è per lei un mezzo per criticare la Francia, e forse, più in generale, un mondo moderno che non capisce o che non vuol capire.

Trascrizione dei testi

5° test

D.1

1° testo

Ascolterete ora la storia di un uomo disperatamente solo. Ascoltate attentamente senza scrivere. Durante il riascolto, svolgete l'attività indicata nel foglio.

Jay Ramras. Trentatre anni, occhi verdi, capelli castani, un metro e 78 di altezza, volto gradevole, conversazione brillante, spiccato senso dell'umorismo. Segni particolari: ricco. È un uomo d'affari di successo, proprietario di un lussuoso appartamento e di uno chalet in riva al lago dove passa i pomeriggi d'estate a fare sci d'acqua. Ora, però, è lontano da casa sua. È venuto in Italia alla ricerca disperata di una moglie.

Un partito così appetibile che non riesce a sposarsi? Possibile? Sì, è possibile, se abiti in Alaska. Nel cuore gelido dell'Alaska, a 65 gradi di latitudine Nord, dove in questi giorni il sole sorge alle undici e tramonta alle due e mezzo del pomeriggio, e la temperatura massima è di diciotto gradi sotto zero. E guai a lamentarsi, perché presto scenderà anche a meno quaranta e più giù.

Il fatto è che in Alaska c'è mancanza di donne. Gli scapoli, oltre sessantamila su una popolazione di seicentomila persone, sono quasi il doppio delle donne nubili. E, allora, ha deciso di andare in cerca altrove.

Jay si è detto che, con tante candidate a disposizione, quella giusta l'avrebbe trovata. Il suo compito si è, però, rivelato più difficile del previsto. Lui alle ragazze piace, ma, quando pronuncia la parola "Alaska", se la danno quasi tutte a gambe levate. Per di più le ragazze che piacevano a lui non volevano saperne di andare in Alaska. E non provava nulla per quelle che invece sarebbero state disponibili a trasferirsi.

Dopo tanti "no", ora un "forse" a cui Jay si aggrappa disperatamente. È innamorato cotto di Anna, una dolce ventottenne italiana che gli ha detto di "non escludere la possibilità" di cambiar vita e seguirlo nel grande Nord. Funzionerà? È presto per dirlo. La loro, per il momento, è solo un'affettuosa simpatia. Ma il clima è il vero problema. Una californiana, abituata al caldo, ha però detto che, se è riuscita a sopravvivere lei, anche in pieno inverno, in quelle zone, sicuramente potrebbe farcela anche una italiana. «Sono graditissime, ripete, le donne dall'estero». Italiane in cerca di avventura, fatevi sotto!

2° testo

Ascolterete ora un testo che presenta brevemente un nuovo sport. Ascoltate attentamente senza scrivere. Durante il riascolto, svolgete l'attività indicata nel foglio.

Si chiama *spinning* ed è in cima alla graduatoria delle attività fisiche più praticate dalle donne negli Stati Uniti: sono 23 milioni le americane che hanno scelto questa disciplina sportiva per mantenersi in forma. Ma anche in Italia sta trovando ampi consensi: sono oramai 600 le palestre che hanno istituito corsi specifici. Letteralmente *spinning* significa "ruotare a gran velocità". Chi vi si dedica, infatti, pedala a tutto gas su una speciale bicicletta, seguendo il ritmo della musica e la voce dell'insegnante che guida il gruppo. Il tutto per una quarantina di minuti, simulando, con spostamenti dal sellino, percorsi in salita e discesa, alternati a tratti pianeggianti.

È fondamentale, specie per chi è alle prime armi, allenarsi con gradualità, così da trovare, con l'aiuto dell'istruttore, il proprio ritmo ideale di pedalata. Se non ci si muove in modo corretto, si corre il rischio di incorrere in dolori alla schiena. Anche la posizione sulla sella ha molta importanza. La sua altezza deve essere regolata in modo tale che, quando il tallone posto sul pedale raggiunge il punto più basso, la gamba resti semidistesa. È bene, inoltre, che i gomiti siano un po' piegati sul manubrio, mentre la schiena deve rispettare le curve naturali. La pedalata, infine, non deve essere a scatti, per evitare possibili problemi alle ginocchia. Al pari di qualsiasi esercizio aerobico, dove si utilizza costantemente ossigeno, lo *spinning* allena e irrobustisce l'apparato cardio-circolatorio. Praticato con regolarità, si aumenta la quantità di ossigeno nel sangue e si favorisce il ritorno del sangue venoso al cuore, prevenendo il formarsi di vene varicose, così frequenti nelle donne. In più si tonificano le cosce, glutei, addominali, senza trascurare braccia, spalle e petto. Quanto alle controindicazioni, solo chi ha problemi alle ginocchia e alla schiena è bene che consulti un medico prima di iniziare.

CELI 3

Ma i benefici non sono soltanto fisici. Lo *spinnnig*, infatti, rientra nell'attività fisica utile sia al corpo sia alla mente. Chi segue una lezione di *spinning* riesce veramente a scaricare tutti i pensieri negativi e a rilassarsi. L'utilizzo di musica evocativa, come la *new-age*, aiuta i ciclisti lungo tutto il percorso. "Libera la tua mente", "Trova il campione che è in te" sono tra gli incitamenti più ricorrenti. Così, pedalata, dopo pedalata, concentrati nello sforzo di raggiungere la meta, si stacca la spina e, quando si smette, la sensazione di stare bene prevale davvero su tutto.

D.2 **Ascolterete ora la fiaba di un re con un serio problema. Ascoltate attentamente senza scrivere. Durante il riascolto, svolgete l'attività indicata nel foglio.**

Una volta un re doveva morire. Era un re assai potente, ma era malato a morte e si disperava: - Possibile che un re tanto potente debba morire? Che fanno i miei maghi? Perché non mi salvano?
Ma i maghi erano scappati per paura di perdere la testa. Ne era rimasto uno solo, un vecchio mago a cui nessuno dava retta, perché era un po' matto. Da molti anni il re non lo consultava, ma stavolta lo mandò a chiamare.
- Puoi salvarti –disse il mago– ma ad un patto: che tu ceda per un giorno il tuo trono all'uomo che ti somiglia più di tutti gli altri. Lui, poi, morirà al tuo posto.
Subito venne fatto un bando nel reame: «Coloro che somigliano al re si presentino a Corte entro ventiquattr'ore, pena la vita».
Se ne presentarono molti: alcuni avevano la barba uguale a quella del re, ma avevano il naso un tantino più lungo o più corto, e il mago li scartava; altri somigliavano al re come un'arancia somiglia a un'altra nella cassetta del fruttivendolo, ma il mago li scartava perché gli mancava un dente, o perché avevano un neo sulla schiena.
- Ma tu li scarti tutti –protestava il re col suo mago–, lasciami provare con uno di loro, per cominciare.
- Non ti servirà a niente – ribatteva il mago.
Una sera il re e il suo mago passeggiavano per le strade della città, e a un tratto il mago gridò: – Ecco, ecco l'uomo che ti somiglia più di tutti gli altri!
E così dicendo, indicava un mendicante storpio, gobbo, mezzo cieco, sporco e pieno di croste.
- Ma com'è possibile –protestò il re– tra noi due c'è un abisso.
- Un re che deve morire –insisteva il mago– somiglia soltanto al più povero, al più disgraziato della città. Presto! Cambia i tuoi vestiti con i suoi per un giorno, mettilo sul trono e sarai salvo.
Ma il re non volle assolutamente ammettere la sua somiglianza col mendicante. Tornò al palazzo tutto imbronciato e quella sera stessa morì, con la corona in testa e lo scettro in pugno.

6° test

D.1 1° testo

Ascolterete ora un testo che parla di denti e dentisti. Ascoltate attentamente senza scrivere. Durante il riascolto, svolgete l'attività indicata nel foglio.

Sognare di farsi cavare un dente? Significa dolori in famiglia. Trovarsi (in sogno) dal dentista? Annuncia inganni. E la dice lunga sulla paura che proviamo nei riguardi di chi cura molari e incisivi. Insomma, pur di non sederci su quella poltrona, saremmo disposti a tutto. Anche a tenerci il mal di denti.
Ma la fobia dell'odontoiatra è destinata a scomparire. Perché il dentista si è alleato con la tecnologia, e soprattutto con la psicologia. Viene istruito da psicologi professionisti e ci tiene a rassicurare il paziente, sin dall'ingresso nello studio. Ieri veniva accolto da un'infermiera in camice bianco, oggi da una segretaria in borghese. Non c'è più il classico "odore di dentista" che si sentiva fin sulle scale, legato a due prodotti usati per le devitalizzazioni. La sala d'attesa sembra quella di un avvocato: filodiffusione, aria condizionata, e bando a quei poster con dentoni e bocche, omaggio delle case farmaceutiche. Quando il paziente è chiamato al suo destino, va a sdraiarsi su una poltrona, quasi sempre opera di un designer. Gli strumenti adoperati dal dentista sono leggeri e di dimensioni ridotte. Il rumore e le vibrazioni quasi scomparse.

Le novità in campo odontoiatrico sono moltissime, sostanziali e talvolta avveniristiche. Se fino a oggi per eliminare le carie c'era solo il trapano, è stato annunciato uno spray, capace di bloccare i batteri responsabili delle carie. Tra cinque anni, una spruzzatina e via. Intanto è già possibile eseguire un test per stabilire il grado di acidità della saliva e conoscere quantità e tipo di batteri presenti. La prevenzione è, comunque, sempre al primo posto. Ma la paura della seduta dal dentista non abbandona il campo tanto facilmente.
I medici provano a far crescere, a responsabilizzare i malati, mostrando una "diretta" della loro bocca. Con la telecamera "endorale", grande quanto una penna, viene ripresa l'immagine di un dente cariato o di un'otturazione rotta, che viene trasmessa su un monitor.
Il dentista si veste come un chirurgo per obbligo di legge, cambia i guanti a ogni visita, usa la mascherina e solo strumenti sterili in busta chiusa, oltre a una buona quantità di oggetti monouso, come l'aspirasaliva, per cui il rischio di contrarre l'Hiv è scongiurato.
Chi ha paura del dentista? Tutti o quasi. Ma chi non vorrebbe fare a gara con il sorriso dolce e avvolgente di Julia Roberts, con la perfezione della mascella di Claudia Shiffer? Chi bacia oggi una persona con una bocca mal curata, chi la sta ad ascoltare?

2° testo

Ascolterete ora la storia di un bambino coraggioso. Ascoltate attentamente senza scrivere. Durante il riascolto, svolgete l'attività indicata nel foglio.

Michele, quattro anni, scuote la testa come per dire no. Non ha avuto paura mentre il suo papà si sentiva male sul pedalò al centro del suggestivo lago di Piediluco.
Michele Gregoris è una specie di bimbo prodigio. Perché sembra, fisicamente ed intellettualmente, più grande della sua età. Perché con una tranquillità che ha stupito Polizia e Carabinieri, ha saputo guidare i soccorsi fino al papà Luigi, svenuto per un colpo di calore. Lo ha fatto, manovrando un telefonino cellulare con la disinvoltura di un giovanotto in carriera, e ha saputo mantenere un sangue freddo da film: il piccolo straordinario Michele, infatti, non sa nuotare. Anzi, ha paura dell'acqua, persino nella vasca da bagno. Gli piaceva, però, guardare le barche, andare con i genitori sul lago.
Era una domenica caldissima. Luigi Gregoris, 45 anni, con sua moglie, Lorella, e Michele erano andati a prendere il sole sulla spiaggetta Miramare del lago di Piediluco, a una decina di chilometri da Terni. Sono arrivati con l'autobus di linea, hanno preso da Bruno, il bagnino del piccolo stabilimento, il solito ombrellone e poi, all'ora di pranzo, hanno mangiato un primo al ristorante.
Poi Michele ha cominciato a fare i capricci. Lui adora andare in barca e voleva a tutti i costi fare in pedalò un giretto sul lago. Il caldo e il sole erano tremendi, ma, per non sentirlo più piagnucolare, il padre l'ha accontentato. In fondo, ha pensato, sul lago avrebbero potuto rinfrescarsi un po'.
Così il paziente papà Luigi affitta un pedalò e ci mette sopra il figlioletto. Chissà perché, quel giorno decide di portare con sé anche il telefonino, attrezzo un po' insolito per una "sicura" gita a pochi metri dalla riva.
Comincia a pedalare. Michele è felice, ha smesso di protestare, vorrebbe perfino dargli una mano a navigare, ma è troppo piccolo e non arriva ai pedali. Luigi si carica di tutto lo sforzo. Ma a un certo punto il caldo, lo sforzo fisico, cui non era allenato, e la digestione gli giocano un brutto scherzo.
Dovevano essere a due-trecento metri dalla spiaggia quando papà Luigi si rese conto che stava per perdere conoscenza. Oddio, cosa fare? Il telefonino! Trovando dentro di sé l'ultimo filo di energia, ha passato il telefonino a Michele. Lui ha cominciato a conoscere i numeri. Con un filo di voce gli ha balbettato di fare l'uno-l'uno-tre. Poi ha visto tutto nero. E ha perso conoscenza.
Sono circa le tre del pomeriggio. Quando Michele vede il papà farsi bianco e chiudere gli occhi, che non parla più, prova a chiamarlo, ma lui non risponde. Allora decide di obbedirgli, di ascoltare le sue ultime parole: compone uno-uno-tre, sulla tastiera, il 113. Poi fa quello che ha visto fare tante volte al suo papà: schiaccia il bottoncino verde, quello che serve per fare partire la chiamata.
A quel punto i soccorsi sono già partiti, ma, ancora una volta, senza l'aiuto dell'intelligentissimo Michele, sarebbe stato difficile rintracciarlo.
Indicazioni preziose. Il suo papà è salvo! Michele gli sorride felice e lo abbraccia forte.

CELI 3

D.2 Ascolterete ora un'intervista ad un famoso creatore italiano di moda. Ascoltate attentamente senza scrivere. Durante il riascolto, svolgete l'attività indicata nel foglio.

C'è chi, di ritorno dal Giappone, giura di aver ricevuto per strada astronomiche offerte di denaro in cambio dell'abito firmato Armani che aveva addosso. E c'è chi, in Italia, ha assistito a un'estenuante trattativa tra un commesso, cortesemente scettico, e un giapponese, visibilmente disperato, che, non avendo trovato il capo Armani che desiderava nella sua misura, chiedeva gliene fosse ridotto a bonsai uno di un considerevole numero di taglie in più. Amatissimo dagli abitanti del Sol Levante, lo stilista ha tenuto di recente a Tokyo una sfilata che ha incollato davanti alla televisione dieci milioni di giapponesi.

— *Signor Armani, la moda giapponese oscilla tra la tradizione storica e avanguardia, entrambe difficili da conciliare con le esigenze di oggi. Pensa che la nostra moda abbia un così grande successo per aver colmato questo vuoto?*
— Penso che il Giappone sia un grande Stato, ma anche un Paese relativamente piccolo, che per secoli ha vissuto della e nella sua cultura e che oggi è letteralmente affamato di Occidente: lo si vede dal numero di turisti che scelgono come meta le nostre città d'arte, dall'interesse delle loro company a formare *joint venture* con gli occidentali e dal successo della nostra moda. Più che colmare il *gap* fra tradizione e avanguardia, la moda italiana è considerata un vero e proprio *status symbol*, una chiave d'ingresso nel mondo occidentale.
— *Da poco tempo ha aperto una nuova boutique in Florida, l'ottava negli Stati Uniti, un altro Paese dove lei gode di grandissimo successo. Quanto, in termini economici, America e Giappone sono importanti per la sua griffe?*
— Sono entrambi importantissimi, ma bisogna tener conto delle dimensioni diverse dei due Paesi e, dunque, di due realtà che non possono essere messe brutalmente a confronto. In termini di cifre, gli Stati Uniti, nell'anno precedente, hanno rappresentato il 33% del fatturato dell'esportazione, il Giappone il 10%.
— *Ci sono ricordi, fatti, oggetti della sua casa che la legano in modo speciale a questi due Paesi?*
— La mia casa di Milano ha strutture e colori decisamente giapponesi, anche se poi l'arredamento è fatto di mobili anni venti. Ma la mia villa di Broni starebbe benissimo nella campagna vicino a Boston: raccolgo suggestioni in tutto il mondo, le filtro attraverso il mio stile e convivo serenamente con più di una cultura e più di un'etnia.

7° test

D.1 1° testo

Ascolterete ora un'intervista al direttore di un giornale. Ascoltate attentamente senza scrivere. Durante il riascolto, svolgete l'attività indicata nel foglio.

— *Direttore, Buongiorno!*
— Buongiorno!
— *Sono otto mesi che lei è in questa stanza. Lei è diventato direttore di questo giornale, dopo essere venuto dall'America e da allora molte cose sono cambiate. Come si trova?*
— Mi trovo bene! Sono arrivato forse in uno dei momenti più difficili per il giornalismo, sia per la crisi, per la crisi della pubblicità che è la crisi di tutta l'economia, globale, non è una crisi né nostra, né italiana, né europea. È una crisi mondiale. E poi anche dall'altra parte perché quello italiano è un momento particolarmente confuso e aggressivo. Per cui diciamo che sono partito nella situazione più difficile. Questo fa ben sperare.
— *Direttore, Lei è milanese, è stato in America, ha lavorato a Roma... ha già lavorato per il suo giornale, nelle pagine di Roma, e... come si trova qui a Torino, in una città che si identifica molto nel Suo giornale?*
— Diciamo che non sono un estraneo totale, anche perché sono di madre torinese e di nonni piemontesi, quindi come dire, una parte delle mie radici sono qui. In passato avevo già lavorato per questo giornale, ma penso che la cosa importante sia... Sa, io mi sono trasferito qui con tutta la famiglia, immediatamente, le mie bambine vanno all'asilo qua, vivo qui, faccio la spesa qui. Mi muovo nella città. Credo che l'importante sia di non pensare di arrivare in un posto e spiegare, alle persone, come stare al mondo e spiegare loro quello che gli succede ogni giorno, ma sia anche guardare, studiare, ascoltare.

Trascrizione dei testi

— Ecco, ma che tipo di giornale è il Suo giornale?
— Vuole essere un giornale... Come posizionamento io penso che oggi ci sia bisogno di un giornale che parli con toni più sereni e pacati di quelli che ci sono in giro e che parli alle persone cercando di spiegare le cose che accadono, più che prendere posizione. Cioè cercare di dare delle chiavi di lettura di quello che succede ogni giorno, e io penso che questo sia nel *dna* di questo giornale che è sempre stato un quotidiano rigoroso, laico, inflessibile sul rispetto delle regole, sull'etica e questo penso che sia fondamentale, ma non è mai stato un giornale di parte. Volendo fare una metafora, io sono convinto che l'Italia sia come uno stadio, oggi siamo molto simili a uno stadio, in cui però non dobbiamo sbagliarci, gli ultrà delle due curve sono sì quelli che si sentono di più, ma non sono mica maggioranza, e soprattutto non sono quelli che pagano il biglietto. Allora io sono convinto invece, che ci sia una parte che grida di meno, che però è stanca di questi scontri ideologici che non parlano mai di cose pratiche, reali. Di che cosa succede, di che tipo di futuro abbiamo, non parla dello stato dell'Università, della scuola, dei trasporti pubblici, dei treni, della sanità, che non affronta quelli che sono i problemi reali del Paese e non guarda mai a un futuro che sia più lontano della propria polemica politica del giorno dopo.

2° testo

Ascolterete ora un testo che parla di una donna che è diventata Santa. Ascoltate attentamente senza scrivere. Durante il riascolto, svolgete l'attività indicata nel foglio.

Caterina da Siena era dinamica e volitiva. Girava di notte come un uomo, scriveva a papi e re, litigava con Dio. La "senese matta", la chiamavano i nemici. Ma lei è diventata santa e dottore della Chiesa.
La lotta di Caterina era iniziata molto presto. Quando nasce, il 25 marzo del 1347, la madre è già al suo ventesimo parto. Le bambine -il parto è stato gemellare- sono così deboli che nessuno spera sopravvivano. Invece Giovanna muore e Caterina resiste. Ma non è una figlia come le altre. È subito diversa, come se appartenesse a un altro mondo, raccontano i genitori di fronte al suo desiderio intenso di solitudine, a quei sogni a occhi aperti comuni a tutti i bambini, ma in lei talmente particolari e grandiosi, con quelle schiere di draghi, poi di angeli, poi di cavalieri e di diavoli. Il padre è tintore e ha la bottega sotto casa, la madre, tra un parto e l'altro, si occupa dei conti e dei debitori.
Non è che Caterina, una volta cresciuta, disprezzi il lavoro. All'età di dodici anni insiste con il padre di volere uno spazio tutto suo in casa, una stanza dove rifugiarsi e stare da sola. In quell'oasi finalmente conquistata di libertà, corre sempre più spesso, per pregare, meditare, abbandonarsi a quelle sue splendide visioni che nessuno vuole ascoltare. L'unica persona a cui concede la sua presenza è la sorella maggiore, appena sposata, che riesce a trascinarla a qualche festa e a illudere i genitori che Caterina, forse, tornerà a essere come tutte le altre ragazze. Ma qualche mese dopo la sorella muore e Caterina, che l'ha assistita tutta la notte, prende la sua decisione: diventerà suora. In casa è la guerra. A Caterina viene proibito di stare da sola, di pregare, di digiunare, le vengono lasciati i lavori domestici più umili. Caterina prosegue i digiuni, le veglie, le preghiere, e alla fine la sua volontà è premiata: riesce a entrare nell'Ordine e a diventare suora.
La strada che si è scelta è solitaria. Per tre anni uscirà di casa solo per andare a messa. Ha voluto la libertà di muoversi e incontrare il mondo, ma le uniche parole che pronuncia sono quelle delle preghiere o della confessione, oppure di quei dialoghi segreti che tiene con Dio nella sua stanza. La si sente discutere, litigare, come se Dio fosse un suo pari o un suo amico.
Poi un giorno, all'improvviso, esce di casa e comincia a lavare i panni per i malati, a chiedere l'elemosina per tutta Siena. La passione, con cui prima pregava e dialogava nella sua stanza, sembra aumentare. È analfabeta, eppure si mette a dettare lettere ogni giorno, anche tre alla volta. Scrive a parroci, consiglieri, uomini di governo con uno stile deciso, capace di lanciare accuse terribili. La sua prima lettera al Papa – ha poco più di vent'anni ed è la prima donna ad osare tanto – è un capolavoro di coraggio e di diplomazia. E alla fine, su sua richiesta, il Papa torna a Roma e lei lo segue.
A Roma, tuttavia, non l'aspetta il riposo. La riforma della Chiesa è ancora tutta da cominciare, troppi interessi da colpire. Mattina e sera va a San Pietro; ha trentadue anni ma ne dimostra sessanta. Alla vigilia del suo compleanno non riesce più ad alzarsi, ma non smette di dare ordini. Alla morte la pelle si era fatta scura, come cotta dal sole o bruciata da una fiamma. Poco prima aveva dettato: "Nella tua natura, Morte, conoscerò la natura mia. E qual è la natura mia? Il fuoco".

CELI 3

D.2 Ascolterete ora di un contadino che ama la sua terra. Ascoltate attentamente senza scrivere. Durante il riascolto, svolgete l'attività indicata nel foglio.

Turi Scirpu abitava in via Delle Calcare, quasi sulla cima della collina, dove le poche abitazioni erano isolate in mezzo alla campagna. Era una delle case più alte sul pendìo: da qui si scorgevano il mare lontanissimo, in mezzo alle montagne, e la cima bianca dell'Etna. Turi Scirpu era contento della sua casa, poiché era stata costruita cento anni prima, e aveva i muri larghi per resistere anche ai terremoti; del resto, egli era nato lì dentro e vi erano nati anche i suoi tre figli, Alfio, Stellina e Tanuzzu.

Alto, un po' curvo nella schiena, scuro di pelle e con i capelli e i baffi grigi, pareva più vecchio di quanto non fosse; tuttavia era pieno di vigore, con un collo largo come un cavallo. Non sapeva né leggere né scrivere, ma ciò non aveva avuto mai molta importanza nella sua vita, poiché egli era sempre stato contadino e sapeva ogni cosa per il lavoro della terra; sapeva anche costruire un muro, oppure ferrare un cavallo, oppure scavare un pozzo in mezzo alla campagna. Era un uomo ignorante e buono il quale credeva solo alle cose che aveva visto o conosciuto, senza mai cercare di sapere cosa esistesse al di là delle montagne. Da quarant'anni la sua famiglia coltivava un podere dell'avvocato Trapanese ed egli voleva soprattutto diventare il padrone di quella terra. Si era tolto perciò il pane dalla bocca, raccoglieva i rami e le foglie dai muri, per accendere il fuoco d'inverno. Diceva che la terra era la sola cosa sicura al mondo, che poteva anche venire il terremoto o la guerra e che, dopo cent'anni, tutti gli uomini sarebbero morti e i palazzi scomparsi, ma la terra, sarebbe esistita sempre. Sua moglie si chiamava Santuzza ed era piccola e magra di corpo, con le mani e i denti forti, così chiara, però, negli occhi e bianca nella pelle da non sembrare nemmeno una contadina. Aveva, tuttavia, le palme delle mani dure come il legno. Anche lei analfabeta, non era stata mai al di là delle montagne e non aveva mai visto una città.

8° test

D.1   1° testo

Ascolterete ora un'intervista all'Arcivescovo di Bologna. Ascoltate attentamente senza scrivere. Durante il riascolto, svolgete l'attività indicata nel foglio.

— *Eminenza, mi permetto innanzi tutto, di farLe i più cari auguri per le feste di Natale.*
— Grazie, grazie infinite, contraccambio.
— *E... La ringrazio di essere qui con noi, in queste giornate che evidentemente per Lei sono di grande lavoro, se si può dire lavoro o comunque di grande preghiera. Lei è la persona che si è più occupata di tutto quello che è matrimonio, famiglia, che se ne è occupato in tante vesti, in tanti modi e anche in tanti Paesi, ... ecco come passano il Natale, secondo Lei le famiglie italiane? Cosa ha pensato per le famiglie italiane?*
— La prima cosa che mi viene da pensare è la situazione di grave preoccupazione economica in cui si trovano ancora tante famiglie, più di quello che si pensi. Abbiamo cercato durante questo anno che sta per terminare di essere vicino alle famiglie, abbiamo fatto un fondo emergenza famiglie, che ha aiutato più di 500 famiglie.
— *Parliamo di Bologna, la Sua Arcidiocesi...*
— Sì sì, certo, e ... abbiamo notato, i miei collaboratori ed io, che l'aiuto richiesto e dato riguardava soprattutto la spesa della casa: l'affitto. Pensi proprio qualche ora fa, prima di venire qui, il mio segretario mi ha informato di un caso molto grave di una famiglia sotto sfratto ormai, che in fondo si è rivolta al suo Arcivescovo, diciamo, come all'ultima spiaggia, ... quindi la prima cosa è questa. Un'altra cosa, non in ordine d'importanza, ma solo nella enumerazione, e oserei dire che questa è quella che mi inquieta più di tutte: cioè la paura, perché i giovani si rendono conto che impegnarsi per il futuro, è pericoloso ... è stato fatto credere a molti di loro che l'impegno è l'opposto della libertà. Però dentro a questo io vedo due cose. Primo il fatto che Dio stesso, facendosi uomo, ha percorso questa strada. È nato da una una donna, come ogni bambino, è cresciuto all'interno di una famiglia. È stata una donna, prima di tutto, che l'ha educato nella forma della sua umanità che è stata la religione ebraica. Ecco... allora, questo grande fatto che è poi il fatto del Natale

Trascrizione dei testi

in fondo no? Cioè di questa esaltazione della dignità della famiglia e dall'altra parte, la conoscenza di tante famiglie, sia giovani che di media età che anziane, che vivono ... ecco, una buona vita familiare. In una delle ultime visite che ho fatto, alle comunità delle nostre montagne, sono andato a trovare due persone anziane: "75 anni di vita matrimoniale" hanno detto "e ci vogliamo bene come il primo giorno".
— *L'Italia però ... forse c'è un cambiamento ormai da alcuni anni no? Che è stato raccontato nei libri, nel cinema, ... che i ragazzi per alcuni motivi, che citava Lei, come la paura di non avere i soldi per pagare l'affitto, rimangono in famiglia di più, hanno paura di allontanarsi dalla casa paterna.*
— Sì, il fenomeno è molto frequente ed ha varie cause. Ma sono sempre più convinto che una delle cause principali sia quello che dicevo prima, e cioè ... la paura. In genere oggi i giovani guardano al futuro più con paura che con speranza. Questo è tremendo!
— *A cosa è dovuto? Alla mancanza del lavoro? A che cosa?*
— Io credo che, indubbiamente la mancanza di lavoro abbia il suo peso, ma penso che ci sia una causa più profonda: li abbiamo introdotti in un mondo dicendo loro che questo mondo non rimanda a null'altro che a se stesso. Che non c'è un senso ultimo in questo mondo, e che pertanto, in fondo, siamo qui per caso. Cerchiamo di vivere qualche istante di felicità, perché veniamo dal niente e siamo destinati al niente ... e abbiamo distrutto la speranza.

2° testo
Ascolterete ora un testo che tratta di un triste aspetto dell'emancipazione: l'abitudine delle donne a fumare. Ascoltate attentamente senza scrivere. Durante il riascolto, svolgete l'attività indicata nel foglio.

Le notizie allarmanti sull'abitudine al fumo di sigarette nella popolazione femminile milanese sono sorprendenti. Le donne hanno meno paura della morte, così si dice. Per la confidenza maggiore con i fatti naturali della vita, che sembrano riguardarle di più: la nascita dei figli, le prime rughe, la menopausa e tanti momenti importanti della vita che le vedono protagoniste. Nessuna certezza, ma molte teorie antropologiche e psicanalitiche sembrano orientate in questo senso. Ma non ci può bastare questa considerazione per spiegarci tutto. Perché a Milano le donne, che ci sembrano, e sono, così emancipate ed impegnate sarebbero le più sorde alla razionalità di una campagna antifumo così intensa e pluriennale? Si dice: proprio per il loro impegno lavorativo e sociale che le rende più competitive e stressate. Ne consegue che l'emancipazione è un fatto non solo positivo. È più che altro frutto di necessità. Competitive, brave e indifese. Inoltre, la qualità della vita, istintivamente percepita, è per tanti uomini pensata in modo in gran parte dipendente dal reddito e sta prendendo spazio così concepita anche tra le aspirazioni psicologiche femminili. Più della lucentezza della pelle, del mantenersi d'aspetto più giovane, più della salute stessa? Non pare del tutto (o ancora) che sia così. Dovremmo allora scoraggiare il fumo con argomenti per le donne diversi, apparentemente meno scientifici, più irrazionali, meno drammatici, ma forse più efficaci perché più superficiali? Di tumore polmonare si muore, ma le rughe vengono prima. Si sa: i tumori capitano sempre agli altri. E invece il "prezzo" di terapie non leggere e di sofferenze inevitabili dovrebbe essere detto: per suggerire che fumare è cosa grave ma soprattutto stupida e non conveniente.

D.2 Ascolterete ora un racconto di un uomo che spiega i motivi del suo amore per il viaggio e di un incontro particolare. Ascoltate attentamente senza scrivere. Durante il riascolto, svolgete l'attività indicata nel foglio.

Non sono io che mi metto in viaggio; è il viaggio che si mette in me e mi possiede, che mi fa diventare ciò che in fondo sono, ma che soltanto il viaggio è capace di farmi conoscere. Scopro di essere un uomo guidato dalla logica ossessiva del viaggio. Rivedo nella mia fantasia l'acquisto degli oggetti da toletta, l'acquisto di qualche indumento nuovo, la preparazione meticolosa della valigia, la scelta del libro e della rivista; il percorso da casa all'agenzia per il biglietto, la corsa verso il treno... e, infine, a conclusione di tutto, l'immagine della donna che sicuramente sarà lì ad aspettarmi sul sedile di fronte, pronta a diventare mia docile compagna di viaggio.

CELI 3

Ed eccomi…, "viaggio", mentre vado recitando la mia parte di viaggiatore in un rituale che trasforma ogni mio viaggio in un'avventura. La donna, infatti, era lì, sola; e mi attendeva, come per godersi la scena che andavo ripetendo in cento gesti abituali e ripetitivi: trarre dalla borsa la scatola della toletta, slacciare il cinturino dell'orologio, preparare la biro per il cruciverba, sistemare i libri, gli occhiali e una rivista a portata di mano… Cercai di distrarmi con un paziente lavoro per infilare il collo della bottiglia d'acqua minerale nell'apposito sostegno di plastica sulla parete; quindi preparai il cappotto da tirare sulle gambe in caso di freddo, o da indossare in fretta.

È in questi minimi insignificanti segni che si riconosce l'anima del vero viaggiatore allenato ai lunghi viaggi. Egli deve dimostrare in questi gesti di conoscere la scienza del viaggiare: quando abbassare le tendine, quando girare l'interruttore della luce azzurra per la notte, quando portare la manopola del riscaldamento dal "max" all'"automatico". Un viaggiatore, così esperto, non aprirà mai un finestrino in piena notte. Di solito siamo commessi viaggiatori o professori con incarichi nelle università migliori, in attesa di cattedra; o anche giornalisti alla ricerca di notizie per la provincia. A chi potevo somigliare? Spesso mi ero divertito a confondere i miei casuali compagni di viaggio, lasciandoli nel dubbio se avevano scambiato parola con un rappresentante di prodotti farmaceutici o con un inviato speciale d'un quotidiano; ma io volevo semplicemente farmi notare come un viaggiatore esperto.

Troppo facile il confronto con lei! Si era già seduta con la pelliccia sulle gambe, in una posizione scomoda in cui non resisterà a lungo: come me la riderò quando si sveglierà con una gamba addormentata… Non aveva con sé un giornale, una rivista, un libro; niente acqua minerale o termos in vista! Le scarpine, nascoste sotto il sedile; il cappello sulla seconda rete a qualcirsi, sotto il peso della borsa, buttata, al pari delle valige una sull'altra. Un'attrice, immaginai; partita in fretta, terminata la recita tra impazienza e stravaganza; questo dicevano i suoi vestiti, la sua borsetta, tutta roba di prima qualità, ma piuttosto trasandata.

9° test

D.1 1° testo

Ascolterete ora un'intervista ad un importante imprenditore. Ascoltate attentamente senza scrivere. Durante il riascolto, svolgete l'attività indicata nel foglio.

Oggi è nostro ospite un imprenditore di grande successo.
— *Buongiorno! Qui siamo a Milano una delle sedi della Sua azienda, però il cuore dell'azienda si trova nelle Marche, no? Dove Lei ha fatto questo stabilimento…*
— *È lì, è lì, l'anima è lì!*
— *Sì, è nato lì e non si è neanche "inventato" diciamo l'idea no? … Suo nonno era un grande calzolaio, Suo padre era già un industriale che faceva scarpe, per case di moda francesi… La leggenda dice che Lei al World Astoria di New York, avendo già deciso, praticamente di nascosto, di non diventare avvocato, come voleva Suo padre, … insomma si era detto lì a New York … «perché devo fare le scarpe per gli altri? Cosa posso fare per inventarmi le mie!» …*
— *Ma … più o meno… L'idea era quella di arrivare un giorno ad avere dei marchi propri e venderci le cose, magari negli stessi posti, però con dei marchi di casa nostra. Mio nonno faceva il calzolaio, era il ciabattino del paese, mio padre, da ragazzino, lavorava con mio nonno, insieme ai miei fratelli … lavoravano in quella che a mezzogiorno era la cucina e alle due diventava il laboratorio, insomma storie, in Italia, ripercorribili in decine di migliaia di altre famiglie. E poi ha cominciato a costruire prodotti di grande qualità, che poi era la cosa per lui più importante, con un grande amore per la pelle e per le scarpe. Poi la mia idea era quella di … perché no? Di vendere in giro per il mondo, con il nostro nome, e diventare proprietari di tutta la filiera: dalla produzione alla distribuzione. Quindi questi allora erano un po' dei sogni, la voglia, l'auspicio di poterlo fare… Poi con un po' di fortuna magari l'abbiamo anche fatto!*
— *Qual è il suo motto? Nello stemma? …*

Trascrizione dei testi

— No, ... non avendo un motto e non essendo un nobile ...
Finisce con divertimento, ci sono tre "d".
Un giorno mi sono detto cosa potrei dire a mio figlio in tre minuti se poi mi dovessi ammalare. L'idea è stata quella di sintetizzare un po' il motto di casa nostra e quindi ... un motto fatto in casa, da noi "Dignità" - "Dovere" - "Divertimento" in questa sequenza ... quindi credo che sia ...
— *La dignità cosa sarebbe secondo Lei?*
— La dignità è la schiena dritta, la dignità è avere dei valori forti, cercare di non perdere mai di vista cosa è importante e cosa non lo è, e di non mercanteggiare mai per le cose serie, in nessun modo. La dignità credo che sia il filo conduttore e quello che ci permette di non vergognarci mai davanti ai nostri figli ... no?
— *Lei è attento come padre? Li vede molto i figli? ... Parla molto con loro?*
— Io ne ho due, uno che oramai è grande, mi ha dato anche un paio di nipotini ... l'attenzione è sempre stata la stessa, il tempo a disposizione è un po' cambiato, o forse ne avevo di meno quando ero giovane, adesso non è che ne ho di più, però quello che ho, come tempo libero, lo dedico a mio figlio, anche perché voglio crescerlo in modo tale che poi non ci siano sorprese quando sarà grande.

2° testo
Ascolterete ora un testo che tratta dei pericoli dell'aumento della temperatura della Terra. Ascoltate attentamente senza scrivere. Durante il riascolto, svolgete l'attività indicata nel foglio.

Uragani oceanici di intensità inedita. Inondazioni dovute ai ghiacci che si sciolgono e a piogge di intensità anomala. Siccità in Africa, ma anche in Italia e in Grecia. Scomparsa di molte zone paludose nelle regioni interne della Spagna. Tutto questo perché la Terra è più calda di mezzo grado. Un cambiamento avvenuto in meno di un secolo: appena percettibile per i sensi dell'uomo, ma sconvolgente per l'equilibrio del pianeta che reagisce violentemente, provocando fenomeni imprevedibili e spesso catastrofici. Mezzo grado in più vuol dire che i ghiacci dei poli si sciolgono e fanno aumentare il livello dei mari di 18 centimetri (fino a oggi), con la perdita di numerose zone paludose nel golfo del Messico e sulle coste degli Stati Uniti. Più vicino a casa nostra, il Mediterraneo ha subíto un innalzamento di 15 centimetri nel corso di questo secolo, con evidenti danni all'economia costiera; rendendo più grave, tra l'altro, l'emergenza Venezia.
Ma non è tutto: mezzo grado sembra nulla al grande mammifero uomo, ma è sufficiente a virus e batteri per acquistare la forza di espandersi oltre il loro *habitat*; la zanzara della febbre gialla, che in Costa Rica era bloccata all'interno del Paese dal clima rigido delle catene montuose, oggi ha superato la barriera e infesta le coste. I segni del riscaldamento globale sono assai più tangibili di quanto possa indicare il termometro. La preoccupazione è che un ulteriore innalzamento della temperatura possa essere disastrosa. Ma: di chi è la colpa? È un effetto naturale o una conseguenza delle attività umane? E perché dovremmo preoccuparci?
La questione dell'innalzamento della temperatura media terrestre è uno dei problemi scientifici più controversi. Ci sono, però, alcuni punti su cui sono tutti d'accordo. I raggi luminosi che dal Sole arrivano sulla Terra vengono riemessi verso l'alto sotto forma di radiazioni termiche, ma una buona parte di queste radiazioni non riesce a uscire dall'atmosfera, perché rimane ingabbiata dallo strato di gas che avvolgono il pianeta: è l'ormai celebre effetto-serra, così definito proprio perché riproduce, su scala planetaria, il meccanismo che permette il riscaldamento delle serre. I gas responsabili di questo fenomeno sono soprattutto il vapore acqueo e l'anidride carbonica, insieme ad altri composti. I livelli di vapore acqueo sono pressoché costanti nei secoli e indipendenti dall'attività umana. Non è così per l'anidride carbonica, che viene scaricata in cielo ogniqualvolta produciamo energia con un combustibile fossile. Lo sviluppo industriale e urbano dell'ultimo secolo ha fatto aumentare in maniera considerevole i livelli di anidride carbonica nell'atmosfera. Anche perché ai consumi di energia è corrisposta una progressiva diminuzione delle foreste, che, nel loro ciclo vitale, consumano anidride carbonica, trasformandola in ossigeno.

CELI 3

D.2 Ascolterete ora un testo che tratta di una difficile convivenza. Ascoltate attentamente senza scrivere. Durante il riascolto, svolgete l'attività indicata nel foglio.

Un po' alla volta la mia convivenza con Paolo e Fiorenza è diventata difficile. Paolo e Fiorenza erano come due giovani squali insicuri, frenetici attorno al telefono ogni volta che squillava. Erano sempre attenti a non tradirsi o dimostrarsi troppo ingenui. Vedevano Milano come una pista a ostacoli, e, ogni salto, come l'ultimo della serie. Da ogni minimo episodio si aspettavano conseguenze di qualche importanza per le loro vite.

Vivevamo nella casetta sul Naviglio ed eravamo tesi tutto il tempo. Il bagno era l'unico spazio davvero privato della casa, e, ciascuno di noi, cercava di passarci più tempo possibile. A volte mi chiudevo dentro, aprivo il rubinetto e stavo semplicemente a guardare lo specchio; non mettevo a fuoco la mia immagine, ma oltre. Mi lavavo molto spesso i capelli; stavo mezz'ora sotto l'acqua calda e mi lasciavo scorrere senza problemi. Dopo una settimana ho trovato sul lavandino un piccolo cartello con scritto: «Corrado per piacere ricordati di comprare lo shampoo». Non so bene il perché, ma questa nota mi ha infastidito. Fiorenza teneva il suo shampoo in un barattolo di vetro da un litro, sotto la finestra del bagno. Era uno shampoo naturale, scuro, che produceva pochissima schiuma. Dopo il cartello, ho preso a usarne molto più di quanto me ne serviva; mi lavavo la testa anche due volte al giorno. Credo di avere una tendenza a esasperare le tensioni che già esistono. Ogni volta che entravo in bagno, avevo l'impressione di peggiorare le cose. Una sera ho sentito Fiorenza piangere in camera da letto che diceva a Paolo che le stavo consumando tutto lo shampoo e che non ne poteva più di quella situazione. Sembrava che, se avessi comprato anch'io lo shampoo, la nostra convivenza sarebbe diventata facile. Un giorno Fiorenza ha scoperto che un negozio di cibi naturali aveva bisogno di due persone per una breve iniziativa pubblicitaria. Era attaccata al telefono e faceva gesti a me e Paolo; indicava con le dita quanto avrebbero pagato all'ora. Paolo faceva finta di non vederla. Stava aggrappato alla macchina da scrivere, in attesa che qualcuno lo venisse a cercare. Le ho detto subito che il lavoro mi interessava. Il giorno dopo ci siamo alzati presto, alle otto e mezzo. Il paesaggio attorno a casa era ancora più anonimo e grigio nei contorni degli edifici. L'aria era umida, l'unico elemento vivo erano le automobili che scorrevano a fiumi, lungo i tracciati della pianura. Quando siamo arrivati, abbiamo lasciato la macchina in un parcheggio, poi abbiamo percorso una strada a piedi. Il negozio aveva una porta di legno scuro, in vetrina erano esposti barattoli di miele, sacchi di zucchero integrale. Siamo entrati. Una ragazza alta è venuta subito a salutarla. Credo che si conoscessero dalla scuola; o erano state vicine di casa.

10° test

D.1 1° testo

Ascolterete ora un'intervista al sovrintendente di uno dei più famosi teatri al mondo, il teatro alla Scala di Milano. Ascoltate attentamente senza scrivere. Durante il riascolto, svolgete l'attività indicata nel foglio.

— *Buongiorno, io La ringrazio, siamo qui con il Sovrintendente Artistico del Teatro alla Scala di Milano, siamo alla vigilia forse del momento più importante dell'anno... no? Che è "la prima" della Scala. Quest'anno come sempre il sette di dicembre... La Carmen... che torna, l'ultima è stata nell'ottantacinque, dunque sono passati molti anni... Allora... grande emozione? La vedo calmo però, eh...?*

— Sì, ... ma io sono calmo ... sì, sì. È sempre emozionante ed ovviamente in questi giorni perché è l'inizio della stagione, c'è un'attesa enorme e allora dobbiamo essere anche consapevoli dell'importanza di questa serata. Però per me è "la prima" di una stagione che durerà fino a ottobre dell'anno prossimo e questo vuol dire per me trecento alzate di sipario, dopo questo sette dicembre.

— *Senta ma ... è molto caro andare alla Scala? Costa molto?*

Trascrizione dei testi

— No ... il quattro dicembre noi facciamo "l'anteprima" per i giovani, under trenta, che pagano dieci Euro per lo stesso spettacolo che sarà quello del sette dicembre.
— *E quindi ieri hanno visto una cosa che vedranno tra pochi giorni ...*
— Esattamente lo stesso spettacolo ... e poi c'è un'offerta molto più importante per i giovani, durante tutta la stagione, ci sono gli abbonamenti, ... io penso che stiamo facendo uno sforzo particolare per i giovani, per portare i giovani al teatro La Scala.
— *Ma la lirica ... piace ai giovani? Molto?*
— Sì, noi ... quando abbiamo aperto questa serata del quattro dicembre, abbiamo avuto in tre quattro minuti diecimila richieste di informazioni su questa serata del quattro, riservata soltanto ai giovani. Basta andare su Facebook per vedere che noi abbiamo un club oggi di più di quindicimila appassionati, per la maggior parte giovani, che sono *fan* della Scala. Piace molto ... certo dipende dal repertorio ... e poi soprattutto dipende da come si propone ... e noi facciamo ... L'Opera.
— *Voi avete portato l'Aida a Tel Aviv, il Requiem di Verdi a Parigi, siete stati a Mosca, siete stati a Berlino, ... a Tokio. Ecco questa Scala che viaggia ... è una novità ...*
— Sì, veramente ... oggi abbiamo delle proposte dal mondo intero, per portare questa Scala con ovviamente un Direttore come Daniel Barenboim ... però anche Daniele Gatti ... anche con altri direttori ...
— *Ma quando si porta l'Aida, ...l'Aida di Zeffirelli per esempio, è uno spettacolo enorme .. si tratta di un costo ... eccessivo ...*
— Eh sì .. costa molto perché sono quasi quattrocento persone, non è poco. Costa molto, ma è pagato ovviamente dall'organizzatore del Paese che ci invita e poi ci sono gli aiuti di alcuni sponsor ... per il viaggio.
— *Viene molta gente a Milano ... per La Scala?*
— Sì ... quando sono arrivato mi hanno detto una cosa che mi ha molto stupito ... mi hanno detto che quasi il sessanta per cento degli abbonati della Scala vivono a meno di due chilometri dalla Scala. Questo vuol dire che questo teatro ha due posizioni ... una locale, molto milanese, e una posizione mondiale ... e questo è molto interessante.
— *Mondiale vuol dire ...*
— Mondiale vuol dire che ogni serata il quindici venti per cento del pubblico ... americani, giapponesi, cinesi, proviene da tutti i paesi del mondo e ovviamente dall'Europa ...

2° testo

Ascolterete ora un testo che tratta di un uomo che ha deciso di fare la psicoanalisi. Ascoltate attentamente senza scrivere. Durante il riascolto, svolgete l'attività indicata nel foglio.

Fare la psicoanalisi è, almeno apparentemente, la cosa più semplice del mondo, nel senso che la cura consiste nell'andare dallo psicanalista due o tre volte la settimana e forse anche più, secondo i casi; nello stendersi sullo speciale lettino o divanetto, ideato dal dottor Sigmund Freud per facilitare il rilassamento; nel rilassarsi, appunto, e nel raccontare, in assoluta libertà, tutto ciò che passa per la testa. Ma soprattutto, sempre che sia possibile, sogni fatti di recente e la libertà espressiva, che è senz'altro indispensabile, dovrebbe risultare tanto più agevole, poiché il lettino o divanetto è disposto in modo che il cliente non possa vedere l'analista. Questo giusto per togliergli l'imbarazzo, dato che la psicoanalisi è un po' come la confessione, cioè non servirebbe a niente, se uno non andasse a raccontarvi la verità. E, siccome la verità la si dice meglio a se stessi che non agli altri, ecco che il prete si nasconde dietro la tenda e l'analista alle spalle del paziente, per rendere tutto più semplice; sebbene qualche volta il paziente si distragga a pensare cosa faccia l'analista, mentre lui, rivolto da un'altra parte, si rilassa e racconta.

Per ciò che mi riguarda io penso che, a giudicare almeno dai rumori, il mio analista giocava con le chiavi dei cassetti della scrivania e spesso trovava difficoltà ad accendersi il sigaro con l'accendino, dato che doveva manovrare l'accendino anche cinque o sei volte, prima di accendersi il sigaro, o prima di rinunciare ad accenderselo.

Il dottor Freud è stato senza dubbio un grande uomo, come inventore della psicoanalisi, tanto che molti non esitano a collocarlo tra i pochi geni che hanno aperto nuove porte all'umanità. Però, con quel suo lettino ha commesso un errore, e, in effetti, per quante volte mi sono disteso su quel lettino, mai una volta mi pare che mi sia rilassato per bene. Ma, nonostante la paura e la tensione, io non ne ho fatto parola al medico, forse anche per non dargli un dispiacere, dato che ero certo che il lettino o divanetto, almeno con me, non funzionava. Io avrei fatto qualsiasi cosa per non dare dispiaceri al mio medico analista e questa era una delle storie che facevano arrabbiare mia moglie, che affermava che avevo più riguardi per una persona che mi mangiava un sacco di soldi, facendo quattro chiacchere, che non per lei. Mia moglie, oltre che incompetente in psicanalisi, era molto innamorata di me, o così sembrava. In realtà, era possessiva ed egocentrica e le dava fastidio qualsiasi persona o cosa o attività che mi allontanasse da lei, anche se per poco tempo.

D.2 **Ascolterete ora un testo che tratta di un uomo che ha deciso di andare in vacanza al suo paese. Ascoltate attentamente senza scrivere. Durante il riascolto, svolgete l'attività indicata nel foglio.**

Quest'estate sono rimasto all'albergo Primavera, sulla piazza del paese, dove più nessuno mi conosceva, tanto sono grande e grosso. Neanch'io in paese conoscevo nessuno; ai miei tempi ci si sentiva di rado, si viveva per strada, per le vie. Il paese è molto in su nella valle, l'acqua del fiume passa davanti alla chiesa prima di allargarsi sotto le colline.
Ero venuto per riposarmi una quindicina di giorni e capitò che è la festa della Madonna d'agosto. Tanto meglio, il va e vieni della gente forestiera e la confusione della piazza avrebbero mimetizzato chiunque. Ho sentito urlare, cantare, giocare al pallone; col buio, fuochi d'artificio; hanno bevuto, riso, fatto la processione; tutta la notte per tre notti sulla piazza è andato il ballo e si sentivano le macchine, i colpi dei fucili. Stessi rumori, stesso vino, stesse facce di una volta. I ragazzi che correvano tra le gambe della gente erano quelli; i grandi fazzoletti avvolti intorno alla testa, le coppie di buoi, il profumo, il sudore, le calze delle donne sulle gambe scure, erano quelli. E le allegrie, le tragedie, le promesse in riva al fiume. C'era di nuovo che, una volta, con i pochi soldi del mio primo salario in mano, mi ero abbandonato alla festa, al tiro a segno, sull'altalena avevamo fatto piangere le ragazzine dalle trecce e nessuno di noialtri sapeva ancora perché uomini e donne, giovanotti e ragazze superbe si scontravano, si ridevano in faccia e ballavano insieme. C'era di nuovo che adesso lo sapevo e quel tempo era passato. Me n'ero andato dalla valle quando appena cominciavo a saperlo. Giovanni che c'era rimasto, il falegname complice delle mie prime fughe nel paese vicino, che aveva poi per dieci anni suonato il clarino in tutte le feste e a tutti i balli della vallata. Per lui il mondo era stata una festa continua di dieci anni. Da un anno, tutte le volte che passo dal paese, vado a trovarlo. La sua casa è fuori paese; c'è un odore di legno fresco e di fiori. Adesso Giovanni, un uomo maturo, lavora e dà lavoro, la sua casa è sempre quella e, sotto il sole, profuma di gerani, piantati nelle pentole sui davanzali delle finestre e davanti. Il clarino è appeso all'armadio. Giovanni mi ha detto che doveva decidere se diventare falegname o musicante e così, dopo dieci anni di festa, ha posato il clarino alla morte del padre.

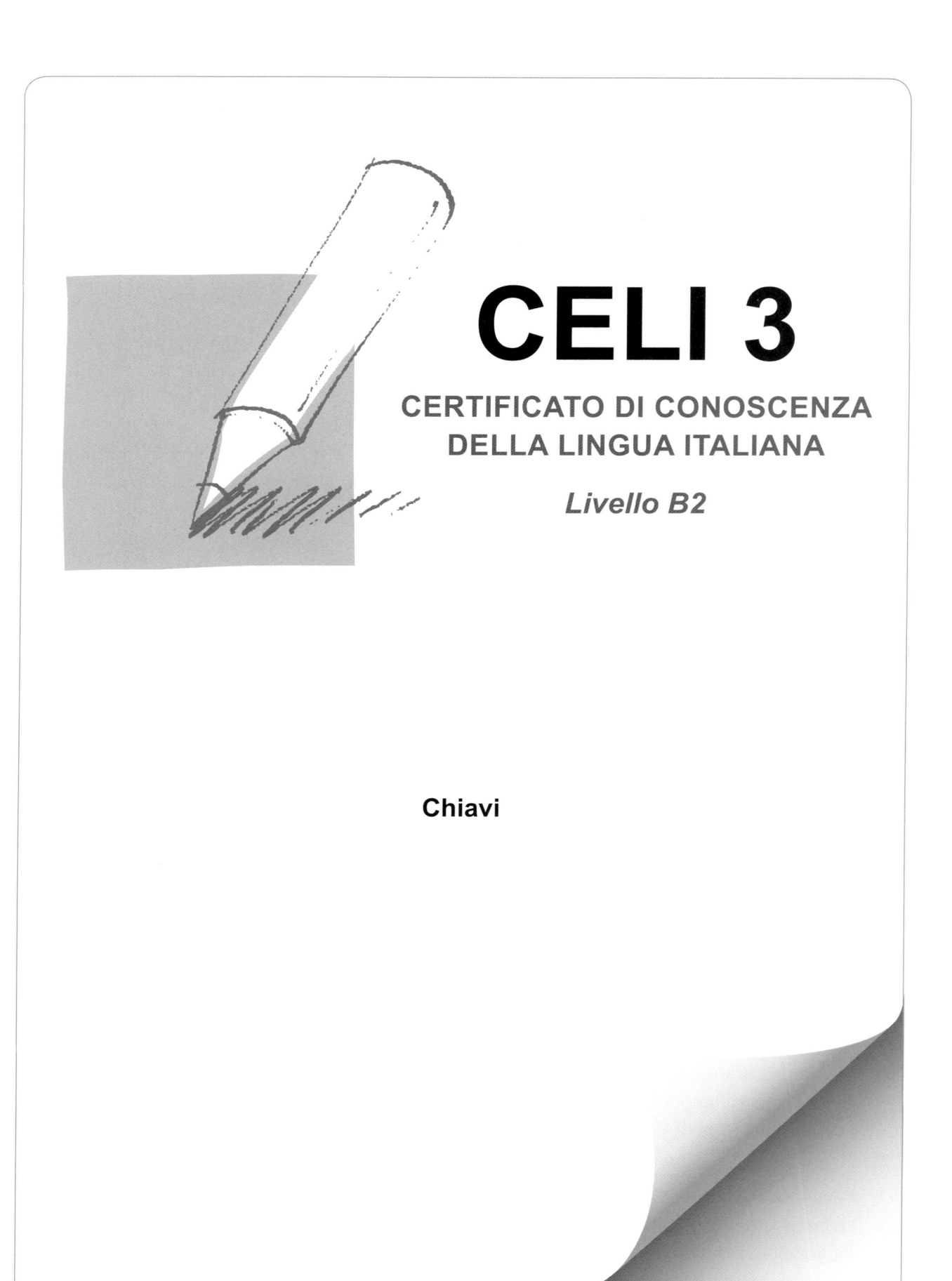

CELI 3

CERTIFICATO DI CONOSCENZA
DELLA LINGUA ITALIANA

Livello B2

Chiavi

CELI 3

1° test

A.1 1. a – 2. b – 3. b – 4. c – 5. c – 6. c – 7. c – 8. d – 9. b

A.2 10. B – 11. B – 12. A – 13. B – 14. A – 15. B – 16. A – 17. A – 18. A – 19. B

A.3 20. Perché lui aveva trovato una schedina vincente del Superenalotto e l'aveva restituita/riconsegnata al legittimo proprietario, un giovane operaio. (20 parole)

21. Il pensionato era uscito per una passeggiata e aveva trovato un portafoglio che conteneva tra le altre cose la schedina. (20 parole)

22. Nel portafoglio, insieme alla schedina vincente, c'era la ricevuta di una ricarica telefonica del proprietario con il suo numero di telefono. (20 parole)

23. Perché il proprietario aveva ritrovato la schedina persa grazie all'onestà del pensionato e quest'ultimo era riuscito a restituirla al proprietario. (20 parole)

C.1 1. si – 2. dentro – 3. a – 4. adulti – 5. lo – 6. botteghe – 7. gli – 8. domande – 9. finto – 10. quegli – 11. che –12. fatta/svolta – 13. che – 14. su – 15. il – 16. anche/soprattutto – 17. allacciassero – 18. ogni – 19. mancano – 20. campagne – 21. per – 22. forse – 23. centro

C.3 31. divieto – 32. decisivo – 33. coraggiosamente – 34. sorriso – 35. geloso

D.1 1. d – 2. c – 3. a – 4. b – 5. d – 6. b – 7. b – 8. c – 9. c – 10. b

D.2 11. situazioni d'emergenza – 12. ruolo importantissimo 13. l'energia necessaria – 14. una bevanda calda –15. pane e marmellata – 16. diversi dai coetanei – 17. facilitano l'apprendimento – 18. dormire dieci ore – 19. atto per ridurlo – 20. la colonna vertebrale

2° test

A.1 1. c – 2. d – 3. d – 4. c – 5. b – 6. d – 7. d – 8. d – 9. d

A.2 10. B – 11. A – 12. A – 13. B – 14. B – 15. A – 16. B – 17. A – 18. A – 19. A

A.3 20. Per caso, mentre frugava in un cassetto, tra le carte ha trovato dei fogli con il suo nome. Ha chiesto alla mamma che cosa fossero e lei gliel' ha spiegato. (30 parole)

21. Era preoccupato perché temeva che la sua vera madre potesse ritornare a riprenderselo e non sapeva che cosa fare, se andare con lei oppure no. (25 parole)

22. Che, qualora si fosse presentata questa eventualità, lui avrebbe potuto scegliere liberamente se seguire la sua vera madre oppure restare nella famiglia che l'aveva adottato. (25 parole)

23. Perché era capitato nella famiglia giusta in quanto i suoi genitori adottivi lo amavano e lui non si era mai vergognato di essere stato adottato. (25 parole)

C.1 1. provoca/causa/genera – 2. gli – 3. a – 4. buon – 5. famoso/noto – 6. mi – 7. fa – 8. qualche – 9. usa – 10. ripararsi/proteggersi – 11. è – 12. ne – 13. sella – 14. la – 15. dei – 16. si – 17. attratti/attirati – 18. a – 19. uno – 20. perfetto/ideal – 21. uno/qualcuno – 22. noi – 23. livello

C.3 31. prodotti – 32. sicuramente – 33. lettore – 34. risolvere – 35. esigenti

D.1 1. c – 2. c – 3. d – 4. a – 5. a – 6. c – 7. b – 8. a – 9. d – 10. c

D.2 11. insegna dell'enologia – 12. aperte di sabato – 13. ettari di vigneto – 14. vanto dell'enologia – 15. vengono prodotti – 16. modernità della cantina – 17. all'avanguardia nel mondo – 18. di grande livello – 19. di elevato interesse culturale – 20. da visitare

Chiavi

3° test

A.1 1. b – 2. d – 3. b – 4. a – 5. d – 6. b – 7. d – 8. d – 9. c

A.2 10. A – 11. A – 12. B – 13. A – 14. B – 15. B – 16. A – 17. A – 18. B – 19. B

A.3 20. È un'esposizione delle più belle foto di star presenti alla Mostra del cinema di Venezia. (15 parole)
21. Vogliono raccontare tutto ciò che succede dietro lo schermo del cinema e alimentare il fenomeno del divismo. (17 parole)
22. Tra loro esiste un legame molto stretto perché il cinema ha dato movimento alla fotografia. (15 parole)
23. Perché alcune fotografie devono restare nella memoria come racconto del Festival del cinema di Venezia. (15 parole)

C.1 1. via – 2. svolto – 3. circa – 4. dice/sostiene/afferma – 5. maggior – 6. Nell' – 7. esistono/compaiono – 8. chiamare – 9. anche – 10. stanno – 11. capo – 12. in – 13. torta – 14. cui – 15. uno – 16. che – 17. proprio – 18. degli – 19. media – 20. anni – 21. dovessero – 22. circa – 23. festeggiare

C.3 31. noioso – 32. indicazione – 33. pazientemente – 34. vincere – 35. scoperta

D.1 1. d – 2. b – 3. a – 4. d – 5. c – 6. d – 7. a – 8. a – 9. b – 10. c

D.2 11. cerca di lavoro – 12. ascoltare in silenzio – 13. del verbo essere – 14. l'ausiliare essere – 15. farsi coraggio – 16. casa d'altri – 17. a balbettare – 18. tutto il cuore – 19. darsi dei pugni – 20. sono nelle cose

4° test

A.1 1. a – 2. c – 3. c – 4. a – 5. a – 6. d – 7. c – 8. b – 9. c

A.2 10. B – 11. B – 12. A – 13. A – 14. B – 15. B – 16. B – 17. A – 18. B – 19. B

A.3 20. Nel senso che vuole alcune cose, ma anche il contrario di quelle. Per esempio, non vuole né legami matrimoniali né avere figli, ma sogna il matrimonio e rimpiange la maternità. (30 parole)
21. Ha raccontato le sue ossessioni con ironia attraverso le storie di alcuni complessi personaggi femminili. (15 parole)
22. L'autrice, non solo da piccola, ma anche tra i 20 e i 40 anni, si sentiva insoddisfatta perché cercava di fare tutto il possibile per realizzarsi, ma non era facile. (30 parole)
23. Perché è piena di entusiasmo, guarda la vita con ottimismo sorridendo, circondata dall'affetto del marito. (15 parole)

C.1 1. sta – 2. con – 3. le – 4. vissuto/passato – 5. forte – 6. in – 7. linea – 8. stato – 9. porti – 10. è – 11. anche – 12. stato – 13. cui – 14. compagni – 15. istituto – 16. durante – 17. accaduta/successa – 18. stava – 19. alcun/nessun – 20. al/sul – 21. operato – 22. denuncia – 23. sono

C.3 31. delusione – 32. proposta – 33. perfettamente – 34. narrare – 35. civile

D.1 1. a – 2. c – 3. a – 4. d – 5. c – 6. c – 7. b – 8. c – 9. d – 10. a

D.2 11. suonatori di mandolino – 12. proprio per questo – 13. con il suo paese – 14. vivere in Italia – 15. ancora l'allegria – 16. in termini entusiastici – 17. irrimediabilmente finito – 18. preservata dal turismo – 19. d'altri tempi – 20. veramente la Francia

CELI 3

5° test

A.1 1. d – 2. b – 3. c – 4. b – 5. a – 6. b – 7. a – 8. c – 9. b

A.2 10. A – 11. B – 12. A – 13. A – 14. B – 15. A – 16. B – 17. A – 18. B – 19. A

A.3 20. Perché l'acqua sarà più preziosa del petrolio, visto che due miliardi di persone ne resteranno senza/privi. (15 parole)
21. Che la popolazione crescerà e la vita diventerà per molti un incubo a causa della scarsità dell'acqua. (17 parole)
22. I rimedi contro l'emergenza riguardano l'applicazione di tecniche più produttive per l'agricoltura, riciclaggio, desalinizzazione delle acque salmastre, riduzione degli sprechi e dei consumi di lusso. (25 parole)
23. Nel senso che potremmo utilizzare l'acqua del mare desalinizzandola, operazione complessa/difficile, ma già applicata con buoni risultati. (17 parole)

C.1 1. lo – 2. proveniente – 3. anche – 4. sentire – 5. alcuni – 6. presentato – 7. festa – 8. scuole – 9. una – 10. dialetto – 11. ci – 12. niente – 13. si – 14. persone – 15. per – 16. li – 17. quelli – 18. pieno – 19. recato – 20. a – 21. Le – 22. cotone/seta – 23. aspettava

C.3 31. esperimenti – 32. educatamente – 33. affascinante – 34. discutere – 35. consumi

D.1 1. b – 2. b – 3. a – 4. b – 5. a – . a – 7. d – 8. c – 9. c – 10. c

D.2 11. era malato – 12. perdere la testa – 13. un vecchio mago – 14. tuo posto – 15. nel reame – 16. ad un'altra – 17. strade della città – 18. sarai salvo – 19. somiglianza col mendicante – 20. scettro in pugno

6° test

A.1 1. c – 2. a – 3. b – 4. b – 5. d – 6. c – 7. c – 8. c – 9. b

A.2 10. B – 11. B – 12. A – 13. B – 14. A – 15. A – 16. B – 17. A – 18. A – 19. B

A.3 20. Deriva dal movimento della linfa che si trasforma in una musica diversa per ogni pianta. (15 parole)
21. Con l'aiuto di un apparecchio che, collegato tramiti sensori alle foglie, legge i movimenti della linfa e, dunque, la melodia. (20 parole)
22. L'obiettivo di questa ricerca era l'osservazione e la verifica dell'esistenza di una reazione di una pianta di fronte a degli stimoli provenienti dall'esterno. (23 parole)
23. Significa che i ricercatori girano il territorio italiano per far conoscere e diffondere i risultati dei loro studi, senza scopo di lucro. (22 parole)

C.1 1. sta – 2. a – 3. non – 4. media – 5. più – 6. senza – 7. questa/tale – 8. ruolo – 9. anche – 10. però – 11. male – 12. situazione – 13. il – 14. per – 15. parte – 16. malintenzionato – 17. vista – 18. in – 19. gli – 20. difficoltà – 21. salvo – 22. a – 23. caso

C.3 31. soddisfatta – 32. tentazione – 33. certamente – 34. chiusura – 35. prevedere

D.1 1. b – 2. c 3. c – 4. b – 5. c – 6. d – 7. d – 8. b – 9. a – 10. b

D.2 11. offerte di denaro – 12. un giapponese – 13. taglie in più – 14. una sfilata – 15. paese relativamente piccolo – 16. città d'arte – 17. nel mondo occidentale – 18. di due realtà – 19. colori decisamente giapponesi – 20. di una cultura

Chiavi

7° test

A.1 1. d – 2. b – 3. d – 4. b – 5. a – 6. c – 7. d – 8. b – 9. c

A.2 10. B – 11. A – 12. A – 13. B – 14. A – 15. B – 16. B – 17. A – 18. A – 19. B

A.3 20. Perché l'assenza del vento ostacola il veloce riciclo dell'aria. (11 parole)
21. Si risolverebbe riducendo l'uso delle auto e dei mezzi di trasporto. (12 parole)
22. Possiamo avviare il telelavoro e le teleconferenze o permettere alle aziende di assumere personale che abita nelle vicinanze. (18 parole)
23. Può aiutarci nella consegna pacchi con corrieri e con le auto elettriche. (12 parole)

C.1 1. esprime – 2. rapporto – 3. Si – 4. Tale/Questa – 5. al – 6. l' – 7. tutte – 8. ultimi – 9. che – 10. quanto – 11. delle – 12. anche – 13. esistenza – 14. scopo – 15. devono – 16. basarsi – 17. interessi – 18. speranza – 19. condurre – 20. città – 21. rappresenta – 22. delle – 23. l'

C.3 31. lettura – 32. dolcezza – 33. costruzione – 34. interventi – 35. sentimento

D.1 1. b – 2. d – 3. a – 4. b – 5. c – 6. c – 7. a – 8. b – 9. d – 10. a

D.2 11. in mezzo alle montagne – 12. resistere anche ai terremoti – 13. i capelli e baffi grigi – 14. il lavoro della terra – 15. ignorante e buono – 16. coltivava un podere – 17. i rami e le foglie – 18. sarebbe esistita sempre – 19. le mani e i denti forti – 20. dure come il legno

8° test

A.1 1. d – 2. c – 3. a – 4. d – 5. c – 6. c – 7. b – 8. c – 9. c

A.2 10. A – 11. A – 12. B – 13. A – 14. B – 15. B – 16. B – 17. A – 18. A – 19. B

A.3 20. Il pericolo deriva dal livello formativo giovanile, inferiore a quello europeo. (11 parole)
21. Dipende dalla scarsa offerta di lavoro, ma soprattutto dal calo demografico. (11 parole)
22. Maggiormente colpiti sono i giovani diplomati, quelli con la licenza elementare o senza titolo di studio. (16 parole)
23. Le donne laureate costituiscono il 40% della forza lavoro. (10 parole)

C.1 1. servizio – 2. che – 3. affermano – 4. casa – 5. dovrebbe – 6. si – 7. a – 8. società – 9. siano – 10. si – 11. ciò – 12. lontano – 13. famiglie – 14 dedicato – 15. difficoltà – 16. tra – 17. offre – 18. chi – 19. membri – 20. sacco – 21. che – 22. da – 23. membri

C.3 31. canto 32. divertimento – 33. consapevolezza – 34. corsa – 35. precedentemente

D.1 1. d – 2. a – 3. c – 4. b – 5. c – 6. c – 7. d – 8. b – 9. b – 10. a

D.2 11. l'acquisto degli oggetti – 12. a conclusione di tutto – 13. in un'avventura – 14. a portata di mano – 15. paziente lavoro per infilare – 16. allenato ai lunghi viaggi. – 17. in piena notte – 18. compagni di viaggio – 19. con la pelliccia – 20. al pari delle valige

CELI 3

9° test

A.1 1. d – 2. a – 3. c – 4. a – 5. b – 6. c – 7. b – 8. c – 9. a

A.2 10. A – 11. B – 12. A – 13. A – 14. A – 15. A – 16. B – 17. B – 18. B – 19. B

A.3 20. Perché in tv convivono realtà e finzione. (7 parole)
21. In passato la politica aveva un'etica e si fondava su idee e progetti, oggi, invece, è estetica e spettacolo. (20 parole)
22. Riguardano gli effetti della politica pop sull'intero sistema democratico. (10 parole)
23. Alcuni temono la fusione tra politica e divertimento, altri, invece, la ritengono un aspetto della democrazia. (16 parole)

C.1 1. nei – 2. settimane – 3. che – 4. fa – 5. gli – 6. donare – 7. nel – 8. Così – 9. prodotti – 10. Si – 11. consente – 12. colori – 13. per – 14. si – 15. comprare – 16. uscire – 17. di – 18. energia – 19. lento – 20. troveranno – 21. professioni – 22. quali – 23. capaci

C.3 31. apprendimento – 32. consolare – 33. umano – 34. onestamente – 35. chiarezza

D.1 1. b – 2. c – 3. a – 4. a – 5. d – 6. a – 7. a – 8. d – 9. a – 10. b

D.2 11. dimostrarsi troppo ingenui. – 12. si aspettavano conseguenze – 13. davvero privato della casa, – 14. la mia immagine, – 15. un piccolo cartello – 16. un barattolo di vetro – 17. quanto me ne serviva – 18. non ne poteva più – 19. lo venisse a cercare. – 20. abbiamo percorso una strada

10° test

A.1 1. c – 2. a – 3. d – 4. b – 5. b – 6. c – 7. d – 8. a – 9. b

A.2 10. B – 11. B – 12. A – 13. B – 14. A – 15. A – 16. B – 17. B – 18. A – 19. A

A.3 20. Incontra stranieri che parlano diverse lingue. (6 parole)
21. Che il 60% degli studenti delle elementari sono stranieri. (10 parole)
22. Ha mostrato come funziona la sua scuola alle famiglie straniere. (10 parole)
23. Servono risorse economiche, investimenti e bisognerebbe assumere nuovo personale. (9 parole)

C.1 1. mamma – 2. vissuto – 3. vita – 4. bambina – 5. molto – 6. sembri – 7. dello – 8. fosse – 9. mi – 10. partecipo – 11. dopo – 12. sia – 13. eppure – 14. atleta – 15. arriverà – 16. buon – 17. agli – 18. quale – 19. anche – 20. sacca – 21. veloce – 22. che 23. da

C.3 31. concretamente – 32. spensieratezza – 33. effettivamente – 34. trattamento – 35. nacquero/nascono

D.1 1. d – 2. b – 3. c – 4. a – 5. b – 6. c – 7. c – 8. a – 9. a – 10. c

D.2 11. conoscevo nessuno – 12. sotto le colline – 13. i colpi dei fucili – 14. le gambe della gente – 15. del mio primo salario – 16. appena cominciavo a saperlo – 17. in tutte le feste – 18. vado a trovarlo – 19. è appeso all'armadio – 20. ha posato il clarino